L'AUTOMOBILE

PRATIQUE

L. BAUDRY DE SAUNIER

L'AUTOMOBILE

Théorique et Pratique

TRAITÉ ÉLÉMENTAIRE DE LOCOMOTION A MOTEUR MÉCANIQUE

I.

Motocycles et Voiturettes

A PÉTROLE

L. BAUDRY DE SAUNIER
22, boulevard de Villiers, NEUILLY-LEVALLOIS

1899

L'AUTOMOBILE

Théorique et Pratique

I.

MOTOCYCLES

et VOITURETTES

A PÉTROLE

NOTA. — L'Auteur se fera toujours un plaisir de répondre à toute demande de renseignement ou de conseil que pourrait lui adresser un de ses lecteurs. — *(L. BAUDRY DE SAUNIER, 22, boulevard de Villiers, à Neuilly-Levallois, près Paris.)*

AVANT-PROPOS

E volume que voici est le premier d'une série qui traitera de tous les véhicules mécaniques employés sur routes, de tous ceux seulement qui ont fait leurs preuves et affirmé leur valeur.

Cette œuvre, longue et difficile, n'a qu'une prétention, celle d'être pratique.

Ce que je désire obtenir, ce n'est pas tant la démonstration des immenses services que peut dès aujourd'hui rendre l'AUTOMOBILE, que la persuasion chez tous mes lecteurs qu'une voiture sans chevaux ne nécessite de la part de son acquéreur aucune connaissance spéciale de la mécanique ; qu'il suffit d'en avoir compris une fois le mode de fonctionnement pour la manœuvrer aussi bien, et parfois même mieux, que celui qui l'a construite.

***

Les véhicules mécaniques qui circulent maintenant un peu partout, paraissent encore à l'homme qui ne les a pas déjà analysés de délicates et compliquées machines, j'en conviens. C'est un assemblage de tubes qui se croisent ; de manettes et de robinets qui se regardent d'un œil sévère ; de tringles énigmatiques qui partent du siège du conducteur et vont jouer à cache-cache sous la caisse ; de chaînes et d'embrayages qui grincent dans la pénombre des quatre roues ; bref, c'est un épouvantail de pièces métalliques ! — épouvantail qu'un quart d'heure d'explications ramène à ce qu'il est : un assemblage logique et relativement simple.

Que de fois n'ai-je vu des gens intelligents, par conséquent amoureux du progrès et désireux à la fois de l'encourager et d'en profiter, piquer des arrêts craintifs sur une voiture automobile, la couvrir d'un respect presque inspiré par la terreur, s'écrier :

— « Jamais je ne saurai conduire une mécanique aussi compliquée ! » Tandis que, tout bas, ils pensaient :

— « Si j'ouvre le mauvais robinet, est-ce que ça ne va pas sauter ? Est-ce que ça ne va pas partir tout seul ? Est-ce que je ne vais pas causer un désastre ? »

Il faut rire, nous, Français, inventeurs de la locomotion automobile, de ces peurs que n'aurait pas un Américain de douze ans!

***

Ce que je désire, c'est qu'après m'avoir lu, tout homme, ou même toute femme, qui a du bon sens, soit persuadé que l'automobile est un être doux qui n'a jamais de colère, qui ne demande qu'un peu de soins, quelques regards seulement de « l'œil du maître » pour emmener, sans jamais de repos, ce maître heureux dans tous les pays et sur toutes les distances que réclame son caprice!

Mes études chercheront donc avant toutes choses la clarté et la déduction logique. Pour la comprendre et vous l'assimiler, il vous suffira, mon cher lecteur, de vos qualités natives: l'intelligence et un peu de patience. Quand vous l'aurez digérée, vous pourrez, dès le lendemain, faire un choix raisonné dans les automobiles qu'on proposera à votre achat, monter sur le siège, et commencer votre agréable métier de « chauffeur ».

Si vous pouvez ensuite m'écrire que ce volume seul a été votre éducateur, j'aurai alors la récompense la meilleure de mon travail.

Vous irez apprendre à vos amis la bonne nouvelle qu'une voiture sans chevaux se conduit plus aisément et moins onéreusement qu'une voiture avec moteurs de chair et de sang. Et vous aiderez ainsi à cette révolution de locomotion que commande la raison et la pitié: la déchéance du cheval, de cette machine qui souffre sous le fouet sans se plaindre, et qui ne doit demeurer dans l'avenir que comme bête de luxe ou de parade.

L'AUTEUR.

CHAPITRE PREMIER

Théorie du Moteur à Pétrole

CHAPITRE PREMIER

Théorie du Moteur à pétrole

I. — L'EXPLOSION

SAVEZ-VOUS comment fonctionne une voiture à pétrole, le savez-vous, vous qui savez tout? » disait l'autre soir, à la terrasse d'un café où je flânais, un curieux à son voisin. Je prêtai l'oreille.

— « Parbleu, si je le sais ! répondit le voisin. Eh bien, on verse du pétrole dedans, et on allume, comme pour une lampe à pétrole ! »

Le curieux fit les yeux ronds, ne comprit évidemment, pas plus que moi ni que le voisin d'ailleurs, par quel phénomène une lampe à pétrole, fût-elle de la dimension d'un omnibus, pourrait donner le mouvement à quatre roues ! Mais il craignit sans doute de paraître décidément trop novice, et, sans riposter, se reprit à sucer sa paille...

*
* *

Une lampe à pétrole ! Voilà bien l'opinion surprenante que se fait communément le public du fonctionnement des voitures automobiles dites « à pétrole... ».

Sachons immédiatement que le pétrole, dans un véhicule *à pétrole*, ne s'allume pas, qu'il ne sert aucunement de chauffage. Le pétrole ici n'a d'autre utilité que de fournir, par le mélange dosé de ses vapeurs avec l'air atmosphérique, le gaz explosif qui alimente le moteur, ainsi que nous l'allons voir.

*
* *

Le moteur à pétrole est, dans sa forme, mais dans sa forme seulement, le très proche parent du moteur à vapeur dont je rappellerai rapidement les caractères.

L'expérience classique de Papin est connue. Une casserole M (fig. 1), contenant de l'eau, était sur le feu ; Papin remarqua que la vapeur soulevait le couvercle A. Il le chargea d'un poids. Pendant quelques instants le couvercle demeura immobile, puis peu à peu recommença de se soulever. Papin augmenta la charge ; les mêmes phénomènes se reproduisirent.

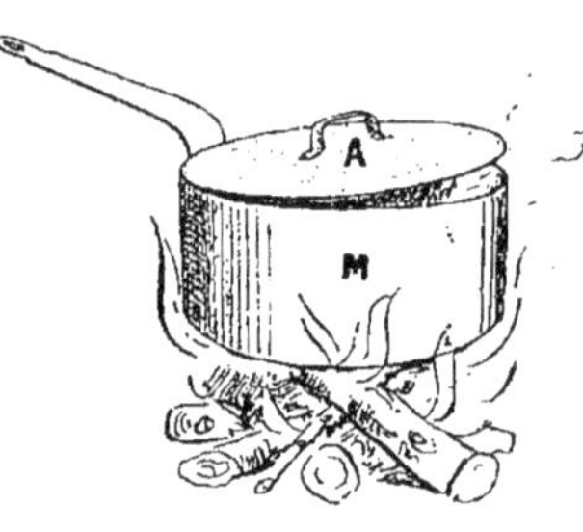

Fig. 1

L'observateur remarque donc que l'eau en ébullition engendre une force, de puissance variable. Comment utiliser cette force ? Le dispositif élémentaire est très simple.

Au lieu de laisser le couvercle A se déplacer au hasard sur la casserole M, nous réduisons son diamètre de façon qu'il entre exactement dans la casserole, à frottement doux (fig. 2). Il sera ainsi guidé par les parois et, lorsque la vapeur le poussera, il montera dans la casserole, mais en restant toujours horizontal puisque la vapeur agit également sur tous ses points.

Si nous avons eu soin d'ajuster sur ce couvercle une tige B articulée en *bb* et reliée à une roue métallique pesante C, nous voyons que le couvercle, en se soulevant, transmet son mouvement vertical à cette roue qui, elle, le modifie et le rend courbe. La poussée de la vapeur amène ainsi le point *b* en *b'*. La roue a donc fait à peu près un demi-tour.

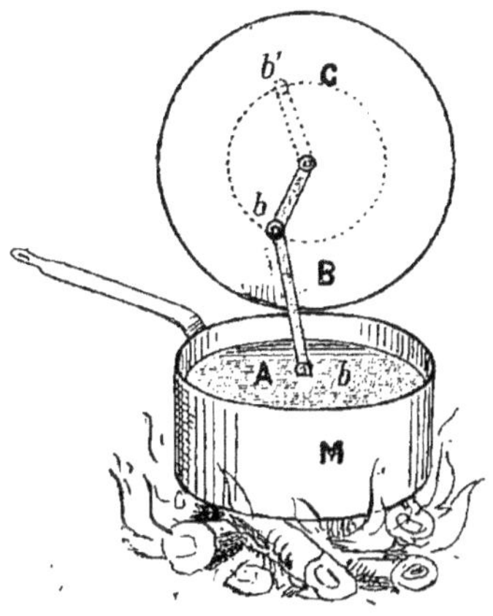

Fig. 2

Mais comment va-t-elle effectuer le deuxième demi-tour qui formera avec le premier le tour complet ?

Simplement par l'énergie que notre roue pesante vivement poussée a *emmagasinée* et qu'elle nous restitue en continuant sa rotation, entraînant ainsi notre petite bielle et obligeant notre couvercle à redescendre dans la casserole.

C'est là une expérience toute théorique, mais qui peut faire saisir en quelques lignes et deux croquis le rôle exact des parties élémentaires d'une machine à vapeur. Ici, en effet, le fond de la casserole qui engendre la vapeur, est le *générateur ;* les parois de la casserole qui guident le couvercle sont le *cylindre ;* le couvercle, c'est le *piston* muni de sa bielle; la roue en plomb, c'est le *volant*.

Ces parties essentielles d'une machine à vapeur sont identiques dans une machine à pétrole. La différence consiste uniquement dans les phénomènes qui se passent dans l'une et dans l'autre. Au lieu de faire soulever *progressivement* le couvercle par la vapeur, nous allons introduire dans la casserole *un pétard* qui va projeter *violemment* notre couvercle. La bielle fera, comme précédemment, un demi-tour en chassant le volant, mais beaucoup plus brutalement. Le volant n'en gagnera pas moins une force vive qui lui permettra de ramener la bielle au point de départ. A ce moment, un second pétard partira, le couvercle sera de nouveau projeté. Et ainsi de suite.

Or, ce pétard, c'est *un peu d'air ordinaire mélange à du pétrole vaporisé* que l'on introduit dans la casserole (le cylindre) par les procédés que nous verrons plus loin, pétard que l'on fait exploser par les moyens que nous étudierons.

Ainsi qu'on le voit déjà, la différence essentielle qui sépare les moteurs à vapeur et les moteurs à pétrole est dans le mode de production de leur énergie. Le moteur à vapeur, c'est un homme fort qui appuie vigoureusement et progressivement contre une porte dure à ouvrir; le moteur à pétrole, c'est un petit rageur qui donne dans la porte une série de violents coups de pied.

*
* *

Un moteur à pétrole ne fonctionne donc que *par une suite d'explosions* qui projettent violemment le piston contenu dans le cylindre.

Mais qu'est-ce au juste que ces explosions? Et comment les produit-on?

C'est un phénomène trop connu malheureusement que ce genre d'explosions! N'avez-vous jamais entendu dire que telle maison a été détruite, ou que tel homme a été tué par une « explosion de gaz ? » Ce sont des explosions analogues, mais réglementées et considérablement amoindries, qui actionnent nos moteurs.

Que se passe-t-il donc lors de ces catastrophes ? — Tout simplement ceci : dans une pièce fermée, une fuite de gaz d'éclairage s'est produite. Le gaz, *se combinant à l'air atmosphérique*, en a fait un mélange explosif *latent*, c'est-à-dire un mélange explosif n'attendant qu'une flamme ou une étincelle pour faire explosion. Dans cette pièce, dont l'air est ainsi chargé d'hydrocarbures, un homme entre, soit la pipe à la bouche, soit une bougie à la main... Instantanément la pièce saute ! Les parois sont renversées, l'homme écrasé.

Dans les mines souvent, l'air se mélange aux hydrocarbures du grisou. L'étincelle, jaillie de la pioche d'un travailleur, enflamme le mélange. Une immense explosion souterraine se produit, un épouvantable désastre de plus pour les journaux !

Imaginez qu'au lieu de subir de telles explosions gigantesques dans des pièces ou des galeries de mines nécessairement trop faibles pour en supporter les effets, nous les forcions à nous obéir, à ne travailler que selon notre gré ; que volontairement nous les produisions dans une pièce relativement minuscule, dans un *cylindre* de fonte, de résistance telle que les effets dynamiques du phénomène ne puissent le déformer — et voici tout net le problème du moteur à pétrole : produire à volonté des explosions de gaz dans un cylindre et utiliser l'énergie qu'elles fournissent.

***

Mais, me répondrez-vous, dans les cas que vous me citez, il est question de gaz d'éclairage et de grisou ; ici, il s'agit de pétrole. Pourquoi ?

La réponse est simple. — Pour rendre explosif l'air atmosphérique, il faut, avons-nous vu, le charger de vapeurs d'hydrocarbures, ou plus simplement le carburer. Lorsque le moteur à explosions doit être fixe, quels hydrocarbures appelle-t-on à son secours? Ceux du gaz d'éclairage. Les conduites de la ville vous amènent le produit à destination. Mélangez-le dans les proportions voulues avec l'air ambiant, et vous aurez l'aliment d'un « moteur à gaz ».

Lorsqu'au contraire le moteur à explosions doit être mobile (et, dans une voiture automobile il l'est par nature !), vous concevez qu'il soit impossible de l'alimenter d'air combiné avec du gaz d'éclairage.

Le gaz d'éclairage ne se trouve pas en tous lieux et nécessiterait d'ailleurs de pesants réservoirs pour être emporté, et emporté en bien petite quantité.

Dès lors nous appelons à notre aide cet hydrocarbure portatif, partout vendu en bidons, denrée d'épicier, qui est le pétrole.

Le pétrole est donc le gaz liquide qui sert à carburer l'air consommé par le moteur et à le rendre explosif.

Le problème présenté plus haut peut donc encore s'énoncer ainsi : faire d'abord entrer dans le cylindre de l'air qui vient de se charger de carbures par son contact avec le pétrole ; puis mettre le feu à cet air carburé. Aussitôt l'explosion se produit, le piston est projeté, et le volant actionné.

* * *

Problème peu compliqué à concevoir; problème plus difficile à résoudre !

En effet, il ne suffit pas que l'air atmosphérique soit mélangé au gaz ou au pétrole pour qu'il fasse explosion. Il est indispensable que le mélange soit fait *dans certaines proportions*. Mélangez par exemple moitié air et moitié gaz, puis approchez une flamme : aucune explosion ne se produit. Mélangez le double d'air à la même quantité de gaz, puis essayez d'enflammer : même silence.

Cherchez longtemps, tâtonnez en ouvrant davantage tantôt l'entrée de l'air, tantôt celle du gaz. Tout à coup voici qu'une explosion a lieu! Vous tenez le point sensible où *le mélange est fait dans de telles proportions qu'il est explosible. La carburation est bonne.*

En général on admet, sans qu'il y ait encore de règles précises à cet égard, que l'explosion ne se produit pas tant que l'air n'est pas au moins 7 fois plus abondant que la vapeur de pétrole; le mélange est trop riche et n'explose pas. A 7, l'explosion commence, mais elle est assez faible. Elle prend de la force lorsque le mélange devient 9 d'air pour 1 de vapeur de pétrole, et gagne son maximum d'intensité vers 10 ou 11. Si alors on augmente encore la proportion d'air, l'explosion perd de sa vigueur progressivement, jusqu'à 18 parties environ. Lorsque le mélange arrive à 19 d'air pour 1 de vapeur de pétrole, il est trop pauvre et n'explose plus.

On pressent dès maintenant l'importance qu'a, dans un moteur à pétrole, le petit appareil nommé *carburateur* qui sert à carburer, dans les proportions rigoureuses qu'il faut, l'air qui entre dans le moteur et constitue sa vie.

Le *carburateur*, c'est donc notre petite usine à gaz roulante et portative, c'est le cœur même du moteur.

Mais comment mélange-t-on ce gaz (qui est l'air) et ce liquide (qui est le pétrole)? — On sait que les liquides, le plus souvent à froid, quelquefois à chaud seulement, s'évaporent si on les laisse en contact avec l'air. Une goutte d'eau tombée sur une pierre disparaît bientôt. Elle existe toujours, mais « en vapeur ». Elle est *évaporée.* Une plus grande quantité ferait de même. Une carafe pleine d'eau, débouchée, est retrouvée vide au bout de quelques jours, surtout si elle est exposée à la chaleur du soleil.

L'eau, le pétrole, etc., se transforment donc d'eux-mêmes en vapeurs. Nous concevons maintenant comment l'air et le pétrole, ou autrement dit l'air et la vapeur de pétrole, peuvent se mélanger.

Souvenons-nous bien que le liquide employé pour la carburation de l'air n'est pas le pétrole proprement dit, oriflamme, luciline, etc., si rectifié soit-il, qu'on nomme *pétrole lampant* et qu'on verse dans les lampes d'éclairage. Sa densité est en effet trop élevée. Il faut un liquide plus volatil, qui s'évapore plus facilement, *l'essence de pétrole*, l'essence qu'on verse dans les lampes dites à essence minérale.

Nous verrons, lorsque nous étudierons les carburateurs usités, qu'ils peuvent tous se ramener à deux types : les carburateurs *à surface* ou *à léchage* dans lesquels l'air, frôlant la surface de l'essence, se charge en passant des vapeurs qui se dégagent d'elle ; et les carburateurs *à vaporisation* ou *à pulvérisation* dans lesquels l'essence est lancée en pluie fine, un peu comme par un vaporisateur de toilette, dans le courant d'air qui passe et qui s'en sature avant d'entrer dans le cylindre.

L'importance de la qualité du carburateur est considérable. L'importance de la qualité de l'essence ne l'est pas moins.

* * *

Le désagrément le plus évident de ces explosions n'est pas tant leur brutalité, car aujourd'hui les constructeurs sont parvenus à parfaitement " équilibrer " les moteurs, que l'échauffement considérable qu'elles donnent aux pièces qui sont en contact avec elles. C'est là une des grosses difficultés de ce genre de moteur.

Pourquoi « difficulté », dira-t-on ? Pourquoi ne pas

laisser le cylindre prendre la température qu'il lui plaît? Le cylindre est généralement à l'abri des mains étourdies et peu importerait son extrême chaleur ?

L'échauffement excessif du cylindre est malheureusement l'ennemi le plus impitoyable du graissage! L'huile, en effet, renfermée dans le cylindre, brûle lorsque la température s'élève anormalement ; elle ne lubrifie plus, et se décompose en une suie épaisse qui, au contraire, contribue puissamment au « calage » du moteur. Il faut donc de toute nécessité abaisser la température des parois. De plus, le passage des gaz, à cette température, brûle rapidement les soupapes, organes indispensables, nous le verrons, et le moteur est vite privé de ses « poumons ». Il n'aspire plus ni ne respire plus.

Le remède à ce mal est imposé : refroidir cylindre et soupapes constamment par un procédé quelconque ; tous les procédés étant excellents du moment qu'ils empêchent le moteur d'atteindre la température où l'huile brûle et où les soupapes se détruisent.

II. — L'ESSENCE

Les moteurs dits à pétroles ne consomment donc pas de pétrole, mais de l'*essence de pétrole*. Ils ne s'alimentent donc pas de ce « pétrole lampant » qu'on brûle dans les lampes et dont les affiches des rues nous vantent à qui mieux mieux la pureté. C'est là une nourriture trop forte pour nos moteurs et qui leur occasionnerait de réels embarras d'intestins.

Cette délicatesse de digestion des moteurs à pétrole est d'ailleurs très regrettable, car s'ils pouvaient consommer du pétrole lampant, plus riche en calories que l'essence, leur rendement s'améliorerait sensiblement; *a fortiori*, s'ils pouvaient absorber des huiles lourdes de pétrole.

L'essence est obtenue industriellement par la distillation des pétroles bruts à une température de 75 à 120 degrés; alors que le pétrole lampant arrive aux environs de 150 à 180 degrés. Cette distillation se fait en vases clos, bien entendu. Pour obtenir un produit aussi parfait que possible, les raffineurs de pétrole soumettent ensuite l'essence à l'action de l'acide sulfurique et de la soude.

Il y a un avantage certain à n'employer pour les moteurs que des essences ainsi rectifiées et purifiées; l'essence minérale du commerce (celle qu'on brûle dans les lampes dites à essence) contient souvent des impuretés qui encrassent les cylindres; de plus, très souvent, elle n'est pas naturelle, si je puis m'exprimer ainsi, mais elle est composée artificiellement, dans les proportions nécessaires, de benzine extra-légère et de pétrole lourd qui en font une essence de densité égale à celle de l'essence franche, mais qui, à beaucoup près, n'en a pas les propriétés.

En effet, l'aspiration des pistons enlève d'abord à ce

mélange ses parties les plus volatiles; peu à peu par conséquent le liquide s'épaissit, et finalement la carburation ne se fait plus; l'essence est à jeter.

Donc ne vous fiez jamais aux essences bon marché qui, dans la pratique, sont toujours les plus onéreuses. Ne vous fiez d'ailleurs pas davantage à la densité de l'essence, puisque nous venons de voir qu'on l'imitait facilement.

*
* *

A quels signes reconnaîtrons-nous donc une bonne essence ?

L'essence bonne se connaît à *l'œil*, au *nez*, au *toucher* et au *densimètre*.

A l'œil, elle doit être claire comme l'eau de source.

Au nez, elle doit avoir une odeur plutôt douce que forte.

Au toucher, quelques gouttes dans le creux de la main doivent s'évaporer rapidement en laissant une légère sensation de froid.

Au densimètre, elle ne doit guère peser moins de 680 et pas plus de 700 à 710 au grand maximum.

Notons bien soigneusement que les indications données par le densimètre n'ont de valeur que si elles sont corrigées par celles que donne le thermomètre. On dit, en effet, que l'essence doit peser 700°, mais on sous-entend : à la température moyenne de 15° centigrades. Le froid ou le chaud ayant une influence très notable sur les corps, sur les liquides en particulier, on conçoit que la densité de l'essence qui se dilate ou se contracte avec le chaud ou le froid, change constamment avec les variations de la température.

Le coefficient de dilatation apparente de l'essence est d'environ 0,001143; la correction à faire lorsqu'on prend la densité d'une essence est à peu près de 1 degré densimétrique par degré thermométrique en plus ou moins de 15° centigrades. Par exemple, si la température ambiante est de 16 degrés, l'essence de 700 degrés ne pèse plus que 699 ; si le thermomètre tombe à 0°, elle pèse 715. Ces chiffres ne sont pas mathématiquement exacts, car il faudrait toujours tenir compte du coefficient indiqué plus haut, mais on comprend que, dans la pratique, on mette de côté ce coefficient plutôt encombrant.

En résumé, il est toujours avantageux de se procurer de l'essence *spécialement préparée* pour l'usage des moteurs. *On se dispense ainsi de toutes ces recherches.* On essuie le bidon avant de le pencher sur le réservoir afin que les poussières ou saletés quelconques n'y tombent pas, et on la verse par un entonnoir portant en son fond, autant que possible, un tamis fin qui retiendrait les corps étrangers susceptibles de passer dans le réservoir. Il est recommandable aussi de ne pas verser jusqu'à la dernière goutte l'essence renfermée dans le bidon et de se méfier de ce qu'on appelle la « queue » du bidon qui n'est en somme que le dépôt, la lie possible de l'essence

Enfin, je rappellerai aux habitants des grandes villes qu'ils ont, en raison des frais d'octroi très élevés sur les pétroles, intérêt à passer les barrières avec la quantité strictement nécessaire d'essence, et à en faire provision hors des murs. A Paris, notamment, l'octroi perçoit 0 fr. 21 par litre.

*
* *

L'essence, si indispensable qu'elle soit évidemment au fonctionnement du « moteur à pétrole », n'en est cependant pas l'aliment principal.

En résumé, que consomme surtout un moteur à pétrole ? De l'air.

De l'air, de cet air atmosphérique que nous respirons ; mais de l'air chargé à doses voulues d'hydrocarbures par le *carburateur*, voilà l'aliment peu rare, peu coûteux qu'il demande.

Rendons immédiatement justice au moteur à explosions qui, s'il a des défauts (dont le plus notoire est sa brutalité, puisqu'il n'est actionné que par une suite rapide d'explosions) possède du moins la qualité précieuse de ne pas demander de nourriture compliquée. Il boit surtout de l'air. Or, l'air se trouve partout ici-bas.

Il boit encore de l'essence de pétrole, substance quasi-universelle bientôt. Il absorbe enfin encore un peu d'huile, comme toute machine, et parfois exige de l'eau pour son refroidissement.

Air, essence, huile et eau, telles sont les quatre uniques substances que demandera jamais un moteur à pétrole.

Cette remarquable simplicité d'approvisionnement est certainement une des causes majeures du succès sur route de cette famille de moteurs. Ce sont des animaux métalliques qui ne vous laissent pas en panne faute de foin, mais faute de soins ! Il faut, pour les bien conduire, les connaître comme si on les avait construits soi-même....

III. — DISPOSITIFS ÉLÉMENTAIRES D'UN MOTEUR

Et pourquoi n'en construirions-nous pas ensemble un ici-même? Voyons comment, dans ses grandes lignes, nous pourrions l'installer. Construisons-le *tout petit* et discutons-en les pièces une à une : ce sera là une leçon de choses autrement instructive que toutes les considérations les plus savantes. Il est bien entendu que nous ne cherchons ici qu'une *forme possible* de moteur, non une exécution possible. Il nous faut donc choisir les moyens les plus simples, qui ne sont malheureusement pas toujours en accord avec la pratique, mais qui nous donneront ce que nous demandons : une apparence de moteur avec tous ses organes.

Nous venons de voir que, dans sa partie essentielle, un moteur à pétrole se compose d'un cylindre dans lequel se meut un piston chassé par une explosion de gaz que nous produisons derrière lui. Nous allons donc établir en premier lieu notre cylindre.

Ce cylindre, nous le ferons d'un morceau de tube d'acier (tube de bicyclette). Ce morceau de tube A (fig. 3), qui doit être parfaitement cylindrique, c'est-à-dire tout à fait rond intérieurement, est nécessairement ouvert aux deux bouts M et N. Nous le fermerons en M par une rondelle d'acier M' filetée sur les bords de façon à se visser dans M que nous aurons taraudé de l'épaisseur exacte de la rondelle.

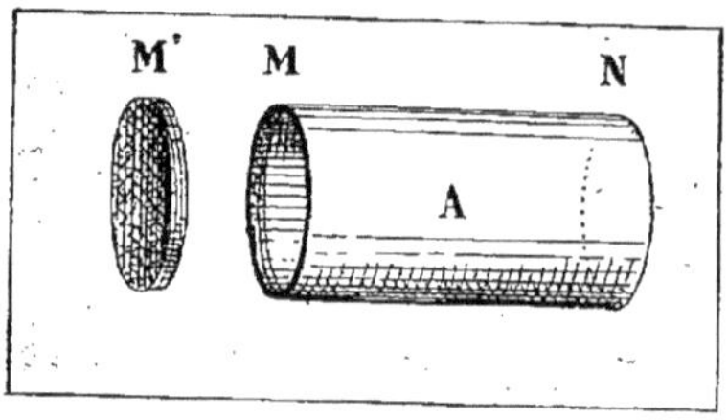

Fig. 3

Nous vissons donc M' dans M (fig. 4) et nous portons

la pièce à la forge pour la braser, c'est-à-dire obtenir que le cylindre et son fond, mariés par le feu, ne fassent plus qu'une pièce d'un seul morceau, car la violence des explosions que nous produirons tout à l'heure dans le cylindre, pourrait faire sauter le fond s'il était seulement vissé. Ce fond s'appellera dans la pratique *culasse* ou *tête du moteur*. Nous verrons, quand nous étudierons les moteurs tels qu'ils sont, que la tête du moteur est généralement fixée au cylindre par des boulons.

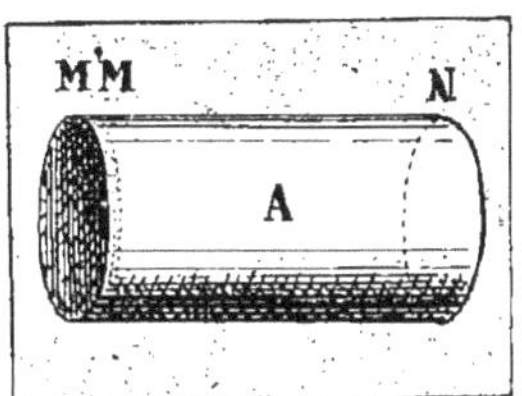

Fig. 4

Le cylindre étant donc bien fermé à l'une de ses extrémités, nous le perçons en trois endroits ainsi que l'indique la figure 5 : à la partie supérieure, n° 1 ; sur les côtés, n°s 2 et 3, le plus près possible du fond.

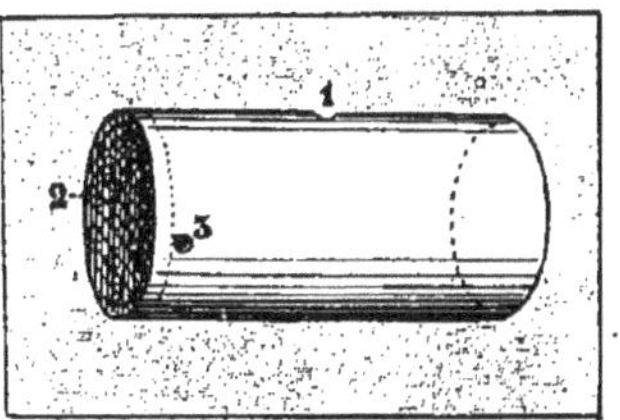

Fig 5

Le trou n° 1 nous servira à monter un graisseur sur le cylindre ; les deux autres seront utilisés, l'un pour l'*admission* du mélange dans le cylindre, l'autre pour l'*échappement* de ce même mélange après l'explosion. Ces deux termes se comprennent à simple lecture ; on conçoit, en effet, qu'il faille ménager au gaz détonant à la fois une porte d'entrée dans le cylindre afin qu'il y produise son travail, et une porte de sortie afin que, son travail étant fait, il vide les lieux et cède la

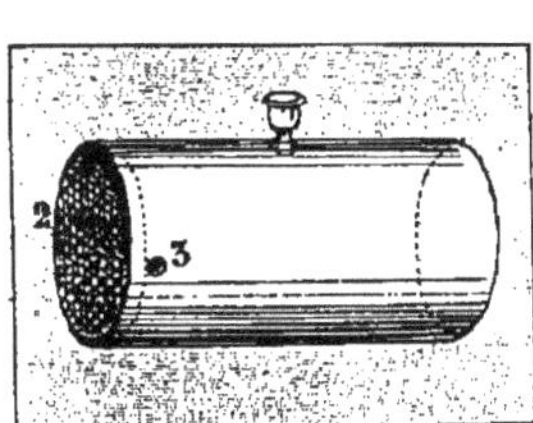

Fig. 6

place à une autre portion de gaz qui entrera travailler, puis sortira ; et ainsi de suite.

Dans le trou n° 1 nous visserons donc un petit graisseur analogue à ceux des roulements de bicyclettes (fig. 6), de façon à ce que l'huile puisse librement suinter sur la paroi interne du cylindre et lubrifier le piston que nous allons y placer.

Le piston (fig. 7), nous le formerons d'une rondelle de fer ou de fonte P, sur la tranche de laquelle nous tracerons au tour deux petites gorges circulaires de façon à obtenir des divisions *ppp*. Ces gorges, qu'on peut faire plus ou moins nombreuses, n'ont pour but ici que d'emprisonner un peu d'huile et d'aider par conséquent au glissement du *corps* du piston dans le cylindre.

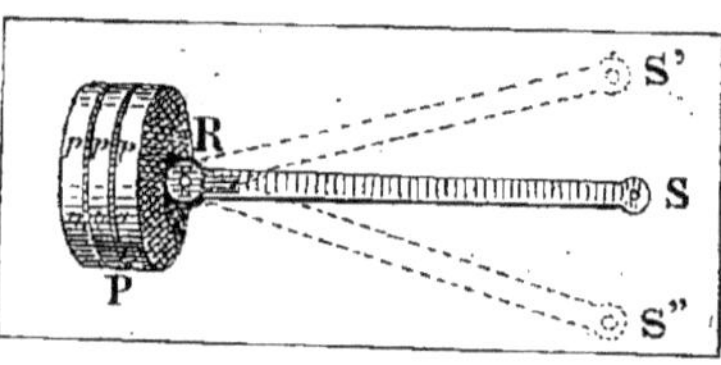

Fig. 7

Nous avons préparé une *tige de piston* R S en fer, que nous fixerons au centre de ce corps par une articulation R qui permette à cette tige de prendre facilement les positions R S' et R S".

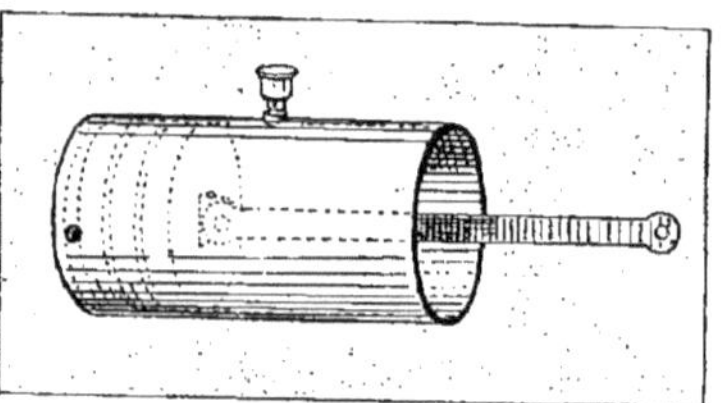
Fig. 8

Remarquons bien que le corps du piston doit être très soigneusement tourné de façon à ce que non seulement il n'ait *aucun* jeu latéral dans le cylindre, mais qu'encore, tout en circulant librement à l'intérieur, il produise, lorsqu'on le fait aller et venir, une aspiration (lorsqu'il fait le vide) ou un refoulement (lorsqu'il comprime) par les trous nos 2 et 3. Cette condition d'étanchéité est rigoureuse, puisque c'est le piston lui-même qui, une fois introduit dans le fond du cylindre, comme le représente la figure 8, doit, en s'éloignant vers l'extrémité libre, *aspirer* dans le cylindre la quantité utile de mélange détonant (fig. 9) et, inversement, en revenant vers le fond du cylindre (fig. 8), *chasser* les gaz devenus inutiles après l'explosion.

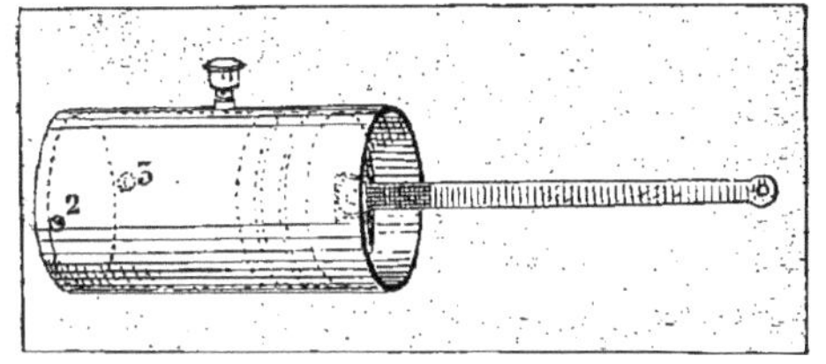

Fig. 9

En somme, le piston doit être ici étanche dans son cylindre, comme l'est le piston d'une pompe à bicyclette dans son corps de pompe. La difficulté toutefois est beaucoup plus considérable, car le corps du piston ne peut être garni, comme en une pompe à pneumatiques, d'un clapet de cuir ou de caoutchouc qui corrige automatiquement les défauts du corps de pompe en se collant à ses parois. Ici, la chaleur considérable que vont dégager les explosions brûlerait toute substance autre que du métal. C'est donc par *métal contre métal* qu'il nous faut obtenir l'étanchéité. Lorsque nous serons plus avancés dans cette étude, nous verrons que les corps de piston sont presque toujours garnis de ressorts circulaires nommés *segments*, dont le double rôle est d'assurer l'étanchéité et d'aider à la lubrification.

***

Le cylindre et le piston que nous venons ainsi d'établir sont fort bien confectionnés. Lorsque le gaz fera explosion, le piston sera chassé dans le cylindre.

Comment, toutefois, ce piston reviendra-t-il *en arrière ?* Quelle force l'y contraindra ? Quelle disposition mécanique fera que ce mouvement en ligne droite du piston sera converti en mouvement curviligne ? Trois points intéressants à étudier.

Tout d'abord, nous installerons notre cylindre, muni de son piston, sur un socle en fonte T (fig. 10). Nous l'y fixerons sur deux pattes doubles pourvues de forts boulons. A distance convenable, nous monterons sur un support, boulonné au socle également, une roue V,

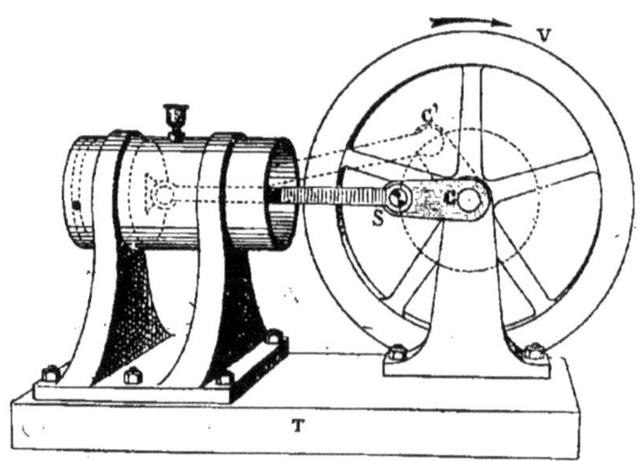

Fig. 10

pesante, et qui tournera sur son axe C. Il ne nous restera qu'à claveter ou braser sur cet axe une manivelle SC réunie à la tige du piston par la tête de bielle S pour avoir le dispositif nécessaire à la fois au refoulement du piston dans le cylindre quand il est parvenu à l'extrémité de sa course, et à la transformation en mouvement courbe du mouvement en ligne droite produit par le piston.

En effet, si à la main nous donnons une impulsion au volant V dans le sens qu'indique la flèche de la figure 10, nous faisons que le point S a tendance à monter vers le point imaginaire C'. Si, en même temps que nous donnons cette légère impulsion au volant, nous faisons exploser dans le fond du cylindre la portion d'air carburé qui y est enfermé, l'explosion chasse violemment le piston, et la bielle passe rapidement du point S de la figure 10 au point S de la figure 11. Le volant a par conséquent fait un demi-tour ; il a été jusqu'ici *passif*, c'est-à-dire entraîné par le piston qui, lui, se trouvait au contraire dans sa période *active*, sa période de travail.

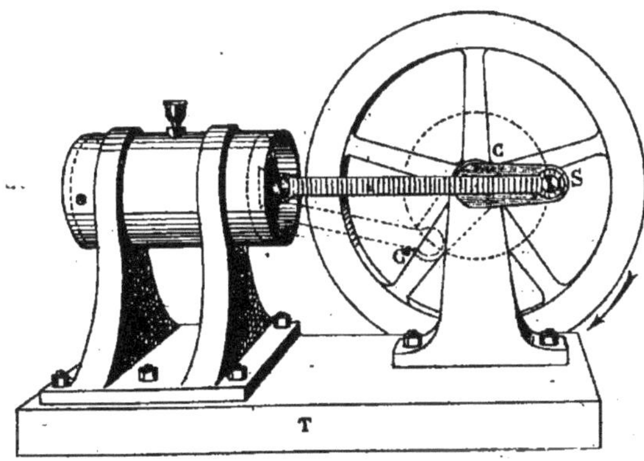

Fig. 11

Le demi-tour qui reste à effectuer pour que le piston revienne à sa position de départ figurée par le cliché 10, va renverser les rôles. Le volant va devenir actif et repousser dans le fond du cylindre le piston devenu par conséquent passif.

Lancé par l'explosion, le volant a en effet absorbé une grande partie de l'énergie que lui a communiquée le piston, et, bon prince, il va s'empresser de la restituer au piston qui lui en communiquera bientôt derechef, et à qui derechef il la restituera.

Le volant d'une machine à pétrole ou à vapeur — insistons ici sur ce point essentiel — est donc un véritable « réservoir » d'énergie. Les pistons, dans une machine, ne sont que les seaux plus ou moins régulièrement remplis qui lui déversent l'énergie; le volant est le distributeur économe qui régularise la marche de la machine, fait les avances nécessaires pour le passage des *points morts* (bien figurés dans nos croquis où la tige du piston et la manivelle se trouvent exactement en prolongement), mais qui demande que les explosions versent continuellement à sa caisse l'énergie. Il est en somme l'organe sans lequel les plus extraordinaires efforts ne seraient rien. Une machine à pétrole ou à vapeur ne marche donc pas en réalité de par son ou ses pistons, mais marche de par son volant — de par son volant « alimenté » d'énergie par son ou ses pistons.

Ce rôle souverain du volant étant connu, on comprend que, lorsqu'il n'est plus poussé par le piston, le volant pousse à son tour le piston, et que, lorsque le point S est passé en C' (fig. 10) et qu'il arrive en S (fig 11), c'est-à-dire à bout de course du piston, ce soit lui qui consacre sa force vive à amener la manivelle en C", puis de là en la position initiale de la figure 10. Le deuxième demi-tour est ainsi achevé. Si, à ce moment, nous produisons une nouvelle explosion dans le fond du cylindre, le piston est projeté à nouveau, et le cycle que j'ai décrit recommence.

En résumé, le piston et le volant sont deux collaborateurs de tempéraments opposés mais dont l'alliance produit les meilleurs effets. Chacun, dans un tour complet, fait la moitié de la besogne, l'un pétulant, l'autre lourdaud ; tous deux, corrigés l'un par l'autre, travaillent avec une sage vivacité.

*
* *

Notre petit moteur serait donc déjà prêt à fonctionner, s'il ne lui manquait l'alimentation !

Son alimentation : de l'air carburé par du pétrole (essence de pétrole), ainsi que nous l'avons vu, qui nous la fournira?

Nous la fabriquerons nous-mêmes au moyen d'un carburateur que nous allons immaginer. Nous introduisons de l'essence de pétrole par un point ; nous laissons pénétrer de l'air atmosphérique en un autre : il faut qu'à la sortie nous ayons de l'air carburé dans les proportions voulues.

Le carburateur que je vais décrire n'est pas un type qu'on puisse rencontrer dans le commerce. C'est un croquis quelconque que j'ai fait aussi simple que possible afin que mes lecteurs comprennent bien le mécanisme « théorique » de cet organe qui semble mystérieux aux profanes et qui est en réalité d'une enfantine simplicité.

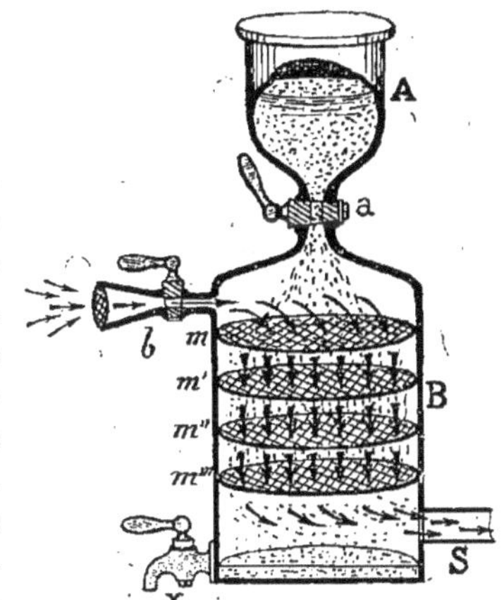

Fig. 12

Dans un réservoir métallique A (fig. 12), nous verserons une quantité quelconque d'essence dont nous règlerons à volonté le débit par le robinet *a* situé au-dessous. L'essence est figurée ici par de petits points. On voit qu'elle tombe dans un second réservoir B et s'étend sur des disques d'étoffe légère, de gaze par exemple *m*, *m'*, *m''*, *m'''*, tendus à distance égale en travers de ce réservoir. Nous *divisons* ainsi le plus possible l'essence afin qu'elle se volatilise, s'évapore, se transforme en *vapeurs*, le mieux et le plus rapidement possible, et que l'air qui va s'introduire dans le réservoir, lorsque le moteur aspirera, se charge le plus aisément possible aussi de ces vapeurs de pétrole, en un mot qu'il se carbure sans difficulté ni lenteur.

Donc, notre système d'évaporation de l'essence étant bien disposé, nous ouvrons, à la partie supérieure du réservoir B, un robinet *b*, terminé en forme de cornet et qui donne passage à l'air atmosphérique. Ce cornet est garni d'une toile métallique fine qui n'a d'autre objet que de retenir au dehors les poussières qui pourraient entrer avec l'air dans le carburateur.

L'air est représenté par les flèches. On voit qu'au moment de l'aspiration du moteur, il se précipite dans le récipient B, en plus ou moins grande quantité selon que nous ouvrons plus ou moins le robinet *b*, et qu'il traverse un à un les disques de gaze humectés d'essence. Traversant le premier, il se charge de carbures; il accroît sa richesse en passant par le deuxième et le troisième; il est pleinement carbure quand il a dépassé le quatrième. C'est maintenant un mélange explosif; si l'on faisait jaillir une étincelle dans le bas du récipient, une explosion très violente se produirait... et le carburateur sauterait.

On conçoit d'ailleurs que la richesse du mélange, c'est-à-dire son pouvoir d'explosion, varie selon qu'on laisse couler plus ou moins d'essence par le robinet *a*, ou qu'on admet plus ou moins d'air par le robinet *b*. C'est du vin dans lequel on verse plus ou moins d'eau.

Le robinet X ne joue aucun rôle dans le fonctionnement mécanique du carburateur. Il sert simplement à débarrasser de temps à autre ce récipient des parties lourdes, impossibles à volatiliser, que renferme toute essence, si rectifiée soit-elle, et qui sont tombées dans le fond.

Une fois construit ce carburateur, nous l'installons sur un support, boulonné également au socle, un peu en arrière du cylindre, ainsi que l'indique la figure. 13.

***

Nous sommes ainsi dès maintenant en possession : d'un cylindre muni de son piston dont le volant entre-

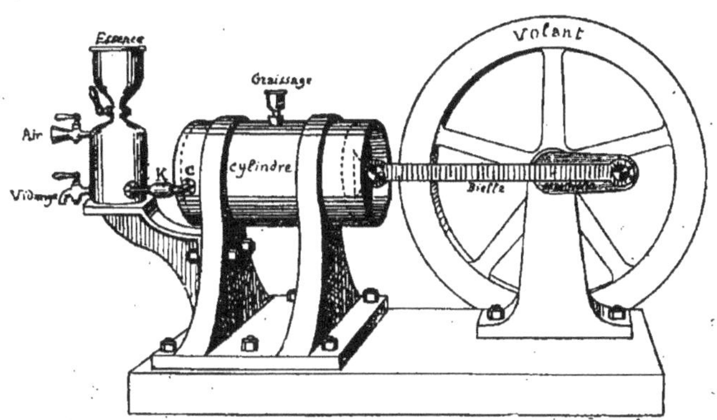

Fig. 13

tiendra et régularisera le fonctionnement, et de la petite usine à gaz nécessaire à l'alimentation de ce cylindre. Il nous suffira donc de réunir le carburateur au cylindre par un tuyau métallique pour que l'alimentation se fasse aisément.

Rappelons-nous que le gaz (l'air atmosphérique carburé par les vapeurs de l'essence) ne pénètre pas dans le cylindre par suite d'une pression quelconque. Le gaz se trouve dans le carburateur à la même tension que l'air extérieur. Il ne pénétrera par conséquent dans le cylindre que lorsque le piston l'y aspirera.

L'*aspiration* produite par le piston, lorsque le volant se meut, est par suite *la seule cause*, non seulement de l'entrée du gaz carburé dans le cylindre, mais même la seule cause de l'entrée de l'air atmosphérique dans le carburateur. Le piston, lorsqu'il s'éloigne du fond du cylindre, fait en somme le rôle de pompe aspirante. Lorsqu'il rentre dans le cylindre, il fait au contraire celui d'une pompe foulante.

Si donc, le piston étant à fond, nous faisons tourner à la main le volant, lentement afin de mieux observer les phénomènes qui se produisent, nous constatons que, tout le temps qu'il s'éloigne, il fait le vide derrière lui, et par suite oblige l'air atmosphérique à entrer dans le carburateur, à traverser les gazes saturées d'essence de pétrole, et, carburé alors, à pénétrer dans le cylindre. La période d'aspiration est terminée.

Mais, dès que ce premier demi-tour de volant est achevé, le piston rentre dans le cylindre... Qu'allons-nous faire ? Si nous n'y prenons garde, nous allons, ainsi qu'on le comprend, refouler par l'ouverture qui lui a servi à y entrer, le gaz que nous venons d'y faire arriver ! Quelle singulière manœuvre nous exécuterions là !

Il faut donc que nous adoptions un dispositif mécanique tel que la portion de gaz que nous aurons aspirée dans le cylindre ne soit pas expulsée aussitôt par le piston, en un mot qu'elle y demeure, isolée du carburateur, jusqu'à ce que nous la fassions exploser. Le système est simple : il suffit de construire derrière cette portion de gaz une porte mobile qui se referme aussitôt que le gaz est entré, et l'empêche de ressortir. C'est là un dispositif analogue, si la comparaison peut s'établir, à celui qu'emploient certains pièges à souris : on entre, mais on ne ressort plus.

Cette porte mobile, ce « piège à gaz », se nomme une *soupape* ou un *clapet*. Ce petit appareil est noté ici, dans la figure 13, par le renflement K qui se trouve sur le tuyau métallique unissant le carburateur au cylindre.

Ouvrons ce renflement, enlevons une paroi pour examiner bien ce qu'il recèle. Voici son intérieur, figuré un peu agrandi par la gravure n° 14.

IV. — L'ASPIRATION

Un petit cône de métal P (fig. 14), barre la route au gaz qui arrive du carburateur par le tuyau S pour se rendre à l'ouverture du cylindre C'est la soupape, appuyée hermétiquement sur son *siège* P' P' par un ressort assez faible R, auquel la pièce fixe M sert de guide.

Franchir cet obstacle, si peu puissant que soit le ressort qui applique la soupape sur son siège, le gaz ne peut y parvenir puisque, ainsi que nous l'avons dit, il n'a pas une pression supérieure à celle de l'atmosphère. Cette fragile porte ne lui sera ouverte que par l'aspiration du moteur qui, faisant le vide dans le renflement, amènera une dépression derrière la soupape, la fera céder par conséquent au gaz qui se hâtera de remplir le vide fait par le piston dans le cylindre.

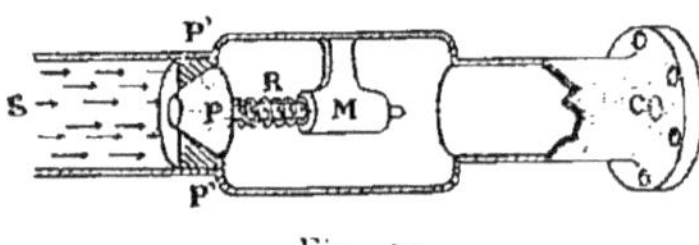

Fig. 14

Au moment de l'aspiration, la soupape s'ouvre donc (fig. 15) et voici cylindre et renflement emplis de gaz carburé.

Mais le piston parvient vite au bout de sa course. Il n'aspire plus. Et même il va refouler. Dès qu'il n'aspire plus, la soupape n'ayant plus de motif pour rester ouverte, ayant même pour se fermer la raison suffisante que le ressort R la ramène en sa position primitive, se replace brusquement sur son siège et y reste. La portion de gaz admise est donc prisonnière entre la soupape et le piston.

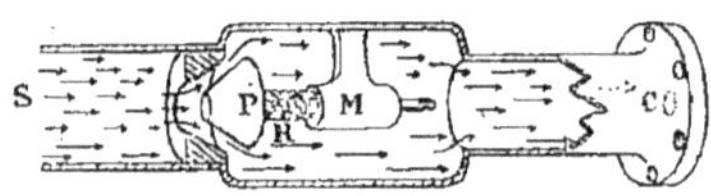

Fig. 15

Si le piston refoule, qu'arrive-t-il à ce gaz? Ma foi, ce qui nous arriverait à nous-mêmes si nous étions à sa place! Il est comprimé, écrasé, réduit à un infime volume par le brutal piston, et la traîtresse soupape se clot d'autant plus énergiquement que le piston presse plus violemment! Nous verrons, lorsque nous étudierons un peu plus tard le principe du moteur dit à quatre temps, combien la compression du gaz avant l'explosion est utile pour un meilleur rendement. Mais nous ne sommes ici encore qu'au moteur à deux temps, le plus simple qui soit.

Qu'il nous suffise actuellement de retenir que l'entrée du gaz carburé dans le cylindre se fait par aspiration, et que la soupape d'aspiration est presque toujours *automatique*, c'est-à-dire qu'aucune pièce mécanique ne la fait s'ouvrir ou se fermer en des temps déterminés. La soupape d'aspiration d'un moteur à pétrole s'ouvre ou se ferme *d'elle-même*, selon que le cylindre est à sa période de vide ou de plein.

V. — L'ÉCHAPPEMENT

Mais que ferions-nous de cette portion de gaz ainsi prisonnière, si nous ne l'utilisions immédiatement? Pourquoi l'avons-nous fait entrer dans le cylindre? Tout simplement pour lui mettre le feu, et lui faire produire une explosion qui chasse notre piston, qui actionne notre volant, qui en un mot nous fournisse la dose de travail que nous attendons d'elle.

Supposons donc que, par l'un des moyens que nous étudierons très prochainement, nous ayons fait exploser cette portion de gaz captivée. Le piston a été projeté, le volant a tourné. Notre portion de gaz est maintenant morte; elle s'est décomposée en plusieurs gaz inutiles désormais; mettons-la vite à la porte pour qu'elle cède la place à une autre portion de gaz neuf et vivant — à qui nous réserverons le même sort.

Or cette porte de sortie par laquelle nous nous débarrassons du gaz après son travail, est la *soupape* ou *clapet d'échappement*.

La soupape d'échappement ne diffère de la soupape d'admission que par son mode de fonctionnement. La soupape d'admission est presque toujours commandée par l'aspiration que produit le piston dans le cylindre. La soupape d'échappement est au contraire presque toujours commandée par un dispositif mécanique. Nous allons voir qu'il est d'ailleurs difficile de concevoir qu'il en puisse être autrement.

La soupape d'aspiration est automatique, parce qu'il est rationnel d'utiliser un phénomène aussi énergique que l'aspiration à l'ouverture de la porte légère qu'est une soupape, sans demander un secours superflu, onéreux au point de vue mécanique, à une tige mue par une came. L'aspiration est indispensable dans les moteurs à pétrole, puisque sans elle, nous l'avons vu, le mélange explosif ne se ferait pas dans le carburateur, et, une fois produit, ne pénétrerait pas dans le cylindre. Le piston fait dans le cylindre d'un moteur à pétrole, je ne saurais trop le répéter, l'office du diaphragme dans la poitrine d'un homme qui respire. Il pompe le mélange par petites gorgées. Sans l'abaissement du diaphragme, sans l'avance du piston dans le cylindre, l'air resterait immobile à la porte des poumons, il demeurerait inerte devant la toile métallique du carburateur; ni air ni mélange ne serait absorbé par le poumon ou par le cylindre. La similitude du poumon et du cylindre n'est-elle d'ailleurs pas complète, et la machine humaine, comme un moteur à pétrole, ne brûle-t-elle pas avec dégagement de chaleur sa nourriture gazeuse?

L'aspiration étant donc aussi indispensable à un moteur à gaz que la respiration à une mécanique vivante, il était logique que les constructeurs lui confiassent le soin d'ouvrir elle-même au gré de ses besoins les lèvres avides du cylindre.

L'échappement — ce renvoi du moteur — ne pourrait au contraire être commandé par aucun phénomène vital du cylindre (1). Les gaz ayant explosé ne peuvent en effet prendre la porte que si le piston les refoule dehors. Or, si la soupape d'échappement s'ouvrait sous la simple poussée des gaz refoulés par le piston, quel miracle aurait tout à l'heure empêché cette même soupape de s'ouvrir lorsqu'une force autrement puissante est venue essayer d'enfoncer la porte, l'explosion, cette explosion qui, trouvant le cylindre hermétiquement fermé de toutes parts, les parois du cylindre trop solides pour lui céder, a projeté en avant la seule paroi mobile qui pût céder à sa violence, le piston?

(1) Exceptionnellement cependant quelques moteurs tels que le Loyal, ont leurs deux soupapes automatiques, mais ils s'éloignent trop du type ordinaire des moteurs à pétrole pour que nous parlions d'eux pour le moment.

La soupape d'échappement est donc obligatoirement disposée de telle façon que tout phénomène se produisant à l'intérieur du cylindre n'ait aucun effet sur elle, — que même, loin de tendre à l'ouvrir, il contribue au contraire, si possible, à la tenir fermée.

Dès lors qu'arrive-t-il? La soupape d'échappement est montée sur une longue tige dont l'extrémité vient avoisiner le volant afin qu'au moment déterminé ce soit lui, ou une pièce fixée à son axe, qui, d'un coup sec, la fasse ouvrir (moteur à deux temps).

L'ouverture de la soupape d'échappement doit être faite aussi brusquement que possible. Il y a intérêt, tant à cause de la rapidité de la marche des moteurs à pétrole que pour éviter le mélange du gaz neuf aspiré par le moteur avec une queue trop importante de gaz brûlé qui n'aurait pas eu le temps de prendre la porte avant qu'elle ne se ferme, à ce que l'échappement se fasse tout d'un coup. Le piston revenant en arrière comprime les gaz, puis, toc! la soupape s'ouvre, et les voilà partis dehors! Cette détente brusque produit, à l'air libre, un bruit analogue à celui d'un fort coup de pistolet. Si les voitures et tricycles à pétrole « échappaient » à l'air libre, l'automobile

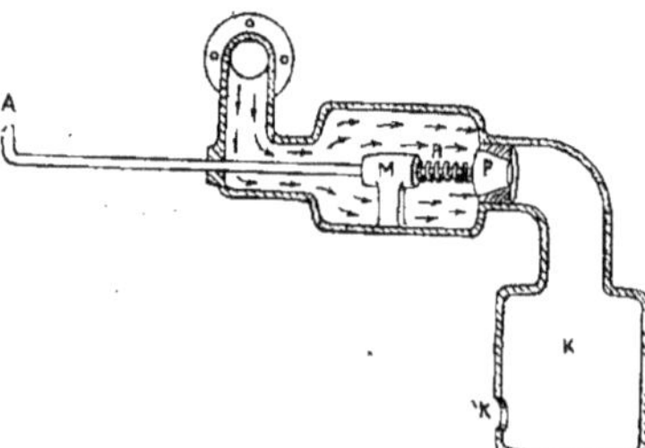

Fig. 16.

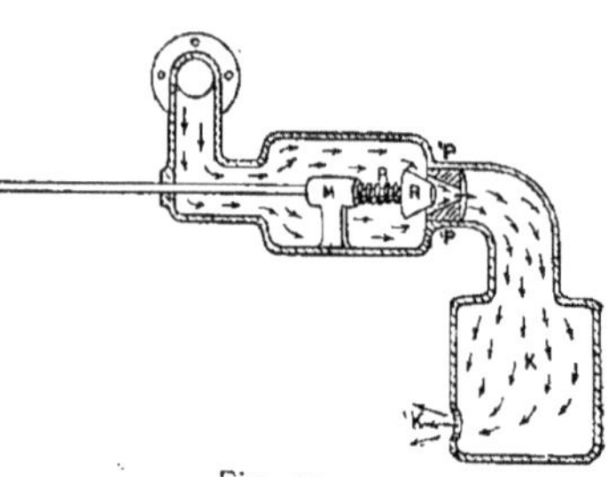

Fig. 17

ferait concurrence aux feux roulants d'un bataillon en ligne.

En pratique, les dispositifs employés par les constructeurs pour la commande de la soupape d'échappement varient peu. C'est toujours un ergot ou une came qui, à un temps invariable de la rotation, vient accrocher ou repousser l'extrémité de la tige de cette soupape.

Pour le petit moteur qui nous occupe ici, nous munirons (fig. 16 et 17) notre soupape P (avec son siège

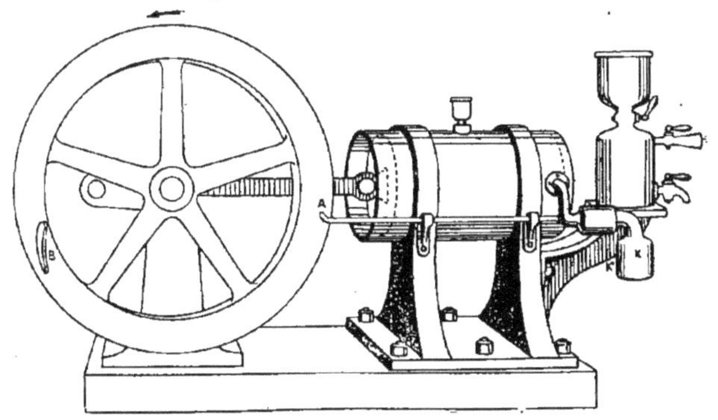

Fig. 18

P' P'', son guide M, et son ressort à boudin R) d'une tige terminée par un léger crochet A. Nous placerons sur le volant du moteur, en B (fig. 18), une sorte de cale métallique en forme approximative de croissant qui, à l'instant où le piston atteindra presque le fond du cylindre, comprimant ainsi les gaz brûlés qu'il refoule devant lui, viendra buter contre le crochet A et attirer à lui la soupape P. Les gaz fileront aussitôt. Puis, le petit ergot B étant passé, le ressort R a ramené la soupape sur son siège, et c'est autour de la soupape d'aspiration de travailler. Les flèches des figures ci-jointes représentent comme toujours le gaz pendant les différentes phases de déplacement de la soupape (1).

On remarquera que, dans la figure 17, la soupape venant de s'ouvrir, le gaz se précipite dans une sorte de récipient K ouvert en bas en K' et qui représente ici le petit appareil dénommé *pot d'échappement* ou *silencieux* destiné à amortir le bruit violent de la détente des gaz brûlés que je relatais plus haut.

Nous en verrons plus loin la disposition intérieure lorsque, familiarisés avec le fonctionnement et les organes des moteurs, nous quitterons la simple théorie où nous sommes, pour étudier la pratique.

(1) Il est entendu qu'il ne s'agit pas ici d'un moteur qu'on puisse construire, mais simplement d'un schéma. Dans la pratique, le premier soin du constructeur serait de placer les ressorts des soupapes en dehors de la boîte d'explosions afin qu'ils ne se détrempent pas à la chaleur excessive, et qu'ils soient d'une vérification facile.

VI. — L'ALLUMAGE PAR INCANDESCENCE

Nous voici parvenus à l'une des grosses questions du fonctionnement d'un moteur à pétrole; celle de l'allumage du gaz, de la détermination de l'explosion.

Les précédentes pages nous ont montré comment le cylindre pourrait être disposé pour aspirer par gorgées le mélange explosif d'air et d'essence de pétrole; comment le piston y serait chassé par l'explosion en produisant le travail que nous attendons de lui; comment chaque gorgée de mélange serait évacuée par le cylindre dès qu'il aurait pris l'énergie mécanique qu'elle renfermait; comment enfin la petite opération recommencerait aussitôt pour passer par les mêmes phases, en un cycle invariable. Tout notre moteur est par conséquent prêt à fonctionner. Donnons-lui la vie en le munissant d'un dispositif qui lui permette à chaque rotation de volant de faire exploser la portion de gaz que renferme son cylindre.

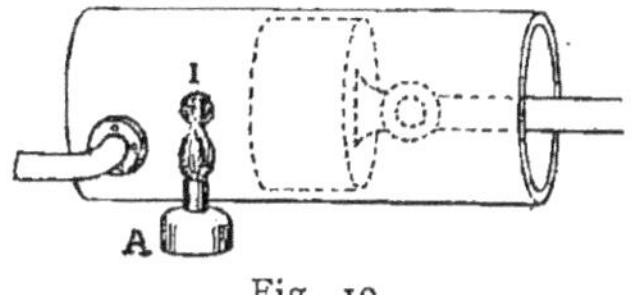

Fig. 19

Le procédé d'allumage le plus simple est dit par *transport de flamme*. Sur l'un des côtés du cylindre, assez près du tube d'aspiration, nous perçons un trou I (fig. 19) et plaçons, le plus en contact qu'il est possible avec cet orifice, la flamme d'une lampe à alcool A. Lorsque le piston s'éloignera du fond du cylindre, aspirant derrière lui la portion de gaz, il aspirera en même temps, lorsqu'il découvrira l'orifice d'allumage, une portion de flamme qui, subitement en contact avec le gaz, le fera

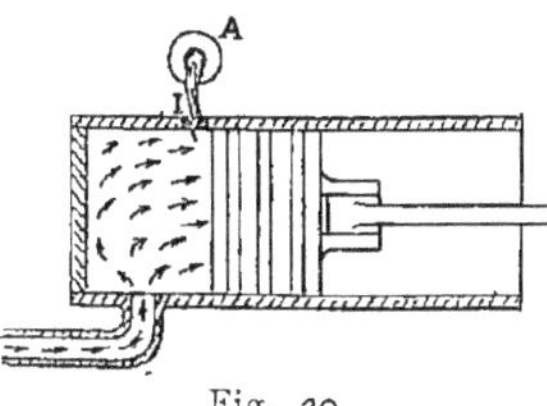

Fig. 20

exploser. La figure 20, qui représente le cylindre vu par-dessus, indique cette opération : le piston vient de passer devant I et la flamme vient de pénétrer dans le cylindre.

Ce dispositif est évidemment simple. Pour l'adapter sur le petit moteur horizontal dont nous avons entrepris ensemble la construction imaginaire, il suffira de brancher sur le réservoir d'essence une petite conduite de cuivre qui viendra alimenter un petit brûleur à mèche devant l'orifice d'allumage, brûleur dont on règlera la marche par un robinet pour le débit du liquide et par une clé pour la hauteur de la mèche (fig. 21).

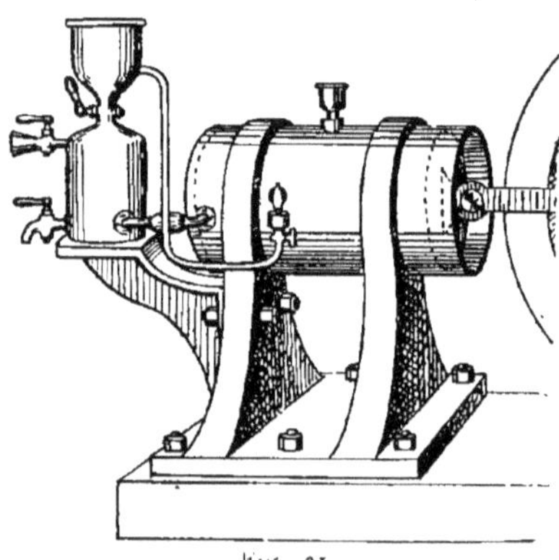

Fig. 21

La grande rusticité du *transport de la flamme* direct ne peut nous fermer les yeux sur les terribles défauts du procédé. En effet, ce trou I que nous venons de percer dans le flanc de notre cylindre, n'est-ce pas une fausse porte, gardée par nulle soupape vigilante, par où va s'échapper sans travailler bonne partie du gaz que nous admettrons ?

Car, réfléchissons. Le piston s'éloigne du fond du cylindre et aspire du gaz. Tout est bien jusqu'ici. Mais tout à coup voici que s'ouvre un trou par où pénètre, en même temps qu'une flamme, une portion d'air atmosphérique, aspiré fatalement avec la flamme ! Notre mélange, que nous avions eu bien soin de doser exactement à sa sortie du carburateur, est instantanément appauvri. Il y a maintenant trop d'eau dans notre vin, trop d'air dans notre gaz. L'explosion sera moins productive d'énergie. — Mais passons encore sur cet inconvénient. En voici un autre.

L'explosion a lieu. Les gaz chassent le piston en avant. Parfait. Mais qui pourrait les empêcher, pour une bonne part du moins, de filer sans crier gare par l'orifice d'allumage demeuré béant? En effet, au moment de l'explosion, nous apercevons que la flamme de notre brûleur est violemment soufflée loin du cylindre; c'est autant de gaz qui est dispensé d'agir sur notre piston. Heureux encore si la violence du panache de gaz ainsi subitement craché par le cylindre, n'éteint pas radicalement le brûleur, amenant instantanément l'arrêt du moteur qu'il avait charge au contraire d'actionner!

Mais l'inconvénient du système est encore ailleurs. Poursuivons nos observations. L'explosion a lieu; le piston refoule. Mais par où vont gagner l'extérieur ces gaz refoulés? En grande partie évidemment par la soupape d'échappement puisque la came va l'ouvrir au moment opportun; mais, en partie, très appréciable également, par ce maudit orifice d'allumage!

Peu importe, pensez-vous, qu'ils filent par là ou par ailleurs, puisqu'on ne veut plus d'eux! Je vous répondrai que votre oreille et votre nez ne seront guère de votre avis, car le gaz ainsi détendu à l'air libre ne passe pas par le silencieux, par conséquent cause un bruit anormal, et de plus se répand dans la pièce qui renferme le moteur au lieu de disparaître par le tuyau d'échappement, et par conséquent empuantit l'air que nous respirons à côté de lui.

Nous conserverons cependant ce dispositif dans notre petit moteur fixe, pour la seule raison qu'il est le plus simple. Mais les moteurs d'automobiles, lorsqu'ils l'emploient pour l'allumage de leur gaz, ne transportent jamais la flamme; ils utilisent toujours le procédé dit du *tube incandescent* qui en est le perfectionnement dû à M. Daimler.

Supposons que le trou I percé tout à l'heure dans notre cylindre pour laisser passage à la flamme, soit maintenant taraudé de telle façon qu'il puisse recevoir l'extrémité d'un tube fileté à un bout et fermé à l'autre, un tube qu'on dénomme souvent un *doigt* à cause de sa forme de doigt de gant très exacte. Ce tube est en platine presque toujours; quelques constructeurs ont essayé des doigts de porcelaine, naturellement beaucoup moins onéreux, mais par contre beaucoup plus fragiles.

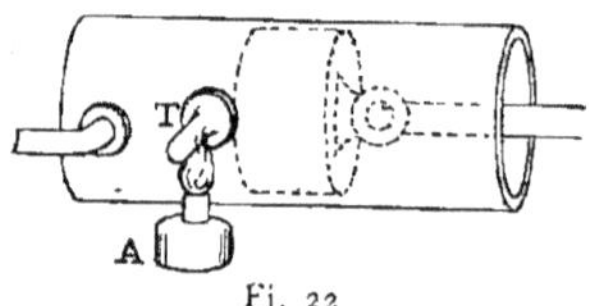

Fi. 22

Nous vissons donc hermétiquement ce doigt en T (fig. 22) et le chauffons énergiquement au moyen de la lampe A ou du brûleur, jusqu'au rouge cerise. A ce moment, nous pouvons mettre en marche; la figure 23 indique le phénomène qui se passe. Le piston s'éloignant du fond du cylindre, aspire sa gorgée qui emplit le cylindre et pénètre en partie dans le doigt incandescent. Explosion! Au contact de ces parois rouges, le mélange a détoné. Le piston a été projeté. Aucune parcelle de gaz n'a été détournée de son but; aucun gaz brûlé ne pourra davantage échapper au refoulement du piston dans le silencieux et de là dans le tuyau d'évacuation.

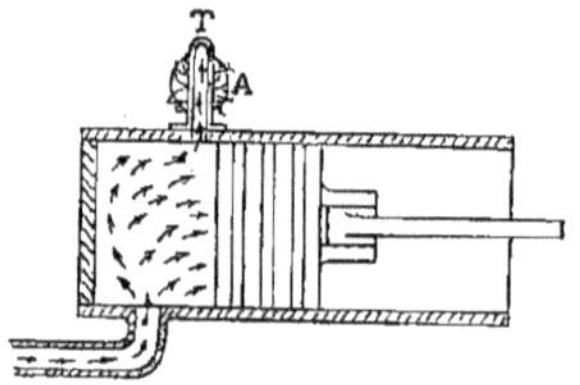

Fig. 23

Ce deuxième procédé d'allumage du gaz explosif n'est en pratique applicable qu'aux moteurs dits à *quatre temps*, auxquels notre étude va bientôt nous amener.

L'allumage par tubes incandescents est d'ailleurs préconisé encore par bien des constructeurs qui ne se décident pas à adopter l'allumage électrique, dont nous allons parler un peu plus loin.

L'allumage par tubes incandescents a évidemment des qualités :

En premier lieu, la facilité d'alimentation : car l'essence se trouve partout ; elle est la même pour les brûleurs et pour le carburateur.

En second lieu, la facilité de réparations : car avec un tube de platine de rechange, un écrou et quelques rondelles d'amiante, vous repartez en dix minutes.

En troisième lieu, la facilité de réchauffer l'air qui va au carburateur en plaçant sa prise dans le voisinage des brûleurs, expédient très apprécié, surtout en hiver, pour la mise en route du moteur.

Par contre, les inconvénients de l'allumage par tubes incandescents sont nombreux :

En premier lieu, la chaleur considérable : car les brûleurs portent tous les organes du moteur à une température qui les rend longtemps inaccessibles pour une réparation à faire sur route ; notons, de plus, combien il est anormal de chauffer le moteur d'une part, tout en cherchant à le refroidir de l'autre.

En second lieu, le danger d'incendie : car l'essence, au moment où se fait l'allumage des brûleurs, peut arriver trop vite dans les brûleurs pas assez chauds et s'enflammer liquide (avant d'être vaporisée), au risque d'incendier la voiture (surtout avec les brûleurs à pression). Le cas est cependant fort rare.

En troisième lieu, la difficulté générale de mettre en route : car les tubes ne se chauffent que lentement et n'atteignent pas immédiatement la température nécessaire à l'explosion (1).

En quatrième lieu, les explosions à contre-sens : car

(1) Voir plus loin pour les brûleurs *La Voiturette Bollée*.

le gaz neuf arrive parfois (1), au deuxième temps, en contact avec les tubes, et fait explosion au moment où le piston va le comprimer, choc désagréable et quelquefois dangereux pour le conducteur.

En cinquième lieu, enfin, on peut citer l'extinction par vent violent, la déviation de la flamme, les irrégularités du débit des brûleurs, le remplacement fréquemment obligatoire des tubes, la dépense d'essence nécessitée par la persistance du fonctionnement des brûleurs même à l'arrêt, etc.

⁂

Un troisième procédé est souvent appliqué, celui de l'allumage *par l'électricité*.

(1) Voir plus loin *Les Quatre temps*.

VII. — L'ALLUMAGE PAR L'ÉLECTRICITÉ

Le procédé d'allumage par l'électricité consiste simplement à faire jaillir dans le cylindre, au moment où il est rempli par le gaz explosif, une étincelle électrique qui mette le feu au mélange.

Le moyen le plus simple d'y parvenir nous serait indiqué même par un enfant de quinze ans. Quel est celui qui, attiré par les questions de physique, n'a pas eu en jouets une bobine de Rhumkorff et une pile au bichromate pour l'actionner? Il s'amusait, en reliant les deux pôles de la bobine à deux poignées métalliques, à « électriser ses camarades »; il se réjouissait de voir les étincelles brillantes qui jaillissaient du trembleur de la bobine ou des poignées métalliques approchées l'une de l'autre!

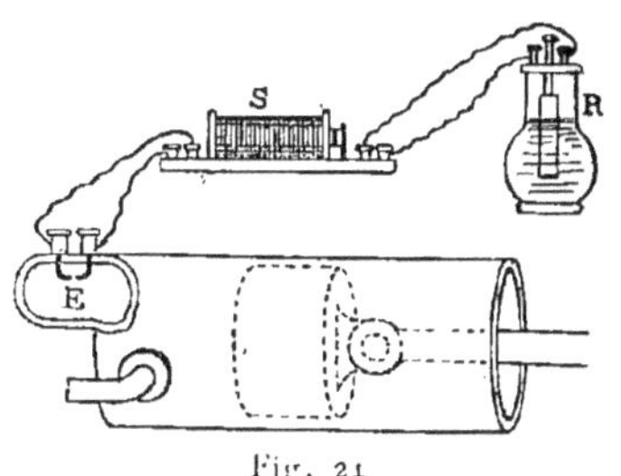

Fig. 24

Les constructeurs n'ont pas inventé mieux. Un dispositif d'allumage de gaz par l'électricité se compose, de la façon la plus élémentaire, de deux pièces (fig. 24 et 25) : une source d'énergie (piles ou accumulateurs R) et une bobine S dont le courant est porté par des fils jusque dans le cylindre. Le courant positif et le courant négatif aboutissent chacun à une pointe. Entre les deux pointes, éloignées de 1 à 2 millimètres l'une de l'autre, jaillit l'étincelle qui enflamme le mélange E.

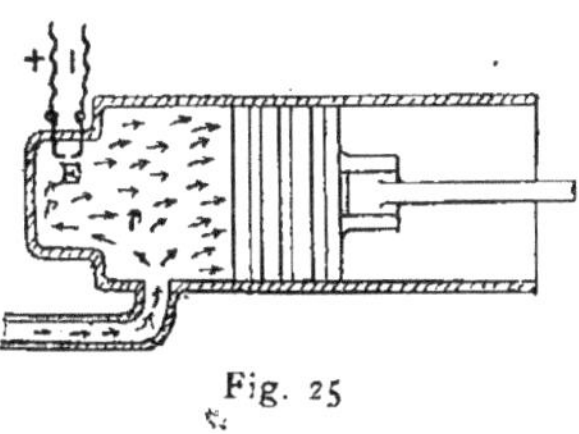

Fig. 25

Les esprits observateurs m'objecteront immédiatement que, le courant fourni par les piles ou les accumulateurs n'ayant ainsi pas d'interruption, la bobine fonctionnant par conséquent sans discontinuer, on ne conçoit pas bien comment les étincelles qui jaillissent sans arrêt dans le cylindre n'enflamment pas le mélange à tout moment, dès qu'il y a le moindre commencement d'aspiration, et ne nuisent pas au bon fonctionnement du moteur. Cette observation est juste et le moteur ne ferait pas même un tour si l'explosion, non seulement se produisait au hasard, mais même avait lieu en dehors d'un temps très minutieusement déterminé.

Les constructeurs ont donc dû confier au moteur lui-même le soin de faire jaillir l'étincelle au temps voulu. Ils ont monté sur l'arbre un interrupteur qui tourne avec cet arbre et ne laisse passer le courant qui va de l'accumulateur (ou de la pile) à la bobine qu'à un seul moment très court de la rotation. Par conséquent, pendant la plus grande partie de la rotation du volant (pendant que le piston effectue les manœuvres indispensables que nous avons étudiées précédemment) le courant ne passe pas, la bobine ne fonctionne pas et l'étincelle ne jaillit pas. Ce n'est que pendant une fraction de seconde que, l'interrupteur établissant instantanément le courant, le trembleur de la bobine se meut et que l'étincelle jaillit dans le cylindre.

La complication apparente de l'allumage par l'électricité n'est pas grande, on le voit, en théorie du moins.

La seule condition indispensable à l'allumage électrique est que l'étincelle jaillie soit le plus chaude possible, c'est-à-dire très bleue. En effet, le succès de tout allumage dépend à la fois de la température des parois du cylindre dans lesquelles arrive le gaz, et de celle du feu qui l'allume.

*
* *

La parfaite compréhension de l'allumage électrique exige la connaissance au moins rudimentaire des phénomènes de « l'induction ». Nous allons donc rapidement les passer en revue ; je les exposerai de la façon la plus claire qu'il me soit possible. Il n'y a pas là d'ailleurs de conférence pour les savants ou les ingénieurs, mais seulement des notes qui satisferont mon ambition si elles sont bien comprises de tous mes lecteurs.

Cette étude d'électricité est évidemment un peu ardue, mais il suffira, je l'espère, de quelques quarts d'heures d'attention soutenue pour que la complète intelligence de ces phénomènes se fasse dans les cerveaux même le moins habitués à ces sujets.

*
* *

Pour produire la suite considérable d'étincelles qui sont nécessaires à l'allumage, il faut qu'au moteur soit adjoint un « appareil qui fabrique des étincelles » à jet continu.

L'appareil tout indiqué pour cette production est évidemment la pile électrique. Attachez un fil au pôle positif, un autre au pôle négatif d'une pile, et approchez les deux extrémités des fils presque jusqu'à ce qu'ils se touchent : des étincelles jaillissent, à la condition que la pile soit assez forte pour les donner visibles. De même, si vous rapprochez les deux fils d'un accumulateur (un accumulateur n'est qu'une bouteille spéciale, qu'on a remplie d'électricité et qui deverse goutte à goutte, ou tout d'un coup, selon qu'on le désire, le fluide qu'on lui a confié), si vous rapprochez les deux fils d'un accumulateur, vous constatez un jaillissement d'étincelles.

Mais répétez l'expérience dix fois, mille fois, dix mille fois... La pile est épuisée bien vite, l'accumulateur est lui-même très rapidement mis à sec.

Il fallut donc, pour assurer pratiquement l'allumage électrique d'un moteur à pétrole, recourir à des artifices, abandonner les étincelles obtenues directement et recourir à celles qui sont dues à l'induction.

*
* *

Qu'est-ce que l'induction ?

Le physicien anglais Faraday constata le premier, en 1832, que, si l'on approche d'un fil parcouru par un courant électrique un second fil neutre, ce second fil est tout à coup lui-même parcouru par un courant électrique. Les fils ne sont, bien entendu, pas en contact; ils sont simplement *à proximité* l'un de l'autre.

La figure 26 nous montre une pile P, dont le courant, que nous supposerons aller du pôle positif + au pôle négatif —, passe par le fil C. Ce courant, nous l'appellerons *inducteur*. Si nous plaçons dans son voisinage un fil S par exemple, il s'établira instantanément en lui un courant que nous désignerons *induit*. Et si nous avons eu soin de faire une section dans ce second fil, en E, de façon à ce que les deux extrémités se touchent *presque*, nous constaterons qu'une étincelle jaillira chaque fois que nous romprons ou rétablirons le courant inducteur en enlevant par exemple le morceau de zinc de la pile et en le replaçant dans le liquide, ou plus facilement, en disposant sur le circuit un petit interrupteur qui coupe ou établisse à volonté le courant.

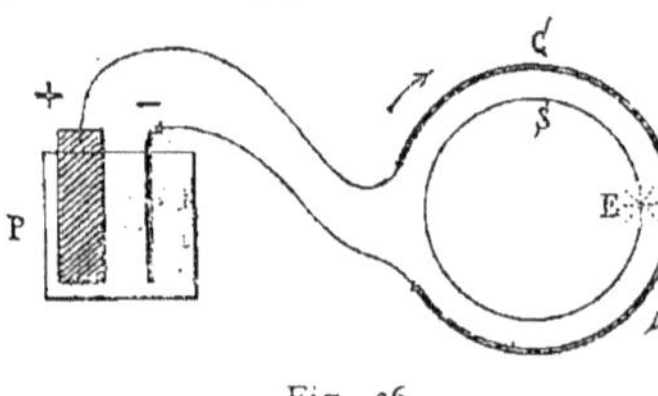

Fig. 26

Donc, chaque fois que nous lancerons dans le fil inducteur un courant électrique, même *très faible*, le fil induit sera traversé par un autre courant très rapide, *très énergique*, et qui donnera naissance au moment de son établissement et au moment de sa suppression, à une étincelle plus ou moins longue et plus ou moins chaude selon la valeur et la puissance de l'appareil qui l'aura produite.

On conçoit, en effet, que, pour obtenir des étincelles utilisables, il ne suffit pas d'approcher l'un de l'autre deux simples fils comme l'indique, pour en faire comprendre bien nettement la théorie, notre rudimentaire schéma.

En effet, la vigueur du courant induit, et par conséquent des étincelles qu'il fournit, est proportionnelle à celle du courant inducteur, et proportionnelle aussi à la longueur du fil qu'il doit lui-même parcourir. Ruhmkorff construisit, le premier, en 1851, la bobine d'induction qui porte son nom et qui sert à la production pratique des étincelles. En voici, très succincte, la description élémentaire :

Ruhmkorff prenait un tube de carton autour duquel il enroulait un fil de cuivre assez gros et recouvert de soie (substance isolante) afin que les spires métalliques ne pussent se toucher et que l'électricité fût obligée de parcourir tout le fil au lieu de passer par le chemin le plus court que lui auraient offert les points de contact des spires.

Ce premier gros fil était relié aux deux pôles d'une pile. Il était, par conséquent, parcouru par le courant inducteur. Afin de renforcer ce courant, il plaçait dans le tube de carton un faisceau de tiges en fer doux qui, en s'aimantant par le passage du courant, ajoutaient leur action à celle du courant et le fortifiaient (fig. 27).

Le courant inducteur étant ainsi obtenu vigoureux par ces artifices, Ruhmkorff enroulait autour du tube déjà recouvert du gros fil, un second fil sensiblement plus fin, recouvert de substances très isolantes, de gomme laque par exemple, et qui avait une dizaine de kilomètres de longueur. (Les bobines modernes ont parfois une longueur de fil de soixante kilomètres.) C'était là le fil dans lequel se développait le courant induit.

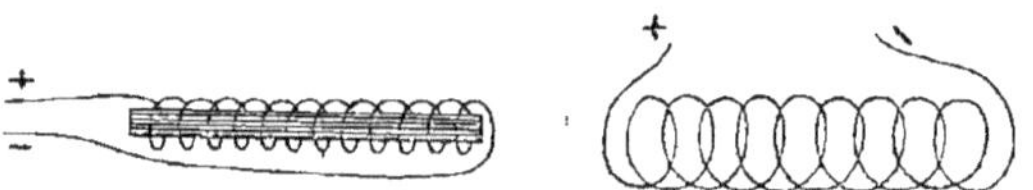

Fig. 27

La figure 27 montre à gauche le fil inducteur enroulé autour du faisceau de tiges de fer doux, et à droite les spires (considérablement réduites en nombre) du fil induit. Nous n'avons pas pu, pour la clarté du dessin, indiquer ces deux fils superposés ainsi qu'ils le sont en réalité.

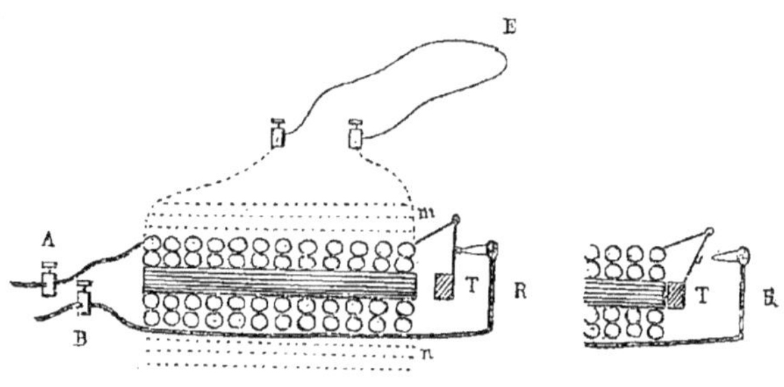

Fig. 28

Si donc nous coupions de haut en bas dans sa longueur une bobine de Ruhmkorff (fig. 28), nous apercevrions : au centre, le faisceau de fer doux ; tout autour de lui, les sections du gros fil inducteur ; autour de ce dernier, les sections plus petites du fil induit.

Les extrémités de l'inducteur sont, nous l'avons vu, en communication avec la pile par des bornes de cuivre A et B. Les extrémités de l'induit aboutissent aux deux autres bornes, sur lesquelles il suffirait de monter deux pointes métalliques très rapprochées pour qu'une étincelle jaillît en E au passage du courant.

Mais comment des étincelles jailliraient-elles encore de cette bobine, si nous ne lui adjoignions un petit organe qui, continuellement et automatiquement, établira et rompra le courant? J'ai, en effet, fait comprendre plus haut que la durée du courant induit était extrêmement faible et que les étincelles, loin de jaillir entre les deux pôles avec abondance, ne se manifestaient qu'à l'ouverture et à la rupture du courant. Il devenait donc de toute urgence pour Ruhmkorff, s'il tenait à obtenir une *série* d'étincelles, que le courant inducteur fût, *le plus souvent possible*, coupé et rétabli. L'habile constructeur imagina l'*interrupteur* que voici :

En face de l'une des extrémités de son faisceau de fer doux, il planta, droit sur une lame faisant ressort faible, une petite masse, de fer doux également T, à laquelle venait aboutir en *m* le fil inducteur après son enroulement.

La lame-ressort, bonne conductrice d'électricité, était, en temps ordinaire, en contact avec une pointe en cuivre R à laquelle venait aboutir le fil inducteur dans son retour *n* à la pile. Aussitôt que la lame-ressort s'appuyait sur la pointe de cuivre, le courant inducteur était établi.

Or, qu'arrivait-il dès que précisément ce courant inducteur passait? Il produisait évidemment un courant induit dans le fil secondaire et une étincelle jaillissait. Mais, en même temps, il aimantait le faisceau de fer doux contre lequel, par une loi magnétique connue, venait instantanément s'appuyer, attirée, la masse de fer de l'interrupteur (fig. 28 à droite). Aussitôt par conséquent, séparation de la lame et de la pointe de cuivre, et cessation brusque du courant inducteur ; cessation également du courant induit, et nouvelle étincelle. Mais aussi, et toujours en même temps, cessation de l'aimantation du faisceau de fer et par conséquent redressement de la lame-ressort, reprise de contact avec la pointe de cuivre, réinstallation du courant, et aussitôt réappel de la masse par le faisceau réaimanté ; et ainsi de suite. L'interrupteur de la bobine Ruhmkorff était animé d'un mouvement de va-et-vient si rapide, qu'il faisait entendre un bourdonnement signicatif et que, le plus souvent, on a désigné cette pièce sous le nom de « trembleur ».

Les bobines d'induction actuelles sont établies d'après ces éléments bien simples. Alimentées par des piles ou des accumulateurs, elles sont toujours les transformatrices d'électricité qui servent à l'allumage du mélange explosif dans plusieurs systèmes de moteurs à pétrole.

***

Les avantages très précieux de l'allumage par l'électricité, avantages qui mettent ce procédé de jour en jour à la mode, sont :

En premier lieu, sa *rapidité*. Inutile d'attendre cinq ou six minutes que le brûleur ait chauffé au rouge le doigt de platine. Aussitôt que vous faites passer le courant dans la bobine, l'étincelle jaillit et l'explosion se produit.

En deuxième lieu, sa *sécurité*. L'allumage se fait *dans* le cylindre et non, comme dans le procédé par transport de flamme ou tube incandescent, à côté du cylindre, c'est-à-dire à proximité probable du réservoir à essence ou d'une infiltration possible de ce dangereux liquide.

En troisième lieu, sa *souplesse*. Je donnerai ce nom à une qualité que seul possède le procédé d'allumage par l'électricité qui permet au conducteur du moteur de faire naître l'explosion au temps le plus favorable pour la meilleure production d'énergie. Alors, en effet, qu'on ne peut déplacer sur un cylindre le tube incandescent qui doit produire l'allumage, si bien que l'explosion ne peut, dans un tel cylindre, que se produire toujours au même moment de la rotation du volant, ici nous avons au contraire toute facilité de faire jaillir notre étincelle au moment qui nous semble le meilleur pour le rendement.

Cette qualité se dénomme généralement, mais assez improprement, *avance* à l'allumage. La modification du temps d'allumage permet de varier à volonté le moment de l'inflammation en correspondance avec les allures du moteur.

En quatrième lieu, *impossibilité d'explosions à contre sens* lors de la mise en route, si l'allumage est à son minimum d'avance.

En cinquième lieu, écartement presque infaillible du danger d'incendie.

Enfin, suppression possible du régulateur; arrêts et reprises instantanés de l'allumage, la voiture restant en marche, dans une descente notamment; économie de gaz, etc.

⁂

Les inconvénients de l'allumage par l'électricité sont assez peu nombreux aujourd'hui.

En premier lieu, je citerai *ses caprices*. La source d'énergie peut faire subitement défaut. Une pile ou un accumulateur se mettent, sans cause apparente, parfois *en court-circuit*, et l'électricité est envolée! C'est la panne du véhicule sur la route, en rase campagne! Un fil se rompt, se détache; le trembleur s'arrête, etc.

En deuxième lieu, je compterai *son prix relativement élevé*. Les accumulateurs sont toujours chers; il faut payer pour les faire recharger. Les piles s'usent. La bobine est d'un taux plus onéreux encore.

En troisième lieu, mettons *son poids et son encombrement* : accumulateurs en plomb, bobine et ses boulons d'attache, fils et leurs bornes enchevêtrés, etc., etc.

Enfin, en quatrième ligne d'inconvénients, citons *la surveillance* qu'il impose, surveillance minutieuse, qui peut aller depuis la vérification du contenu de l'accumulateur ou du débit d'une pile jusqu'au nettoyage scrupuleux des points de contact, une poussière suffisant à interrompre le courant et à arrêter par suite la voiture.

Les avantages de l'allumage électrique ont cependant paru à beaucoup l'emporter suffisamment sur les inconvénients pour que ce procédé fût adopté déjà sur nombre de véhicules, grands et petits.

VIII. — LES DEUX TEMPS

Nous n'avons encore étudié ici que le moteur à gaz le plus simple qui soit, le moteur à *deux temps*, inusité généralement dans la locomotion. Ce type de moteur est dit à deux temps parce que, en un seul aller (1er temps) et retour (2e temps) du piston dans le cylindre, il effectue les manœuvres nécessaires à sa marche, c'est-à-dire l'admission, le travail et l'évacuation.

Les divers mouvements par lesquels passent piston et soupapes dans la marche d'un moteur à *deux temps* sont récapitulés par le tableau des pages ci-contre 58 et 59.

Ces figures schématiques apporteront, je l'espère, une lumière complète sur ces phénomènes bien simples, à ceux de mes lecteurs que mes précédentes explications n'auraient pas suffisamment édifiés.

Elles représentent théoriquement un moteur horizontal à deux temps qu'on aurait coupé dans sa longueur et qu'on examinerait d'en haut. Le carburateur est indiqué par la figure ronde, et la direction du gaz par celle des flèches. On examinera avec soin, en étudiant ce point d'ensemble, le mouvement des deux soupapes, celui du piston et celui de la came montée sur le volant. De la parfaite précision de ces manœuvres automatiques dépend la valeur, et même la marche pure et simple du moteur.

On comprendra d'ailleurs immédiatement une des raisons pour lesquelles les moteurs à deux temps sont inusités : le peu de longueur que parcourt le piston à sa période active (celle du travail), environ une demi-course sur deux courses complètes, et par suite le faible volume de gaz qu'il peut aspirer. Nous allons du reste voir que la seconde et majeure raison du discrédit de ce type est dans son impuissance à comprimer le gaz admis avant de l'enflammer, compression qui donne un rendement beaucoup meilleur, mais n'est obtenue pratiquement que dans les moteurs à *quatre temps*.

MOTEUR A DEUX TEMPS

PREMIER TEMPS

COURSE AVANT DU PISTON

ASPIRATION — EXPLOSION — TRAVAIL

Commencement de l'Aspiration

Le *piston* aspire le mélange.
Le *carburateur* fonctionne.
La *soupape d'admission* s'ouvre.
La *soupape d'échappement* reste fermée.

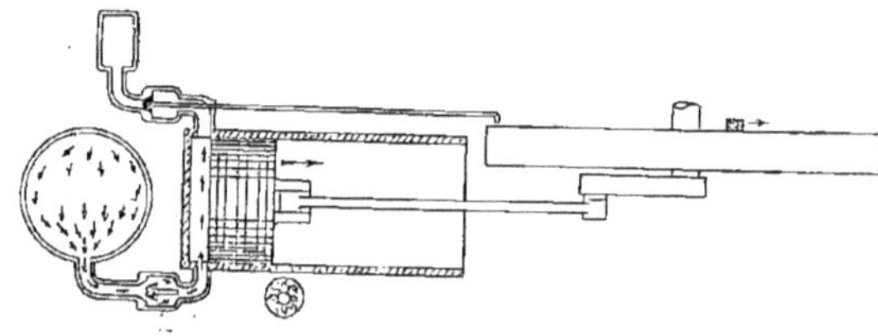

Fin de l'Aspiration

Le *piston* parvient au point où l'explosion va avoir lieu.
Le *carburateur* continue à fonctionner.
La *soupape d'admission* reste ouverte.
La *soupape d'échappement* fermée.

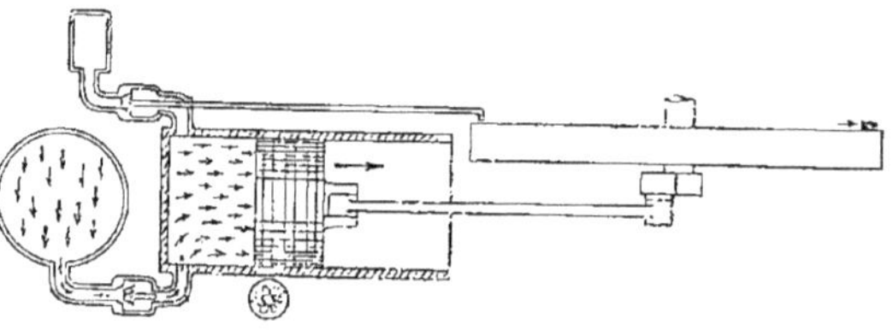

EXPLOSION

Commencement du Travail

Le *brûleur* vient d'allumer le mélange.

Le *piston* est violemment projeté en avant.

La *soupape d'admission* est fermée brusquement.

La *soupape d'échappement* reste toujours fermée.

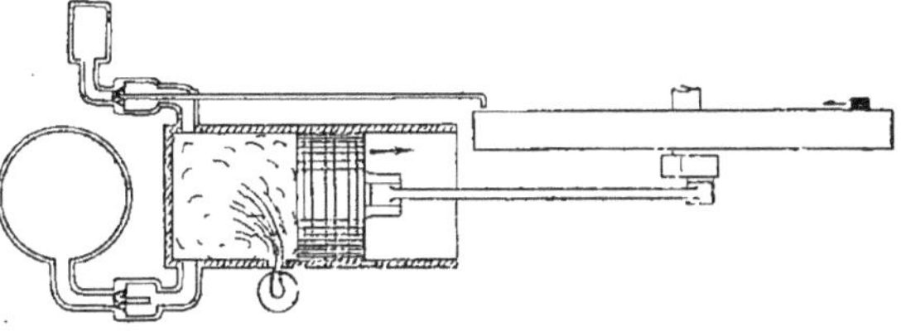

Fin du Travail

Le *piston* est au bout de sa course en avant. Il a fini de travailler et va être ramené en arrière par le *volant*.

La *came* montée sur le volant est presque arrivée au point d'accrocher la tige de la *soupape d'échappement*.

Les gaz admis sont maintenant morts.

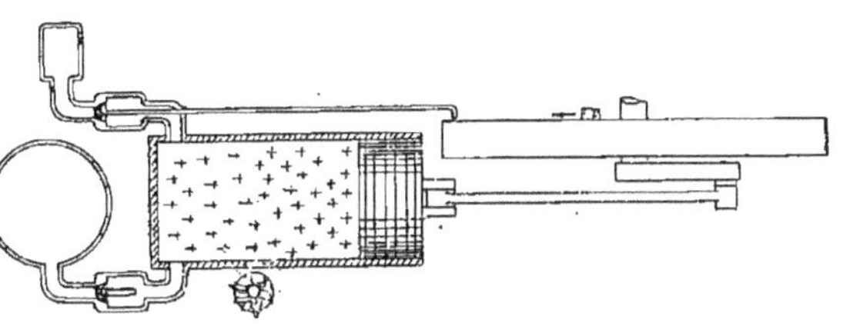

DEUXIÈME TEMPS

COURSE ARRIÈRE DU PISTON

ÉVACUATION

Évacuation des Gaz brûlés

Le *piston*, amené par le volant, revient en arrière en chassant les gaz morts.

La *came* vient d'attaquer brusquement la tige de la *soupape d'échappement* qui s'est ouverte.

Les gaz morts sont expulsés dans la *boîte d'échappement*.

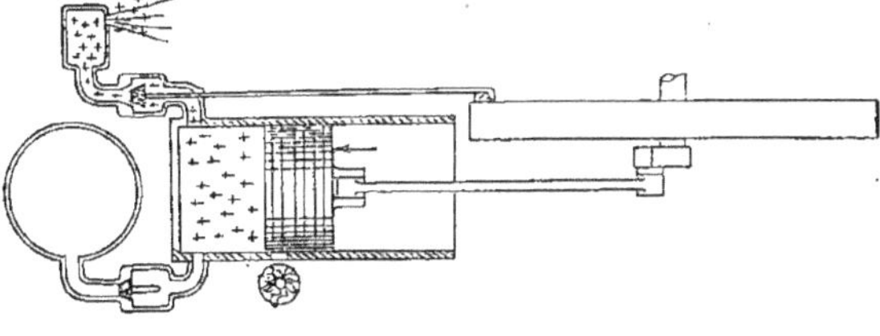

IX. — LES QUATRE TEMPS

Les moteurs à deux temps sont très peu usités en locomotion. Ce sont les moteurs dits à *quatre temps* qui sont communément employés. Le père des moteurs à explosions au service de la traction, le « Daimler » ; son dérivé, le « Phénix » ; le moteur « Bollée » ; le petit moteur de « Dion et Bouton », etc., pour ne parler que des plus connus, sont tous à quatre temps.

Le but que se proposent les constructeurs en donnant à leurs moteurs un régime à quatre temps, au lieu de celui à deux temps qui est plus simple, est de *comprimer* fortement, avant de l'allumer, la gorgée de gaz que le cylindre vient d'aspirer.

Pourquoi comprimer le gaz ? — La compression a un double avantage :

1° Elle resserre les unes contre les autres les molécules qui constituent le gaz et qui ont, de par leur nature, une tendance considérable au contraire à s'éloigner les unes des autres. Par là elle bande fortement pour ainsi dire ce ressort qu'est en réalité le gaz explosif et en augmente le rendement. Les molécules, au moment de l'explosion, s'éloignent les unes des autres d'autant plus vigoureusement qu'elles ont été préalablement plus serrées. — *La compression augmente donc dans de très sensibles proportions le rendement du moteur ;*

2° Elle élève la température du gaz qui va travailler. On peut expérimenter soi-même ce phénomène par l'emploi attentif d'une simple pompe à pneumatiques ; la compression de l'air qu'elle renferme, par le piston qu'on meut de la main droite, par exemple, finit par tellement échauffer le corps de la pompe, surtout à la base (c'est-à-dire à l'endroit où la compression est au maximum) que la main gauche ne peut pas le tenir. Ce principe est si vrai que certains constructeurs arrivent à se passer d'allumage pour faire exploser le gaz ; ils donnent à leur moteur une compression telle que la chaleur qu'elle dégage suffit à l'enflammer. — *La compression élève donc dans de très fortes proportions la température du gaz admis et en facilite l'explosion instantanée.*

⁂

La marche du piston dans le cylindre, fonctionnant à quatre temps, est dès lors ainsi calculée. (Voyez figure 30) :

1er temps. — Le piston étant à fond s'éloigne (première figurine en haut à gauche). Il aspire du gaz jusqu'au bout de sa course (figurine de droite en haut). A ce point, le piston n'aspirant plus, la soupape d'admission, sollicitée par son ressort, se referme ;

2e temps. — Le piston revient en arrière (figurine de gauche). Les deux soupapes sont fermées (celle d'admission, puisqu'elle ne s'ouvre qu'en vertu d'une aspiration et que l'aspiration ne se produit plus; celle d'échappement, puisque la came ne vient pas l'ouvrir). Le gaz admis est donc prisonnier.

Le piston revenant en arrière, soit en vertu de l'effort que fait le conducteur en mettant en marche son moteur (à la main comme dans une voiture, ou au pied comme dans un tricycle), le piston revenant en arrière refoule sur lui-même, écrase le mélange prisonnier (figurine de droite, 2e rang) ;

3e temps. — La compression étant terminée, le feu est mis au mélange par un des procédés que nous avons précédemment étudiés (incandescence ou électricité). Les soupapes sont toujours hermétiquement fermées. L'explosion se produit, chassant violemment le piston en avant jusqu'au bout de sa course (figurines du 3ᵉ rang) ;

4ᵉ temps. — Le piston est ramené en arrière par le volant qui a acquis une force vive suffisante de par l'explosion. A ce moment, la came ouvre la soupape d'échappement et les gaz morts sont expulsés.

Le cycle recommence aussitôt. Cette marche à quatre temps, souvent nommée *Cycle de Beau de Rochas*,

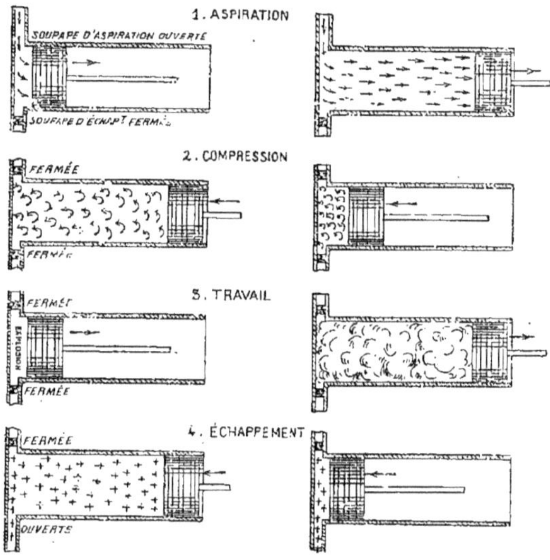

Fig. 30

parce que cet ingénieur la formula le premier, s'analyse donc ainsi : ASPIRATION, COMPRESSION, TRAVAIL, ÉCHAPPEMENT.

On voit immédiatement qu'en sus des avantages que procure la compression, le cycle à quatre temps est supérieur à celui à deux temps en ce que l'admission et le travail y sont plus grands : *toute* la course du piston est employée à aspirer (1ᵉʳ temps) ; par suite, la quantité de mélange admis est au moins une fois plus considérable. De même *toute* la course du piston est employée à travailler (3ᵉ temps), et l'effet sur le volant est par suite une fois plus sensible que dans le moteur à deux temps.

Ce dispositif ne va toutefois pas sans inconvénients. Le premier saute aux yeux : Sur quatre courses du piston, une seule est productive d'énergie ! Il faut donc que le volant emmagasine dans cette seule course utile assez d'énergie, non seulement pour actionner le véhicule, mais pour opérer les trois autres courses.

Le second est non moins visible : la compression (qui varie entre 3 et 5 atmosphères et quelquefois davantage) nécessite un effort important du volant. Or comprimer du gaz, c'est faire frein.

Cependant, si défectueux que paraisse *a priori* cette disposition, l'expérience démontre que les avantages qu'elle procure au point de vue du rendement sont bien supérieurs à ses désavantages.

* * *

Mes lecteurs se demanderont peut-être maintenant par quel procédé on arrive à obtenir du volant que la came n'ouvre la soupape d'échappement que *tous les deux tours* ? L'arrangement mécanique est des plus simples. Il suffit de ne plus placer la came qui doit commander l'échappement sur le volant ou sur l'arbre même du moteur, mais sur une pièce qui tourne *exactement une fois moins vite que lui.*

Sur le volant V (fig. 31) nous fixons, faisant corps avec lui, une roue dentée R. Cette roue fera donc rigoureusement autant de tours que lui. En prise avec cette roue, nous plaçons sur un support convenable une seconde roue T *exactement double de la première.* Cette seconde roue ne fera donc qu'un tour quand la première (ou autrement dit le volant) en fera deux. Si nous fixons la came sur cette grande roue, l'ouverture de l'échappement ne se fait plus que lorsque le volant a tourné deux fois. Et, puisque, pendant *une* rotation du volant, le piston fait *deux* courses (un aller et un retour), il en résultera que, pendant *deux* rotations du volant, la came n'ouvrira l'échappement que pendant

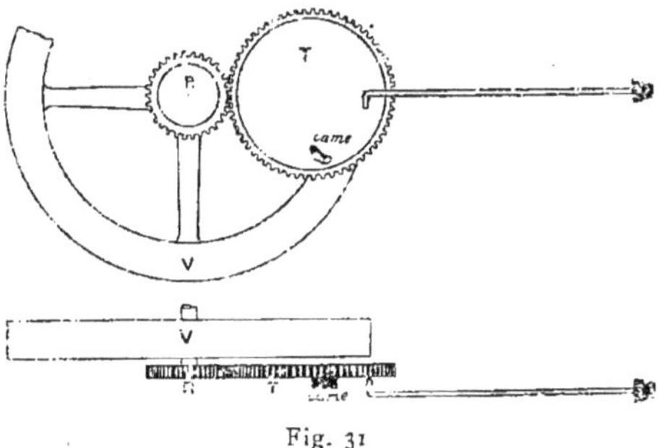

Fig. 31

l'une des *quatres* courses faites par le piston (un aller, *aspiration* ; un retour, *compression* ; un aller, *travail* ; un retour, *échappement*).

Il faut étudier ce principe des moteurs à quatre temps jusqu'à ce qu'on le possède entièrement. Il est d'ailleurs d'une compréhension enfantine. C'est la base de tous les systèmes de moteurs actuellement en fonctionnement.

X. — LA RÉGULATION

Si nous mettions maintenant notre petit moteur en marche, nous verrions son allure s'accroître rapidement, puis devenir folle, jusqu'au moment où l'une de ses pièces constitutives viendrait à casser, ou bien jusqu'à l'instant fatal où le piston, trop échauffé dans le cylindre par cette marche désordonnée, s'y calerait, arrêtant toutes les fonctions de l'ensemble.

Il importe donc essentiellement que nous régularisions la marche de notre moteur. Le procédé le plus employé consiste à disposer un régulateur qui produise son effet sur la soupape d'échappement. Le petit problème de la régularisation de marche d'un moteur à pétrole s'énoncerait donc ainsi : trouver un dispositif mécanique qui, lorsque l'allure dépasse un maximum déterminé, empêche les fonctions du moteur de s'effectuer. Le plus souvent ce dispositif produit son effet sur la soupape d'échappement.

On comprend que, si la came montée sur le volant ne vient plus buter contre la tige de la soupape d'échappement, les gaz brûlés ne peuvent plus s'échapper; le cylindre, restant rempli par eux, ne peut plus aspirer de gaz neufs; aucune explosion n'a lieu par conséquent, et par suite aucun travail. Le volant seul continue à actionner l'ensemble en restituant l'énergie qu'il a accumulée; mais ses réserves sont vite épuisées, et si la situation se prolongeait, l'arrêt complet du moteur serait obtenu. Il faut donc que le dispositif mécanique que nous adopterons n'empêche que momentanément l'évacuation du cylindre et ne produise que des ralentissements d'allure.

Tous mes lecteurs ont vu sur les machines à vapeur d'ateliers ou d'usines un *régulateur à boules*, qui fonctionne en vertu de la *force centrifuge*, c'est-à-dire de cette force qui oblige un objet décrivant une circonférence à s'éloigner d'autant plus énergiquement du centre de cette circonférence que la vitesse avec laquelle il tourne est plus grande. Nous savons tous qu'en tournant rapidement à bicyclette au coin d'une rue ou d'une route par exemple, nous nous penchons instinctivement, et penchons avec nous notre machine, vers le centre de la circonférence partielle que nous décrivons à ce moment, et ce, d'autant plus que nous marchons plus vite. Les virages des vélodromes sont aussi rele-

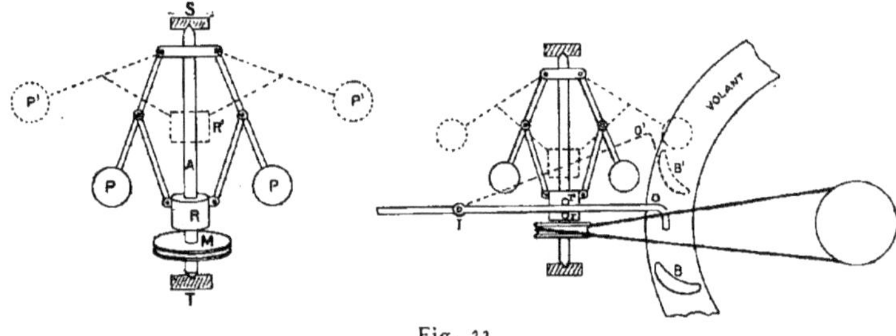

Fig. 32

vés vers le centre de leur circonférence, et d'autant plus à pic que les vitesses prévues sont plus grandes, etc. En ces divers cas, nous ne nous penchons ou ne relevons les virages que pour résister à la poussée de la force centrifuge.

Le régulateur à boules se compose donc (fig. 32) de deux sphères de métal pesantes PP, suspendues chacune par une tige à une barrette horizontale montée sur un pivot central A. Ce pivot est supporté à la partie supérieure par un tourillon S ; à la partie inférieure, par un tourillon T.

Si nous fixons au bas de ce pivot une poulie M qui nous permette de le relier au volant par un câble, notre appareil tourne, d'autant plus rapidement que le moteur augmente lui-même son allure. Qu'arrive-t-il ?

Aussitôt que le moteur démarre, les sphères PP qui, à l'arrêt, pendaient inertes le long du pivot central, commencent à s'éloigner du centre de la circonférence qu'elles décrivent. Puis, l'allure croissant, elles tendent de plus en plus à prendre la position P'P'. Donc, automatiquement, leur position varie avec les allures du moteur.

Dès lors, ils devient simple d'improviser le complément de notre régulateur. Montons sur le pivot, au-dessus de la poulie M, une bague épaisse R qui frotte sur lui librement, c'est-à-dire puisse aisément monter ou descendre sur cette tige centrale, et relions-la aux deux sphères par deux petites branches articulées. Dès que les boules prendront la position P'P', la bague R, entraînée par elles, prendra la position R'.

Plaçons sur cette bague (voir figure 32 à droite) deux petits tenons *rr* entre lesquels passe l'extrémité de la tige de la soupape d'échappement que nous aurons préalablement articulée en I. Aussitôt que les boules s'éloigneront, R montera et entraînera en l'air l'extrémité IO de la tige qui prendra la position IO'. Il arrivera dès lors, ainsi que le montre la figure, que la came B qui, en temps normal, vient buter contre la tige O, ne peut plus le faire lorsqu'en position B' elle passe à distance de cette même tige montée en O'.

L'allure vient-elle à baisser par suite de l'étouffement du cylindre ainsi produit, les boules, animées d'une moindre vitesse, redescendent progressivement le long de la tige centrale en ramenant l'extrémité de la tige de la soupape d'échappement dans sa position normale; et la distribution régulière reprend sa marche.

La plupart des moteurs à pétrole ont un régulateur analogue, en théorie du moins comme toujours; les détails d'exécution, d'emplacement, de position, sont variables, mais le principe est identique.

Tous les moteurs cependant n'ont pas un régulateur.

Les petits modèles s'en passent aisément surtout si le constructeur a soin de placer la commande de l'alimentation sous la main du conducteur, ainsi que celle du temps de l'allumage. L'emballage a-t-il tendance à se produire? Le conducteur alimente un peu moins, ramène le moment de l'allumage à la normale, et l'allure diminue aussitôt.

Cependant, ce n'est là qu'un expédient de régularisation, contraire à la marche idéale des moteurs à pétrole, car ces engins sont construits pour tourner à une vitesse calculée, une *vitesse de régime* qu'il serait sage, pour en obtenir le meilleur rendement, de ne jamais modifier en cours de route. Le régulateur semble donc imposé par la théorie, bien que la pratique, avide de simplifications, le supprime de plus en plus, et, avouons-le, ait peut-être raison de le supprimer.

XI. — LE REFROIDISSEMENT

Un des gros problèmes du fonctionnement des moteurs à pétrole employés en locomotion est le *refroidissement* du ou des cylindres, nous l'avons vu précédemment.

La chaleur dégagée par les explosions successives qui actionnent le moteur est en effet considérable. Witz prétend que la température de l'explosion est, pendant une fraction de seconde, voisine de 2,000 degrés, température d'ailleurs instantanément abaissée par la détente et l'expansion des gaz en travail dans des parois « relativement » froides. Cette chaleur trop grande est gênante pour les voyageurs de la voiture ; elle est surtout nuisible pour les cylindres dont elle amènerait fatalement l'obstruction en faisant gripper à leur intérieur les pistons, et pour les soupapes qu'elle brûlerait.

Il est donc indispensable de refroidir les cylindres d'un moteur à pétrole, pour trois raisons :

La première, la moins nécessaire, car un dispositif adroit peut y parer, est l'intolérance qu'auraient les voyageurs à supporter la chaleur dégagée par l'appareil de propulsion.

La seconde, capitale, est l'impossibilité où l'on se trouverait, à une température pareille, d'assurer le graissage continuel des pistons dans les cylindres. En effet, l'huile la meilleure pour cet usage, si bien préparée et choisie qu'on la suppose, ne résiste pas à une température supérieure à 300 degrés. Elle se décompose, se calcine et donne des résidus charbonneux qui encrassent les soupapes, interrompent la communication électrique quand l'allumage se fait par étincelle ; bref, font frein au moteur au lieu de l'aider dans sa marche. Nous avons vu précédemment que l'huilage constant et abondant du cylindre était la condition « indispensable » de sa marche. Sans l'huile, le piston grippe et s'arrête ; sans l'huile, la tête de bielle se soude à la manivelle, etc.

La troisième raison du refroidissement est la dilatation qu'une chaleur intense produirait dans les pièces étroitement ajustées du moteur. Nous avons vu que le piston devait être ajusté dans le cylindre avec un soin extrême, pourvu de ressorts plats circulaires nommés segments, en un mot, épouser avec une précision complète la forme du cylindre. A cette condition seule, les gaz en travail, que leur température et par suite leur tension, que leur compression même, rendent étonnamment fluides, ne filtrent pas entre le piston et le cylindre et produisent tout leur effet entre le fond du cylindre et la paroi opposée du piston.

Si nous admettons une chaleur intense dans cet ensemble précis, immédiatement, en vertu du principe élémentaire de la physique, les pièces soumises à cette chaleur se dilatent, et se dilatent proportionnellement à l'intensité de cette chaleur. Le fond du cylindre par exemple, où se produit l'explosion, se dilate beaucoup ; l'extrémité opposée de ce même cylindre, bien moins surchauffée, a des dilatations bien moindres ; quant au piston, en contact immédiat avec les explosions, par conséquent extrêmement chauffé, il se dilate considérablement et devient peu à peu de diamètre trop grand pour le bas du cylindre, plus froid que lui, où il va et vient. Il arrive bientôt ce que le raisonnement prévoyait : le piston s'arrête tout à coup dans le cylindre et le bloque. A ce mal, pas de remède autre que le renvoi du moteur au constructeur qui sortira le piston à coups de maillet, refera le cylindre gravé et rayé par cette opération, en un mot sera obligé de fournir un moteur presque neuf.

Il est donc rigoureusement indispensable de refroidir.

Mais faut-il refroidir autant qu'on le peut? L'idéal serait-il, si possible, d'enlever au cylindre toute chaleur au-dessus de la température ambiante, par exemple? Non, car si la chaleur développée dans le cylindre est nuisible à ce cylindre, elle est cependant extrêmement utile au gaz qu'aspire ce cylindre! Il y a là un cercle vicieux dont les constructeurs ne sortent que par tâtonnements. Quand l'appareil de refroidissement abaisse-t-il assez ou trop la température? Personne ne le sait exactement. On s'applique à refroidir juste assez pour qu'aucun grippage n'ait lieu, juste assez pour que les gaz admis rencontrent, dès leur arrivée dans la tête du cylindre, des parois aussi chaudes que possible qui facilitent considérablement la rapidité de leur explosion et, par suite, accroissent le rendement du moteur.

*
* *

Les procédés de refroidissement des cylindres de moteurs à pétrole sont au nombre de deux : le *refroidissement par eau; le refroidissement par air.*

Le premier consiste à adjoindre au moteur un réservoir renfermant de 20 à 40 litres d'eau environ, selon la force de ce moteur, et à la faire circuler autour des *têtes* et *des parois des cylindres* au moyen d'une petite pompe rotative actionnée par ce même moteur ou par tout autre dispositif.

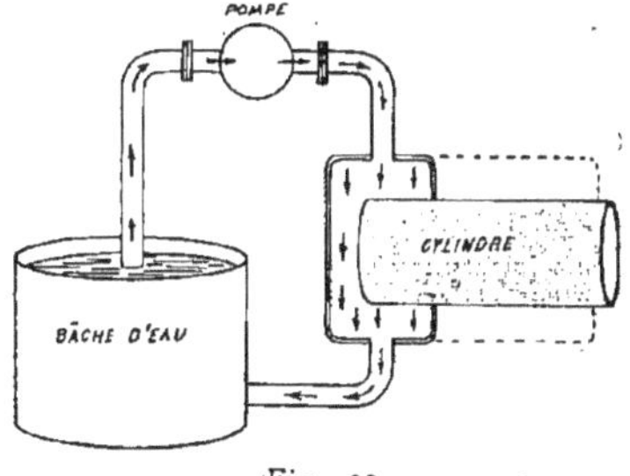

Fig. 33

Les têtes ou culasses sont donc constamment entourées d'eau au moyen d'une tuyauterie spéciale et d'une eau qui circule de façon à perdre le plus possible, en revenant au réservoir, des calories qu'elle a enlevées au cylindre. Certains constructeurs se contentent d'entourer d'eau les culasses seules; d'autres refroidissent toute la longueur des cylindres (ainsi que l'indique le pointillé de la figure schématique 33 ci-dessus). — L'inconvénient du refroidissement par eau est multiple : poids de l'eau ; complication de la tuyauterie, son prix et son poids; nécessité de changer partiellement l'eau après quelques heures de marche, etc.

Le second procédé de refroidissement consiste à agrandir artificiellement, et dans de fortes proportions, la surface extérieure du cylindre; la chaleur produite par les explosions se répartit ainsi sur une surface proportionnellement considérable. Elle s'y trouve, par conséquent, très sensiblement diminuée, et la simple circulation de l'air ambiant suffit au refroidissement exact.

A cet effet, les constructeurs font venir de fonte sur leurs cylindres une série de bagues de métal, fixées à demeure sur les cylindres, et qu'on nomme des *ailettes* (fig. 34). Ces bagues, plates et larges, sont parallèles entre elles. L'air circule dans ces ailettes et aide à ce qu'on pourrait appeler l'*évaporation de la chaleur*. — L'inconvénient du refroidissement par ailettes est qu'il ne convient qu'à des cylindres de diamètre relativement petit. Il faudrait considérablement augmenter l'étendue des ailettes, et par suite leur poids, pour obtenir un refroidissement suffisant d'un cylindre donnant par exemple 5 ou 6 chevaux. L'usage des ailettes est donc jusqu'ici borné aux moteurs de petite et de moyenne force, 1 cheval à 4. Encore ce dernier chiffre est-il très contesté!

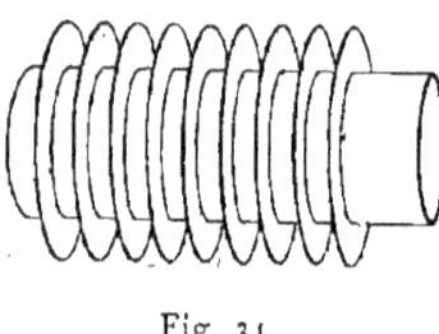

Fig. 34

XII. — LE CHEVAL-VAPEUR. — LE FREIN DE PRONY

Qu'est-ce qu'un *cheval-vapeur?* Est-ce un cheval, non en chair et en os, mais en vapeur? Quelle force a-t-il?

Bien des personnes ont l'aimable ridicule de croire encore qu'un moteur, dit de la force de quatre chevaux, donne exactement le même travail que quatre percherons! Elles se demandent, et quelquefois même vous demandent comment il se fait que l'omnibus Madeleine-Bastille par exemple ne peut être remorqué par un petit Daimler de trois chevaux alors que trois bonnes bêtes à quatre pattes ne semblent pas maigrir à le faire.

Étudions rapidement les quelques termes employés en mécanique pour exprimer d'une façon compréhensible le travail développé par un moteur.

*
* *

L'unité de mesure du travail se nomme *kilogrammètre*. Soulevez un poids de un kilog à un mètre de hauteur; vous aurez produit un kilogrammètre. Il n'y a là aucune idée de temps. Si vous employez une heure à soulever ce kilog à un mètre de hauteur, ou si vous le soulevez en une demi-seconde, vous n'avez, dans l'un et l'autre cas, produit qu'un *kilogrammètre*.

On dit communément que 75 kilogrammètres font un *cheval-vapeur*. C'est une erreur, car 75 kilogrammètres, effectués en une heure par exemple, ne font pas du tout un cheval-vapeur, mais bien seulement la 3.600^{me} partie d'un cheval-vapeur.

L'idée de temps est en effet dans l'expression *cheval-vapeur* qui équivaut à un travail de 75 kilogrammètres A LA SECONDE.

Profitons de ce simple énoncé pour observer que ces mesures de travail ont le tort grave de ne pas correspondre aux principes fondamentaux du système métrique. Le kilogrammètre admis, il serait logique que le « cheval-vapeur », si l'on tient tant à ce nom, fût, à la seconde, un multiple par 10 ou par 100 de cette mesure fondamentale. Mais il n'est pas temps de récriminer; il faut admettre les mesures telles qu'elles sont reçues dans tous lieux mécaniques et se rappeler sans philosopher qu'un cheval-vapeur vaut 75 kilogrammètres à la seconde.

Mon savant confrère, M. Hospitalier, a proposé deux expressions logiques, en accord avec notre système métrique : le *prony* (10 kilogrammètres à la seconde), et le *poncelet* (100 à la seconde). L'avenir lui donnera certainement raison.

***

Mais qui a déterminé ainsi la valeur du *cheval-vapeur*? Un anglais. C'est James Watt, un des améliorateurs de la machine à vapeur, qui a introduit dans l'industrie cette expression.

Une des premières machines qu'il eût construites devait être installée à la brasserie de Wibread, en Angleterre, pour y remplacer des chevaux actionnant jusqu'alors un jeu de pompes. Le brasseur, homme pratique, voulut, avant que la substitution mécanique fût faite aux moteurs animaux qu'il allait abandonner, savoir exactement le travail que ses chevaux lui donnaient. Il fit travailler à la pompe un bon cheval, pendant huit heures, sous le fouet, pour connaître « sa capacité de travail ». Il obtint le chiffre d'environ deux millions de kilos d'eau élevée pendant ce temps, ce qui indiquait à peu près que le cheval avait élevé à la seconde, à un mètre de hauteur, 75 kilogrammes d'eau

Le brasseur avait-il fouetté outre mesure son cheval,

ou bien possédait-il une bête extraordinaire? Toujours est-il que ce travail est anormal pour un cheval, car sa puissance, constatée par des expériences faites sur 250 chevaux différents, n'est, *en travail régulier*, que de 30 kilogrammètres environ par seconde. Il faut croire que le brasseur avait plutôt amplifié les résultats afin d'obtenir de Watt une machine de rendement supérieure à celle qui était convenue (1).

Watt ne chicana pas et adopta cette mesure telle qu'on la lui donnait. Elle est passée depuis dans la pratique générale.

*
* *

La détermination du travail que peut donner un moteur se fait à l'aide d'appareils spéciaux dont le plus connu est le « frein de Prony » que la figure 35 représente en schéma.

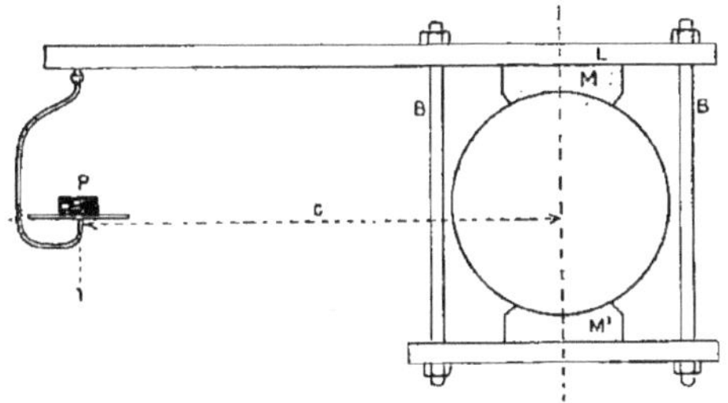

Fig. 35

L'arbre horizontal du moteur est maintenu serré entre deux mâchoires de bois M et M', reliées par les boulons

(1) On prétend que Watt fit lui-même des expériences sur ce sujet et arriva, à peu près comme le brasseur, au chiffre de 33,000 livres élevées à un pied par minute. Il avait désigné ce travail *horse-power*, puissance du cheval, que les Français ont traduit *cheval-vapeur* en y ajoutant l'idée de temps.

Si l'on se souvient que la valeur du mètre en pieds anglais est de 3.281 et que la livre anglaise vaut 0 k. 4.534, on peut convertir les 33,000 livres élevées à un pied en une minute en kilogrammètres par seconde : on trouve 76 k. 004, soit bien près de 75 kilogrammètres.

B B. L'une des deux mâchoires, M, est fixée à un levier horizontal L dont l'extrémité porte un plateau dans lequel on peut placer un poids P.

On procède ainsi : en premier lieu, on serre les boulons de telle sorte que la rotation de l'arbre s'effectue à la vitesse de marche normale. Puis on place dans le plateau le poids nécessaire pour maintenir le levier immobile. On note ce poids P ; on mesure d'autre part la distance *c* qui sépare le centre de l'arbre et le centre de gravité du plateau ; on mesure également au compte-tours le nombre de rotations *n* par minute que fait le moteur ; et la force en chevaux est alors donnée par l'application d'une formule $\left(N = \frac{2 \pi p P n}{60 \times 75}\right)$.

Lorsque la vitesse linéaire à la circonférence de l'arbre est grande (et c'est le cas pour les moteurs à pétrole), l'expérience présente certaines difficultés, parce que le frein s'échauffe au point de brûler rapidement. Aussi faut-il cesser l'expérience au bout de quelques minutes, ou bien faire tourner l'ensemble dans une auge contenant de l'eau de savon.

CHAPITRE II

Théorie de la Transmission

CHAPITRE II

Théorie de la Transmission

BIEN qu'il en soit la partie capitale, le moteur n'est cependant pas tout le mécanisme de la voiture. Nous possédons la bête métallique; comment allons-nous l'atteler ? Interrogation pleine de difficultés et problème des plus complexes.

Avant donc de passer à l'étude pratique des moteurs et véhicules existants, il est très nécessaire que nous notions ensemble quelques observations essentielles au sujet des modes employés pour transmettre à la voiture le mouvement fourni par un moteur à pétrole ; que même nous revoyions ensemble certains dispositifs de mécanique générale qui trouvent une application dans la locomotion automobile.

I. — LES DIVERSES FONCTIONS DE LA TRANSMISSION

Le moteur à pétrole est, par nature même, un moteur sans souplesse, c'est-à-dire qu'il ne se prête pas aux variations de travail qu'on voudrait lui demander selon les exigences du terrain que parcourt le véhicule.

Si, à son allure normale, à son allure de *régime*, il donne par exemple 3 chevaux, et que vous lui demandiez, ne fut-ce qu'une minute, un effort qui représente 4 chevaux, l'entêté les refuse ; de même si son allure de régime est 800 tours, je suppose, et que vous le ralentissiez à 200, l'animal stoppe! Si vous le poussez à 1,000 ou 1,200 tours, vous fatiguez ses organes et avez toutes chances de le bloquer ; si vous descendez son allure à 400, 500 tours, il ne vous fournit que 50 o/o du travail que sa constitution lui permettrait de donner.

Le moteur à pétrole n'a donc un bon rendement que s'il va toujours son même train. A ce train, que l'on doit déranger le moins possible, il donne le travail que nous attendons de lui. Sachons nous en contenter, sachons utiliser cette source, de débit uniforme, soit à élever lentement une charge, soit à courir rapidement dans une plaine.

Les organes de transmission qui uniront la voiture au moteur sont par conséquent les transformateurs de cette force brutale; ils lui donnent la souplesse qui lui manque et dont une voiture ne peut se passer puisqu'il lui faut rouler vite ou lentement, monter des rampes fort dures ou descendre des pentes escarpées, ralentir ou accélérer.

Remarquons bien que, dans toutes ces manœuvres, le travail du moteur reste le même, la vitesse donnant, si l'on peut s'exprimer ainsi, autant de peine au moteur que l'ascension d'une côte. Il est donc indifférent à un moteur de pousser à allure rapide une voiture en bon terrain plat, ou de la pousser à allure lente en terrain montant.

La transmission du mouvement du moteur ne peut donc pas se faire directement à la voiture, c'est-à-dire que l'axe du moteur ne peut être confondu avec l'essieu des roues motrices ainsi que le demandent quelquefois les personnes qui parlent de tout sans réfléchir à rien. Les raisons en sont nombreuses. La première est que le moteur à pétrole, étant toujours de grande vitesse (puisque les types adoptés en locomotion font de 700 à 2,000 tours à la minute), si l'on montait directement l'axe des roues sur celui du moteur, si par conséquent les roues motrices faisaient autant de tours que le moteur, on obtiendrait des allures absurdes. Exemple : un moteur dont l'allure de régime est à la minute, 800 tours, monté sur des roues motrices de 80 centimètres de diamètre (couvrant par conséquent 2 m. 50 à chaque rotation) donnerait :

800 × 2 m. 50 × 60 minutes = 120 kilomètres à l'heure !!

Supposition irréalisable d'ailleurs pour d'autres causes que l'excès de vitesse que nous obtiendrions. En effet, la deuxième raison de l'impossibilité de la transmission directe réside dans le fonctionnement même du moteur à pétrole. Un moteur de voiture étant toujours à quatre temps, c'est-à-dire n'ayant d'explosion que tous les deux tours (le premier tour servant à aspirer et comprimer; le second à *exploser* et à expulser), un moteur à 800 tours n'ayant donc que 400 explosions par minute, il faudrait qu'*une* explosion eût assez de vigueur pour faire tourner *deux* fois les roues motrices ! Travail considérable qui nécessiterait une puissance de moteur et un volant de dimensions tout à fait hors d'emploi sur une route.

Enfin, si même on arrivait un jour à construire sous un petit volume et un maigre poids un moteur qui eût une force d'éléphant dans le corps d'un rat, le problème ne serait encore pas résolu. Non seulement les vitesses seraient fantastiques (autrement dit inapplicables pour vingt motifs dont le premier est la résistance limitée des matériaux), mais encore ne pourrait-on pas les varier puisque le moteur à pétrole ne consent que très difficilement à marcher lentement ou vite au gré de celui qui le mène, mais entend fonctionner constamment dans l'allure que lui a calculée son père le constructeur (1).

De tout ceci il résulte que, pour appliquer un moteur à pétrole sur un véhicule, il faut, de toute nécessité, lui adapter un *appareil de transmission* et, sauf exceptions très rares, un appareil de transmission *avec changements de vitesse*. Premier point.

Mais actionner une voiture à allure lente ou rapide à volonté n'est encore que la résolution d'une première difficulté. En effet, le moteur à pétrole n'étant pas moteur à pression constante comme le moteur à vapeur où l'ouverture d'un simple robinet suffit à envoyer dans le cylindre la vapeur dont la pesée chasse le piston, il faut que le conducteur du moteur à explosions fasse à la main la *mise en route* de son engin; qu'il provoque, en faisant mouvoir le piston, l'aspiration et la compression indispensables à l'allumage et par suite à la première explosion qui lancera le volant et permettra au moteur de répéter de lui-même indéfiniment ces diverses périodes. On conçoit que cette

(1) Le moteur de Dion-Bouton que nous étudierons plus loin, a, cependant, comme tous les moteurs à allumage électrique avec avance possible, la faculté de varier ses allures dans de grandes limites ; mais sa puissance varie évidemment constamment par-là même. Cet exemple n'infirme pas que le moteur à pétrole soit extrêmement peu souple.

opération du lancé n'ait rien de très attrayant. On ne s'y résigne que lorsqu'on ne peut l'éviter, au départ. Au cours de la sortie, on se garde bien d'arrêter le moteur sans motif sérieux.

Cependant les arrêts plus ou moins brusques qu'on est obligé d'imposer à la voiture, les stations parfois très fréquentes et très courtes que l'on peut faire à la porte de dix maisons, bref les changements d'allure continuels que subit une voiture en route, comment se feront-ils si la voiture reste toujours solidaire du moteur ? Si nous nous refusons à arrêter notre moteur, notre voiture ne s'arrêtera pas. Et si nous arrêtons notre moteur, il nous faudra descendre de voiture chaque fois pour le remettre en marche !

Il a donc fallu en second lieu trouver un système *de débrayage et d'embrayage* qui permît au conducteur de couper ou de rétablir instantanément la transmission de mouvement du moteur à la voiture. Au moment du débrayage, le moteur continue à tourner seul, sans travailler par conséquent, à la grande stupéfaction généralement des badauds qui, regardant une automobile arrêtée, se demandent comment il se fait que le cheval continue ainsi à piétiner dans la voiture !

Notons que le débrayage n'a pas seulement d'utilité pour les arrêts brusques par exemple où il faut que, d'un rapide coup de pédale, la voiture soit soudainement soustraite à la poussée du moteur pour obéir immédiatement à la retenue des freins ; mais qu'il est très pratique aussi dans les descentes longues et rapides, où la pesanteur, agissant sur la voiture, l'entraîne plus vite que ne peut fonctionner le moteur et lui permet d'atteindre des vitesses de course.

Si, dans une telle circonstance, le conducteur ne pouvait soustraire le moteur à l'influence de la voiture qui, traînée tout à l'heure par le moteur, le pousse maintenant, la vitesse n'augmenterait pas au delà des possibilités du moteur, car le moteur, assagi par son régulateur qui s'oppose à des pointes de vitesse exagérées, résisterait à l'emballement que tiendrait à lui communiquer la voiture. L'inconvénient serait double à deux points de vue différents. Le premier serait l'empêchement absolu, pour un « chauffeur » un peu ami des coups de folie, de profiter d'une belle et longue descente sans danger pour se payer un bol de vitesse, breuvage éminemment capiteux dont médisent seuls les pauvres qui n'y ont point goûté. Le second inconvénient, beaucoup plus grave, serait la chance presque certaine de rupture d'une bielle, si la poussée de la voiture s'exagérait ; tout au moins la tige du piston et la bielle frictionnant trop énergiquement l'une sur l'autre finiraient-elles souvent par gripper.

Cet accident, la soudure de la tête de bielle, n'a pas lieu de faire sourire les joyeux promeneurs à qui il survient, car la voiture, bloquée du coup, devient instantanément aussi solidement rivée à la route qu'un rocher au fond de la mer ; et l'historiette ne prend fin que chez le constructeur, avec la carte à payer...

***

On conçoit que changer de vitesse, débrayer et embrayer ne soient pas encore les seules opérations nécessaires à la bonne marche d'une voiture. En effet, couper la communication entre le moteur et le véhicule n'arrête pas d'une façon nécessaire ce dernier. La route peut être en pente légère, et le véhicule ne stoppera que si le frottement de ses roues sur le sol, et de ses essieux dans leurs roulements, devient supérieur à l'action de la pesanteur ; il faudra peut-être vingt mètres, peut-être cent pour arrêter.

Un ralentissement progressif ne saurait d'ailleurs être applicable au cas où, devant un caniveau, devant une autre voiture, devant un obstacle quelconque, il faut de toute nécessité arrêter net. Les *freins* sont donc des organes *indispensables* en ce que, une fois le débrayage fait, ils absorbent très rapidement la force vive du véhicule.

Les freins d'automobiles sont toujours très puissants, montés sur des tambours, voire même sur les caoutchoucs des roues, et généralement au nombre de deux au moins.

*
* *

Ce n'est point encore là toute la complication de la transmission ! Car enfin supposons que notre voiture s'engage dans un chemin étroit, ravissant je le veux bien...

Tout à coup, un mur, droit devant nous ! Tournons, me direz-vous. Mais il y a un fossé à droite et une haie à gauche !... Le chemin perd de son charme. Que faire ? Tout bonnement, *reculer* — ou aller chercher des chevaux qui nous tireront en arrière !

Dans un encombrement de voitures, par exemple à Paris, il faut subitement que nous tournions très court pour prendre une rue. Mais la circulation nous a rejetés sur le côté, et le trottoir, là, à deux mètres, ne nous permet pas de virer. Que faire ? Encore une fois *reculer*, ou bien attendre, ô honte, que les voitures, nous ayant enfin laissé l'espace nécessaire, nous puissions, escortés des lazzi des gamins, faire un pénible volte-face.

Un appareil de *marche arrière* s'impose donc à la pratique. Il est d'ailleurs exigé par les règlements de police concernant la circulation dans les villes. Complication nouvelle ! Car le moteur à pétrole, qui a d'incomparables qualités, peut ajouter à la liste de ses défauts celui de n'avoir pas de renversement de marche. S'il tourne, je suppose, de gauche à droite et vous donne ainsi marche en avant, jamais il ne consentira à tourner, même un instant, de droite à gauche pour vous donner marche en arrière ! Y consentirait-il d'ailleurs qu'il faudrait pour cette simple opération une série de manœuvres ridicules que nécessite son défaut déjà signalé d'avoir besoin d'être lancé pour fonctionner.

Il serait en effet nécessaire, pour changer de sens de marche : 1° d'arrêter le moteur ; 2° de descendre de voiture pour le mettre en route en sens inverse ; 3° de remonter en voiture pour la guider dans son recul ; 4° d'arrêter de nouveau le moteur ; 5° de descendre à nouveau pour le remettre en marche dans le sens primitif ; 6° de remonter sur le siège ! !

*
* *

Il nous reste encore un danger à parer par un organe spécial.

Notre voiture monte une côte dure. Tout à coup, défaut d'alimentation, défaut d'allumage, le moteur s'arrête... Qu'arrive-t-il aussitôt ? Voyez, la voiture commence à redescendre à reculons. La pesanteur l'entraîne, sa vitesse s'accélère et, si nous ne pouvons nous mettre en travers de la route ou nous caler contre un arbre au risque de casser un essieu, notre sort est net : nous allons nous assommer en bas de la côte, ou verser.

Il fallait serrer vigoureusement les freins ! me direz-vous. Hélas, les freins les plus puissants, les freins dits à ruban, n'ont d'action sur le tambour de friction que dans un seul sens, le sens où ils s'enroulent, celui de la marche avant. La marche arrière tend au contraire à les desserrer.

De petits dispositifs très simples sont employés par les fabricants pour obvier à ce danger. Nous les verrons plus loin.

*
* *

En résumé, on peut grouper les organes de transmission d'une voiture en cinq classes :

1° L'appareil de changements de vitesse;

2° Le dispositif de débrayage et d'embrayage;

3° Les freins;

4° Le dispositif de marche arrière;

5° Le dispositif contre le recul.

L'explication des raisons qui rendent indispensable la présence de ces cinq organes sur une voiture a dû convaincre tous ceux qui l'ont lue. Elle répond d'ailleurs à maintes questions irraisonnées que se pose souvent le public trop disposé à croire que les constructeurs font des voitures compliquées pour le plaisir de paraître de grands savants. J'espère au contraire que mes lecteurs se persuaderont qu'il n'y a dans la locomotion automobile de complications que pour ceux qui ne comprennent pas bien l'utilité et le fonctionnement de chacun des organes d'un véhicule.

II. — LES DISPOSITIFS DE CHANGEMENTS DE VITESSES

Nous venons de voir pour quelles raisons multiples il est impossible de faire commander directement par un moteur à pétrole l'essieu qui porte les roues motrices. Il faut de toute nécessité que la transmission du mouvement du moteur aux roues se fasse par des organes qui commandent ces roues à des allures variables, les allures lentes correspondant aux moments où la voiture aura à vaincre des difficultés de sol, et les allures rapides correspondant aux moments où la voiture, sur bon terrain, donnera les maxima de vitesses pour lesquels elle aura été construite ; le moteur gardant toujours d'ailleurs une même allure dans l'un ou l'autre cas et donnant le même travail, puisque *faire de la vitesse* ou *faire de la force*, pour employer les expressions populaires, sont deux expressions identiques pour lui (1).

*
* *

Les transmissions et commandes se faisant le plus souvent par *engrenages*, quelques lignes sont indispensables pour la bonne compréhension de ces organes importants.

Si nous supposons (fig. 36) que l'axe du moteur, l'axe sur lequel est montée la bielle, porte une roue dentée A, nous concevons non seulement que cette roue fasse exactement le même nombre de tours que l'arbre puisqu'elle est partie intégrante de cet arbre, mais que, si elle engrène avec une autre roue dentée B, *qui lui soit égale en diamètre*, ces deux roues fassent exactement le même nombre de tours. Si donc A monté sur

(1) Exception faite bien entendu pour le moteur de Dion-Bouton qui n'a pas de changements de vitesses mécaniques.

l'arbre du moteur fait 800 tours à la minute, B monté sur l'essieu des roues motrices en fera également 800.

Supposons, d'autre part, que A (fig. 37) engrène avec une roue B trois fois plus grande qu'elle. Il en résultera que A tournant à 800 tours, B ne tournera qu'à 267 tours. Mais ce que B perdra en vitesse, il le regagnera en force et il faudrait appliquer à sa circonférence une résistance plus grande pour arrêter B que pour arrêter A. En effet, un tour complet de A est

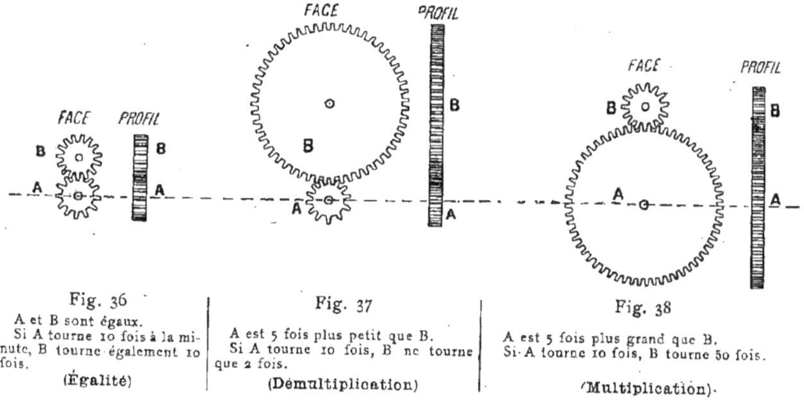

Fig. 36
A et B sont égaux.
Si A tourne 10 fois à la minute, B tourne également 10 fois.
(Égalité)

Fig. 37
A est 5 fois plus petit que B.
Si A tourne 10 fois, B ne tourne que 2 fois.
(Démultiplication)

Fig. 38
A est 5 fois plus grand que B.
Si A tourne 10 fois, B tourne 50 fois.
(Multiplication).

produit par une demi-explosion dans le cylindre alors qu'il faut une explosion et demie pour produire un tour complet de B.

Inversement (fig. 38), si le pignon A monté sur l'arbre du moteur est par exemple trois fois plus grand que le pignon B qu'il commande, ce dernier fera 800×3 tours, soit 2,400.

Il faudra, pour arrêter B, une résistance trois fois plus petite que pour caler A, car A tourne une fois par chaque moitié d'explosion, et B tourne une fois par chaque sixième.

Ces principes de multiplication ou de division de la vitesse proportionnellement aux diamètres des organes de transmission en commande, sont appliqués dans les trois principaux modes de transmission usités en locomotion automobile, qui sont :

1° La transmission par engrenages proprements dits;
2° La transmission par courroies ;
3° La transmission par plateaux.

Nous allons examiner rapidement le dispositif schématique de ces trois modes.

*
* *

ENGRENAGES. — Supposons qu'un arbre M N soit actionné directement par le moteur (fig. 39). Cet arbre porte, clavetées, ou vissées et brasées, deux roues dentées, E et F, de diamètres différents, mais en tous cas fixées sur cet arbre de façon immuable. Elles font donc, à la minute, un même nombre de tours que lui.

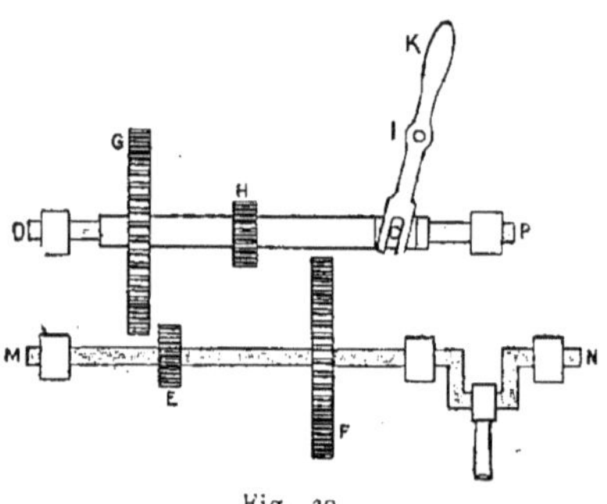

Fig. 39

Parallèlement à ce premier arbre, que nous appellerons *arbre principal*, supposons un second arbre O P, *arbre secondaire* ou *arbre intermédiaire*, sur lequel peut aller et venir, au moyen du levier I K un fourreau portant clavetées, en position immuable également, deux roues dentées G et H, de diamètres différents, mais tels que la petite roue de l'arbre principal puisse commander la grande roue de l'arbre secondaire, et que la grande du principal commande la petite du secondaire.

Poussons le levier K de droite à gauche. Immédiatement G vient en prise avec E qui l'entraîne. La vitesse que l'arbre principal imprime à l'arbre secondaire est proportionnelle à la différence des diamètres de la roue *entraînante* et de la roue *entraînée*. Comme, au cas qui nous occupe, la roue entraînante est sensiblement plus petite que la roue entraînée, nous obtenons *la petite vitesse*.

Si nous continuons à pousser tout à fait le levier K, la roue G quitte la roue E, et ce sont alors les deux autres roues H et F qui vont entrer en prise. En ce cas, l'entraînante F étant plus grande que l'entraînée H, nous obtenons *la grande vitesse*.

De chaque extrémité de l'arbre secondaire, de O et de P, partent, montées sur d'autres *petits* pignons, les chaînes qui arrivent aux roues sur de *grandes* couronnes.

Les avantages du système de transmission par engrenages sont : la certitude de la commande — car les dents, une fois en prise, ne permettent aucun patinage entre les organes entraînant et entraîné; d'autre part, un minimum de déperdition de la force transmise — les roues dentées, si elles sont bien taillées et bien entretenues, absorbant une portion relativement assez faible du travail du moteur.

Les inconvénients sont : le bruit, le prix, le poids et l'impossibilité de faire *graduellement* passer le véhicule d'une vitesse à une autre. Les engrenages passent subitement d'une vitesse de 6 à l'heure, par exemple, à une de 10, et ce changement ne va pas sans un à-coup désagréable pour les voyageurs et nuisible à la voiture.

Cependant cette transmission, qui n'est autre que la vulgaire transmission employée pour les tours en mécanique, est de beaucoup le plus employée. Il est juste d'ajouter qu'elle a été améliorée dans ces dernières années, que le bruit a été notablement amoindri dans les voitures bien faites et que la brutalité des changements de vitesse peut être atténuée largement par l'habileté du conducteur et par un bon appareil d'embrayage.

***

COURROIES. — La transmission par courroies (fig. 40 et 41) est en général disposée d'une façon identique à celle de la transmission par engrenages.

L'arbre principal M N porte en E et en F, solidement fixées sur lui, deux poulies en bois, quelquefois en fonte, dont les diamètres sont inversement plus petits ou plus grands que ceux de deux autres poulies G et H, montées fixes sur l'arbre secondaire O P. Les poulies E et F sont d'ailleurs, nous allons en voir le motif, d'une largeur double de celle des poulies G et H.

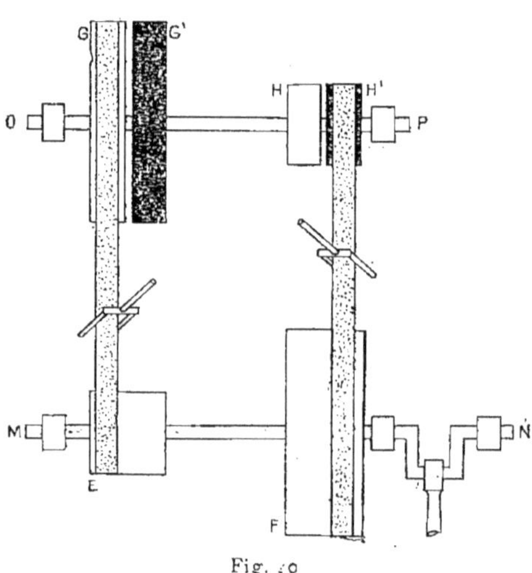

Fig. 40

Ces poulies G et H, fixées solidement sur l'arbre secondaire, sont accompagnées chacune d'une poulie *folle* G' et H' qui, elle, peut tourner librement sur ce même arbre.

Lorsque, au moyen d'une fourchette de métal commandée par un levier, on fait passer la courroie de G à

G' et de H à H', il y a arrêt dans l'entraînement de l'arbre secondaire par l'arbre principal. Le moteur continue son allure, la courroie continue également à tourner, mais la poulie folle qu'elle entraîne ne transmet pas le mouvement à l'arbre. Il y a stoppage de la voiture.

Pour reprendre la marche, il suffit de ramener l'une ou l'autre courroie sur la poulie fixe d'arbre secondaire.

L'allure est plus ou moins rapide, selon que l'em-

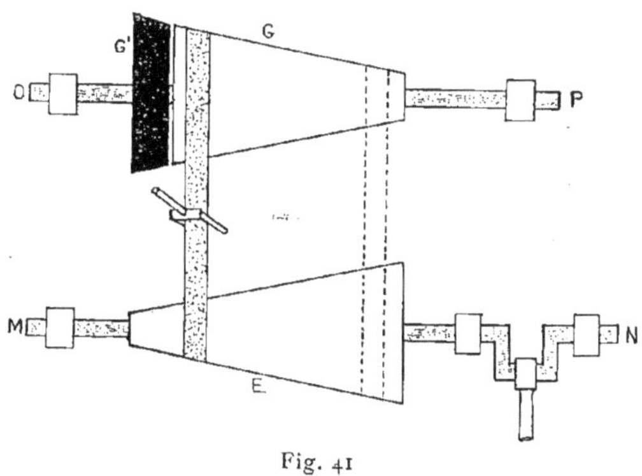

Fig. 41

brayage se fait sur une poulie d'arbre secondaire plus ou moins petite.

Les avantages de ce système sont : le silence de la transmission et son prix assez restreint.

Les inconvénients sont les variations de tension qu'apportent aux courroies les changements de température et d'hygrométrie ; et surtout la déperdition de force qui résulte de la tension exagérée qu'on est obligé de donner à ces courroies, toujours trop courtes, pour qu'elles ne patinent pas sur les poulies. Les constructeurs d'automobiles ont, en tout cas, un avantage considérable à ménager aux courroies le plus de longueur qu'il leur est possible.

La transmission par poulies n'admet, comme la transmission par engrenages, que des changements brusques de vitesse. On corrige quelquefois ce défaut en employant des cônes au lieu de poulies et en déplaçant progressivement la courroie, toujours au moyen d'une fourchette. La vitesse est au minimum lorsque la pointe du cône monté sur l'arbre principal entraîne la base du cône monté sur l'arbre secondaire. Elle est au maximum dans le cas contraire (fig. 41).

*
* *

PLATEAU. — La transmission par plateau, dont la figure 42 donne un dispositif, est une des plus simples, mais aussi, à cause de ses difficultés, une des moins employées.

Supposons que l'arbre principal MN, actionné par le moteur, porte un pignon d'angle engrenant avec un autre solidement fixé au centre d'un plateau E, de façon que le plateau et l'arbre restent parrallèles.

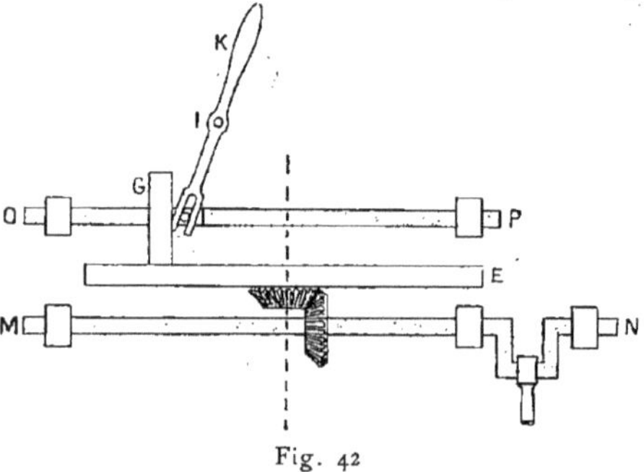

Fig. 42

L'arbre secondaire OP porte, déplaçable à frottement doux au moyen du levier KI, un galet G qui vient frictionner sur le plateau.

Lorsque le galet se trouve exactement au centre du plateau, il n'est pas entraîné, et par conséquent l'arbre OP, sur lequel sont montées les chaînes qui transmettent le mouvement aux roues motrices, demeure immobile. Dès que nous déplaçons le galet vers O, il y a entraînement, et entraînement d'autant plus rapide que nous l'éloignons davantage du centre. Les changements de vitesses se font donc progressivement et sans à-coups.

Si nous ramenons le galet G de O vers P, la vitesse décroît, pour être nulle au centre ; si nous franchissons ce centre et que nous marchions vers P, l'entraînement se produit de nouveau, mais dans un sens opposé à celui que nous obtenions de l'autre côté du centre ; il y a par conséquent marche arrière.

Les avantage de la commande par plateau sont trop visibles pour que je les détaille. La commande se fait doucement, sans changement brusque, et la marche arrière est obtenue sans aucune complication.

Les difficultés de cette transmission sont cependant considérables et presque insurmontables pratiquement. Il en résulte que cette solution qui semble idéale a été abandonnée par la majeure partie des constructeurs qui l'ont essayée.

En effet, l'adhérence du galet sur un plateau est proportionnelle, entre autres valeurs, à la distance qui le sépare du centre; en sorte qu'elle est bonne à la circonférence du plateau et mauvaise ou nulle vers le centre. Pour remédier à ce mal qui occasionne un patinage presque constant du galet sur le plateau, et par conséquent une usure très rapide des surfaces en contact, qui de plus est cause d'un très défectueux entraînement de la voiture, on est obligé de faire pression très énergique du galet sur le plateau. Il en résulte qu'à moins d'adopter des diamètres très grands, des plateaux par conséquent impossibles à caser dans une voiture, c'est du « meulage » que l'on fait plutôt que de la friction.

III. — LE DÉBRAYAGE ET L'EMBRAYAGE

Le moteur à pétrole demande d'assez grands efforts dans sa mise en marche pour qu'on hésite à l'arrêter hors de propos. Cependant un obstacle imprévu peut exiger que la voiture soit brusquement isolée de son moteur pour un arrêt rapide. Il faut donc produire une séparation instantanée de l'arbre de commande.

Le dispositif le plus simple et le plus employé consiste à monter sur la partie d'arbre la plus rapprochée du moteur un cône évidé S dans lequel peut venir frictionner un cône plein R monté sur la partie d'arbre qui porte les engrenages ou les poulies et que meut le levier KI placé sous la main ou le pied du conducteur.

Le débrayage (fig. 43) et l'embrayage (fig. 44), doivent, lorsque la voiture est en marche, toujours se faire à fond, c'est-à-dire qu'il ne faut pas que les deux cônes, insuffisamment rapprochés, puissent patiner l'un sur l'autre ; la surface de l'un d'eux, généralement garnie de cuir, s'arracherait ou brûlerait. Cependant, la qualité essentielle d'un bon appareil d'embrayage et de débrayage est d'être progressif, c'est-à-dire d'absorber une partie de l'effort brutal que fait le moteur, pour produire ainsi un démarrage lent et sans saccades. Il faut nécessairement que les deux cônes patinent alors l'un sur l'autre.

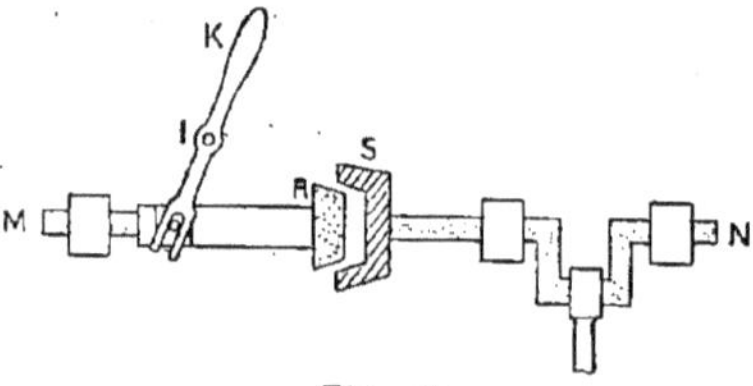

Fig. 43

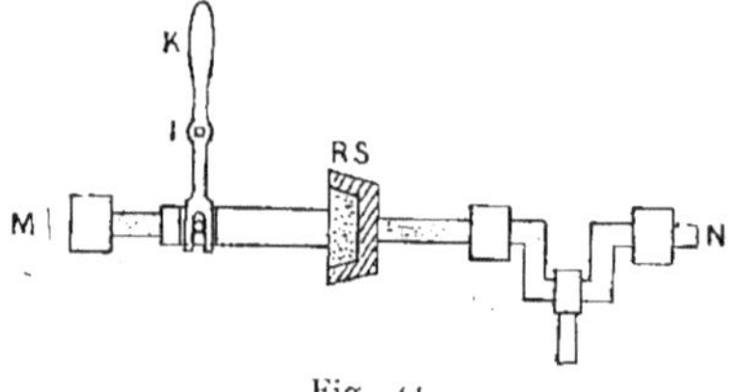

Fig. 44

On peut encore produire un bon embrayage et débrayage par la tension ou la détension d'une courroie à la main ou au pied.

De nombreux dispositifs d'embrayage existent encore. Nous les étudierons dans chaque type de voiture particulier. Tous ont pour principe soit une friction, soit un jeu de ressorts.

IV. — LE FREINAGE

Les freins sont des organes de toute urgence dans une automobile, si légère soit-elle. Les vitesses étourdissantes que l'industrie est parvenue à donner à ces véhicules exigent qu'ils soient savamment combinés et impeccablement exécutés.

Le freinage peut s'obtenir artificiellement (dans un moteur à allumage électrique seulement) par la compression du moteur. On arrête l'allumage ; les explosions ne se produisent plus et le moteur fait résistance énergique à la propulsion de la voiture ; il est indispensable nécessairement, en ce cas, de ne pas débrayer. Mais ce n'est là qu'un expédient.

Le freinage peut être obtenu encore par des sabots s'appuyant sur les bandages des roues arrière, comme dans les voitures ordinaires à roues ferrées. Mais, outre que c'est là un freinage lent, les pneumatiques se détériorent vite au contact des sabots.

Les freins d'automobiles sont, le plus souvent, montés sur des tambours métalliques calés soit sur les roues, soit sur un arbre de transmission.

Soit, par exemple (fig. 45), un tambour O. Un fort cuir fixé en I contourne en F ce tambour. Au moyen d'une pédale ou d'un levier quelconque articulé en J, le ruban vient s'accoller au tambour et faire sur lui friction énergique. Ce type de frein est d'ailleurs très vigoureux.

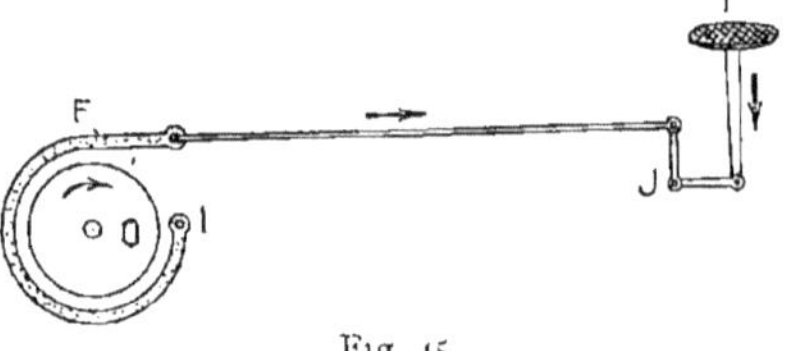

Fig. 45

Les freins, en automobile, sont généralement au nombre de deux au moins. Ils permettent toujours d'arrêter le véhicule, quelle que soit son allure, en quelques mètres. Ils contribuent pour leur part à rendre les automobiles sensiblement moins dangereuses que les voitures attelées, bien que le public encore inhabitué à elles les redoute davantage.

V. — LA MARCHE-ARRIÈRE

Nous avons vu que le moteur à pétrole était incapable de subir un renversement de marche. Il faut donc disposer, pour obtenir au moment voulu une marche de la voiture en sens contraire de celle que lui communique généralement le moteur, un organe spécial dit de « marche en arrière ».

Dans la transmission par engrenages, le dispositif consiste à interposer entre deux pignons, libres en temps de marche-avant, un troisième qui vient momentanément produire marche-arrière pour l'un d'eux.

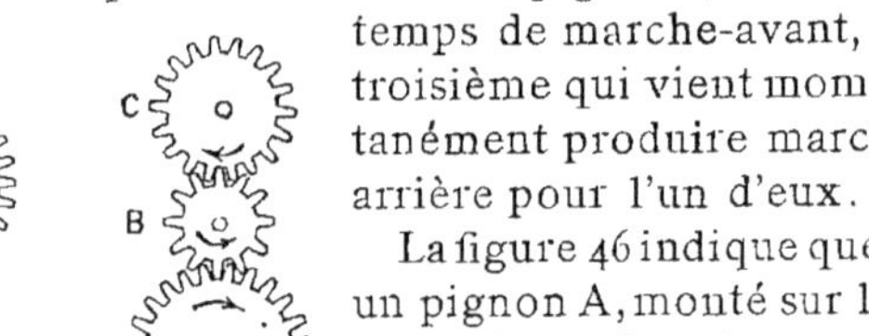

Fig. 46

La figure 46 indique que, si un pignon A, monté sur l'arbre principal, est en prise avec un autre C monté sur l'arbre secondaire, ce dernier est entraîné dans un sens contraire à celui qui anime le pignon moteur ; si nous supposons A et C suffisamment distants en temps ordinaire pour qu'au moyen d'un levier, nous puissions interposer un pignon plus petit B, nous voyons que C tourne maintenant dans un sens opposé à celui qu'il avait tout à l'heure ; que, par conséquent, s'il entraînait en marche-avant l'arbre sur lequel il est monté, il entraîne maintenant cet arbre, et par suite la voiture, en marche-arrière.

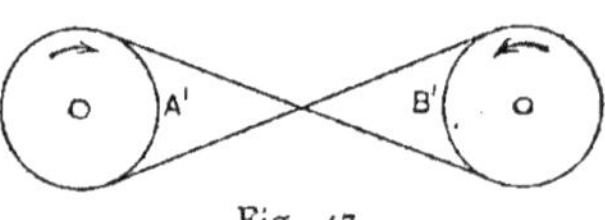

Fig. 47

Dans la transmission par courroies, on obtient la

marche-arrière par un simple croisement des courroies (fig. 47) sur deux poulies opposées. Il va sans dire que ce croisement n'est pas obtenu instantanément en route au moment où l'on veut reculer; la courroie reste constamment croisée et tourne la majeure partie du temps sur une roue réceptrice folle. Une fourchette la déplace sur une roue réceptrice calée sur l'arbre, lorsqu'il faut obtenir la marche-arrière.

VI. — DISPOSITIF CONTRE LE RECUL

Les voitures seules ont un dispositif qui les empêche d'obéir à la gravité au cas où, dans une rampe, le moteur viendrait à s'arrêter. Les motocycles et les voiturettes sont assez légers, et leurs conducteurs assez en possibilité de mettre pied à terre rapidement, pour que cette petite complication leur soit superflue.

Le dispositif contre le recul le plus simple consiste en une *béquille* (fig. 48) qui est installée sous la caisse, relevée en S en temps ordinaire, et abaissée en S' au moment de l'ascension d'une rampe un peu forte. Si la voiture recule, la béquille se fiche en terre et la cale.

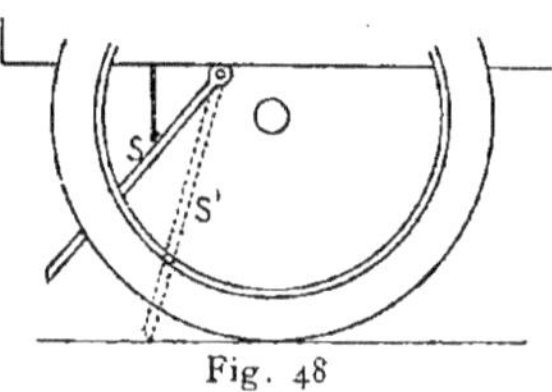

Fig. 48

Un système assez usité encore est celui du *cliquet* S (fig. 49), d'ordinaire relevé au-dessus des dents de la couronne O, et tombant dans l'une d'elles au moment voulu, arrêtant net, par conséquent, l'arbre sur lequel cette couronne est montée, et la voiture avec lui.

Fig. 49

Ce dispositif est plus élégant que le premier; mais il n'aurait de valeur réelle que s'il était monté directement sur les moyeux des roues motrices, ce qui est difficile à obtenir. Lorsqu'il est monté sur un arbre commandant les roues à l'aide de chaînes, il n'a d'effet qu'autant que les chaînes ne cassent pas.

VII. — LE MOUVEMENT DIFFÉRENTIEL

C'est encore un organe de transmission que celui qui permet aux deux roues motrices d'un véhicule de faire des mouvements différents, selon la direction que prend ce véhicule.

Nous rencontrerons inévitablement un " différentiel " dans toutes les voitures où deux roues serviront à la propulsion. Il est donc de toute nécessité que nous en sachions très exactement la théorie élémentaire.

***

L'organe mécanique dit mouvement différentiel n'a pas été inventé par la vélocipédie ou par l'automobile, bien que ces deux industries soient évidemment devenues ses meilleures clientes. En effet, dès le XVIIIe siècle, Passemant, horloger de renom, chercheur un peu nébuleux d'ailleurs, avait construit une sphère à équation munie d'une combinaison qui différenciait deux mouvements sur un même arbre. Au commencement de notre siècle, Pecqueur, reprenant cette étude, avait démontré, par une suite de mémoires publiés par le *Recueil des Savants étrangers*, tout le parti qu'on pouvait tirer de ce système d'engrenages dont le nom technique est *train épicycloïdal sphérique*.

Les premiers « applicateurs » du différentiel à la locomotion mécanique furent, pour la vélocipédie, l'anglais Starley qui, en 1879, le monta sur un tricycle ; et, pour l'automobile, Bollée père qui, dès 1878, sortit une voiture à vapeur, la *Mancelle*, pourvue de ce perfectionnement. — Depuis lors, il ne fut plus guère construit de tricycles ou de voitures mécaniques *à deux roues motrices* qui ne fussent munis d'un différentiel:

*
* *

A quoi sert donc un différentiel ?

Supposons deux roues de voiture D et G (fig. 50) montées sur un essieu *autour* duquel elles tournent librement et que nous pourrons tirer au moyen d'un timon.

Ces roues, qui sont en somme dans le cas exact des

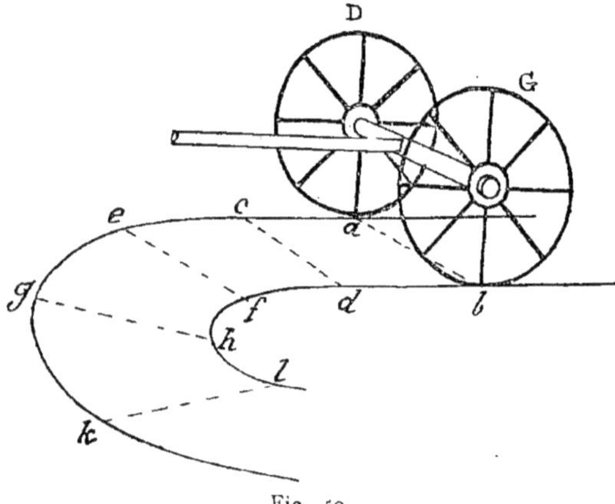

Fig. 50

roues d'une voiture attelée, ne sont pas motrices, puisque c'est le timon qui les meut; elles sont simplement *porteuses*. L'essieu ne tourne pas avec elles, il les maintient écartées l'une de l'autre et les tire par leur centre dans la direction que commande le timon.

Ces deux roues ont à parcourir un chemin d'abord rectiligne, puis brusquement courbe. Tirons. Les roues quittent les points de contact avec le sol (*a* et *b*) qu'elles avaient au repos et passent successivement par une infinité d'autres points de contact dont nous n'indiquerons au hasard que quelques-uns. La roue D vient en *c* et en *e* tandis que la roue G vient en *d* puis en *f*. Le timon tire autant sur l'une que sur l'autre; les chemins qu'elles parcourent l'une et l'autre sont égaux; l'équipage chemine en ligne droite.

Mais voici que la route tourne brusquement. Les chemins à parcourir pour D deviennent beaucoup plus grands que ceux qui échoient à G. L'une doit sauter de *e* à *g*, puis à *k* dans le même temps que l'autre doit

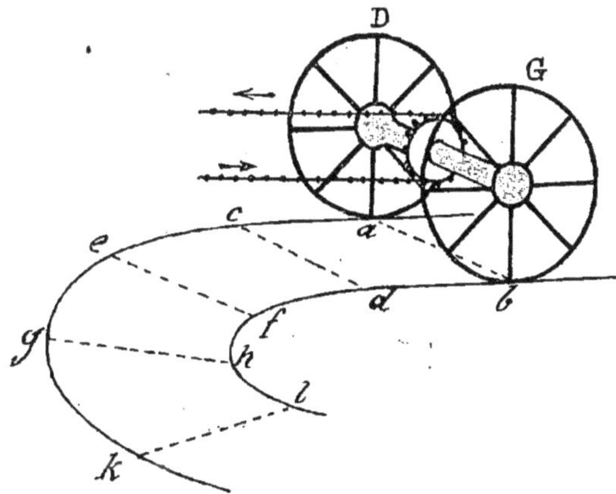

Fig. 51

passer de *f* à *h* et à *l*! Qu'arrivera-t-il ? Tout bonnement que l'aile droite marchera beaucoup plus vite que l'aile gauche jusqu'à ce qu'elles aient repris l'alignement.

Qui les empêcherait en effet de différencier ainsi leur allure respective? Elles ne dépendent en aucune façon l'une de l'autre, elles sont *folles* toutes deux sur leur bout d'essieu; par conséquent la moindre déviation du timon les fera obéir.

Voyons maintenant combien le cas est différent de deux roues qui sont *motrices* (fig. 51). Ici D et G sont montées sur un essieu *avec* lequel elles tournent. Une chaîne, une courroie, un engrenage, etc., actionne cet essieu et par suite aussi les deux roues qui ne forment qu'*un seul tout* avec lui. En conséquence, D et G feront toujours le même nombre de tours. La position de la chaîne par rapport aux roues est d'ailleurs indifférente, et les deux roues tournent toujours de la même quantité, soit que la chaîne passe exactement au milieu de l'essieu, soit qu'elle passe tout proche de l'une d'elles.

Tant que la route est droite, aucun phénomène désagréable ne se produit. Les deux ailes cheminent parallèlement de *a* à *c* et à *e*, de *b* à *d* et à *f*. Mais au coude, qu'advenons-nous? Nous voici bien lotis avec ces deux roues qui sont pourvues de vitesses *égales invariablement*, et qui pourtant ont des chemins différents à parcourir dans un même espace de temps!...

Qu'advenons-nous? La réalité nous renseigne vite : il nous est impossible de tourner!

Si l'adhérence sur le sol est considérable, lorsque nous braquerons le train d'avant de la voiture vers la gauche (sens de la direction choisie), le train d'arrière ne suivra pas l'orientation, continuera à pousser droit sur le train d'avant dévié et net brisera une roue. Si l'adhérence est peu grande, l'effort du conducteur sur le train directeur suffira à la vaincre ; nous tournerons très péniblement, et, de plus, la roue gauche continuant à marcher aussi vite que la droite, fera sur place son chemin, c'est-à-dire qu'elle patinera, et son bandage se rongera sur le sol comme sur une meule.

***

Jusqu'en 1878, les constructeurs de tricycles vélocipédiques avaient plus ou moins adroitement vaincu la difficulté.

La généralité se contentait, ne pouvant placer *deux* roues motrices à l'arrière de son instrument, de n'en installer qu'une seule. L'essieu d'arrière était donc, par un bout, porteur d'une roue solidement clavetée sur lui, la roue motrice; et par l'autre, servait simplement de support à une roue folle. En ligne droite, l'ensemble se mouvait assez mal, car on comprend que la roue *vivante* avait toujours tendance à décrire une circonférence autour de sa compagne *morte* qui en eût été le centre; les bras du conducteur s'opposaient constamment à cette valse anormale. Et ce n'était pas pour eux une sinécure !

En ligne courbe, lorsque l'instrument pivotait sur sa roue folle, le virage se faisait sans peine, car l'unique roue motrice abattait d'autant plus facilement son chemin que l'autre ne pouvait lui opposer aucune résistance. Mais lorsque le virage se présentait en sens inverse, lorsque la roue motrice servait de centre de rotation, quelle tristesse pour le cavalier! Pédaler ne lui servait de rien, puisque, des deux roues d'arrière, l'une était stationnaire par fonction et l'autre non-motrice par nature !

La seule ressource qui lui restât consistait à changer momentanément de direction pour repartir, puis revenir attaquer le virage difficile et l'enlever par vitesse acquise.

D'autres constructeurs, plus roublards, tournèrent l'écueil en renversant l'instrument, c'est-à-dire en plaçant à l'avant deux roues porteuses et directrices au lieu d'une, et à l'arrière une seule motrice. C'était encore un tricycle, mais de direction moins sûre à cause du fringalage inévitable de la roue arrière.

Un troisième, qui a un nom célèbre dans l'histoire de la vélocipédie, Truffault, conserva à ses petits tricycles, dits *Excursionnistes*, bien longtemps après l'apparition du différentiel dans nos instruments, une solution originale, dont la saine mécanique ne devait toutefois guère s'accommoder. Les deux roues d'arrière étaient à la fois motrices et folles, c'est-à-dire qu'elles n'étaient que serrées fortement au bout de l'essieu mais non clavetées à demeure. Au virage, le cavalier devait donc vaincre la résistance qu'opposait l'essieu pour tourner dans le moyeu d'une des roues. La direction se faisait ainsi par arrachements successifs.

***

Ces expédients n'étaient pas des solutions au problème d'apparence si incohérent de *faire tourner à des vitesses différentes deux roues qui sont calées sur un même arbre moteur*.

Des engrenages, bien simples on va le voir, forment la solution cherchée. La figure 52 montre le dispositif

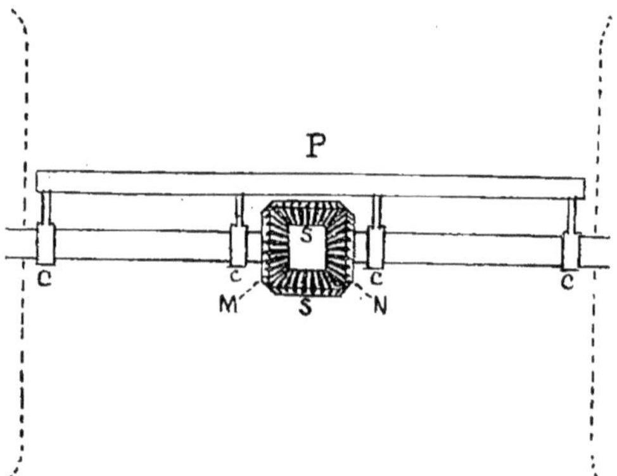

Fig. 52

du différentiel le plus ordinairement employé. L'arbre moteur (sur lequel sont montées les roues clavetées solidement) est coupé, soit au milieu, soit en tout autre point, et porte à l'extrémité des deux fractions ainsi obtenues, deux pignons d'angle M et N qui sont parallèles. Deux plus petits pignons S S, dits pignons *satellites*, montés à l'intérieur d'une forte bague servant d'enveloppe à tout l'organe, et qui peuvent tourner sur leur centre, fous, un peu comme des toupies, leur servent de jonction. Ils engrènent donc l'un et l'autre tout autant sur M que sur N, et réciproquement. — Les fractions d'arbre sont maintenues en place par les coussinets *c*, montés par des pattes sur le pont rigide P.

Voyons d'abord, par quelques schémas très frustes, le rôle qu'un tel intermédiaire peut jouer au contact de deux autres pignons.

Prenons l'exemple (fig. 53) d'une roue dentée S qui

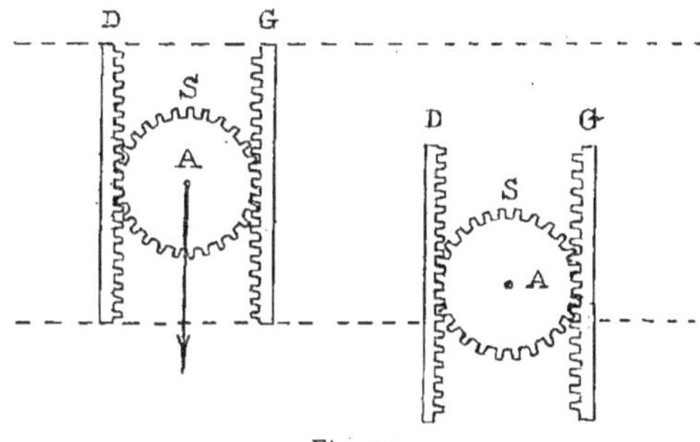

Fig. 53

engrène avec deux crémaillères D et G. Si nous appliquons une force sur la roue dentée, en son centre A, dans le sens qu'indique la flèche, nous n'obtenons pas de changement dans la position réciproque des trois pièces. L'ensemble a changé de lieu, comme l'indique la figure de droite, par rapport à celle de gauche, mais l'extrémité des crémaillères, par exemple, est toujours à la même distance du point A. Les dents de la roue n'ont pas changé de place dans celles de la crémaillère. Elles n'ont été en quelque sorte que les crochets qui ont permis à la roue dentée de déplacer D et G de la même quantité qu'elle.

Il en va tout différemment si, au lieu d'appliquer la force au centre de S, nous l'appliquons parallèlement soit à D, soit à G (fig. 54). Lorsque G est tiré en bas, D est fatalement poussé vers le haut (1re figurine) et réciproquement (2e figurine).

Remarquons que ce mouvement de balance n'est pas incompatible avec celui que nous a montré la figure 53. On peut, en effet, très bien admettre qu'une force s'applique sur G en même temps qu'une autre s'applique

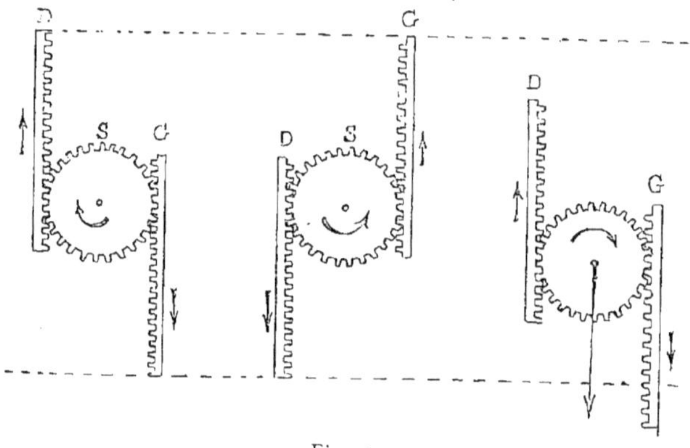

Fig. 54

sur S en son centre (3e figurine de la 54). En ce cas, non seulement la balance se fait, mais le déplacement de l'ensemble est en même temps effectué.

Appliquons cette petite théorie à la réalité. Voici un pignon satellite S (fig. 55) en prise avec les pignons M et N. Le tout est immobile. Attaquons S en son centre par un effort qui aura le sens des flèches de la figure. Les dents des trois organes sont en prise, mais, nous l'avons vu plus haut, aucune modification dans l'engrenement ne peut en ce cas se produire; par conséquent S, immobile sur son axe, mais entraîné par la force, entraîne avec lui les deux pignons M et N, c'est-à-dire les deux roues motrices.

Pour me faire mieux comprendre, je dirai qu'un grain de blé placé près de S et M, par exemple, ne serait pas broyé par les engrenages puisqu'ils restent immobiles en tant qu'engrenages; mais qu'il faudrait le coller solidement aux engrenages pour que, dans la rotation d'ensemble de l'organe entier, S passant d'en haut en bas, le grain de blé ne tombât pas à terre.

Ainsi donc nous avons obtenu, par l'interposition de ce pignon satellite entre les deux pignons que portent nos fractions d'arbre, ce résultat singulier que l'arbre coupé se comporte exactement comme s'il ne l'était pas. Faisons passer pardessus ce satellite une couronne dentée qui recevra une chaîne pour l'entraîner; et les deux roues motrices marcheront constamment en ligne droite : le satellite les rive l'une à l'autre.

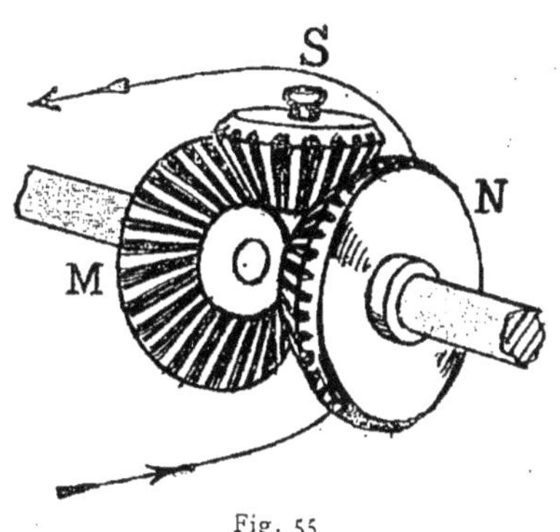

Fig. 55

Le deuxième satellite ne change en rien l'effet produit, on le comprend. Il ne fait que l'affirmer et consolider l'équilibre de l'organe.

*
* *

Le pignon satellite joue un second rôle important que j'appellerai de *répartiteur* aux deux roues des efforts dans la marche que supporte chacune d'elles.

Dans la figure 56, les roues motrices D et G sont supposées soulevées au-dessus de terre. Nous pouvons tous faire cette expérience en suspendant un tricycle. Si nous prenons G par la jante et que nous la lancions de gauche à droite, immédiatement D part d'elle-même de droite à gauche. La figure démontre suffisamment que c'est l'intermédiaire S qui a produit ce phénomène. Placées sur le sol, les roues prendraient la direction

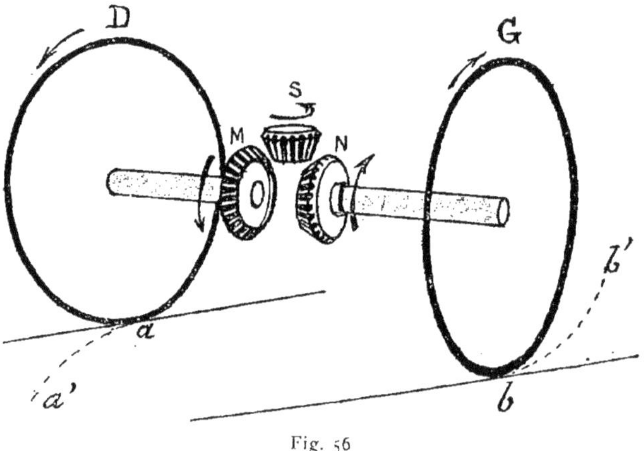

Fig. 56

bb' et *aa'*, c'est-à-dire que l'appareil pivoterait avec, pour centre, le milieu de l'essieu.

Qu'arrive-t-il donc en ce premier cas ? Le satellite, répartiteur, donne à D la part qui lui revient des efforts appliqués sur G. Or D est immobile ; elle ne subit actuellement aucun effort et n'a par conséquent rien à passer à sa voisine ; elle ne peut que recevoir, et accepte la moitié. C'est dire que l'effort appliqué en G sert pour moitié à actionner G dans un sens et pour moitié à actionner D dans l'autre sens avec la même vitesse.

Mais appliquons une main sur G et l'autre sur D et

poussons-les dans le même sens avec une force égale. Immédiatement le satellite passe à D sa part de l'effort fait sur G, et passe à G sa part de l'effort fait sur D. Comme ces parts sont égales, elles s'annulent, et les deux roues suivent l'impulsion exacte que leur ont donnée nos mains.

Supposons, comme troisième cas, que le moteur (cycliste ou moteur mécanique) actionne S par une chaîne et fasse par conséquent, nous l'avons dit, tourner les deux roues d'une vitesse égale. Chaque roue supporte un effort de propulsion en avant qui est mesurable, et que nous dirons au hasard équivaloir à 10 par exemple. Chaque roue chemine donc avec 10. C'est la ligne droite suivie.

Voici un tournant sur la gauche. Que fait notre train de direction ? Il se met oblique, barre la route à G et au contraire la facilite à D. Disons, toujours au hasard, que cet effort contre la marche de G vaut 2; la roue G n'est plus actionnée en avant que par 8. Mais comme le satellite passe à la roue D la moitié des efforts exercés sur sa voisine, G se trouve en réalité actionnée par 9 alors que D est actionnée par 11. Les chemins parcourus par les deux roues sont alors dans la proportion de 9 à 11; la roue G ne fait que les 9/11 du chemin de la roue D, et la voiture tourne.

Enfin admettons que, les deux roues étant également actionnées par le moteur, l'une d'elles, portant tout à coup sur asphalte grasse, n'adhère plus, ou adhère mal, et patine. De 10, voilà, toute résistance étant supprimée à la roue, le chiffre qui monte, je suppose, à 18. La roue tend à tourner plus vite, sans avancer cependant puisqu'elle patine. Le satellite passe à D la moitié du supplément survenu à G, soit 4; il le lui passe en sens inverse, nous l'avons vu, et D n'est plus actionnée que par 10 — 4, soit 6.

Des deux roues motrices, par conséquent, en ce quatrième cas, l'une n'avance pas puisqu'elle patine, et l'autre tourne moins vite. Aussi la voiture subit-elle un retard chaque fois que l'une des roues motrices manque d'adhérence.

Ces quatre cas principaux bien étudiés donneront l'explication de tous les mouvements d'un différentiel et de leurs rapports avec ceux des roues motrices.

*
* *

Le différentiel (fig. 57), se compose le plus souvent de deux roues d'angle clavetées sur les fractions d'arbre et réunies par deux petits pignons satellites SS qui sont montés en face l'un de l'autre dans une boîte circulaire C formant enveloppe et sur laquelle passe la chaîne.

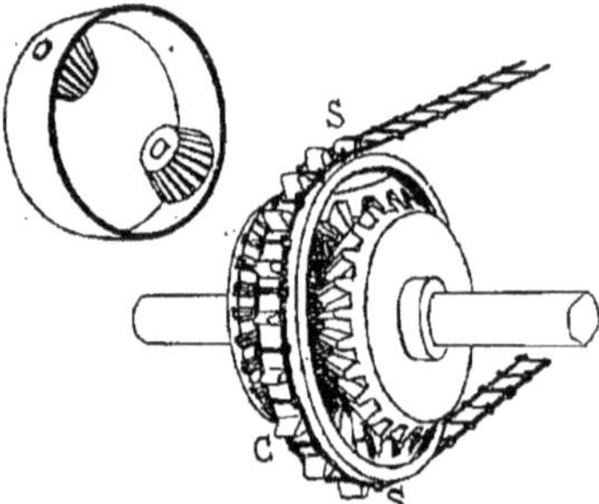

Fig. 57

Toutefois sa forme peut varier de toutes façons. On fait souvent aussi le différentiel par engrenages plats (fig. 58). Les tricycles automobiles notamment ont pour la plupart un engrenage analogue à ce dispositif.

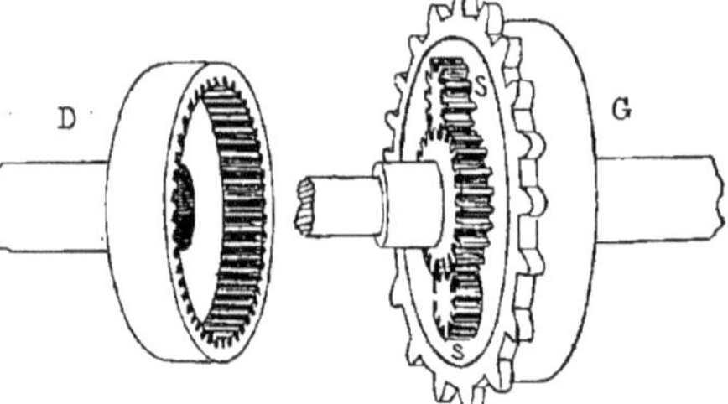

Fig. 58

Remarquons que la place du différentiel sur un arbre n'est pas nécessairement en son milieu. Les anciens tricycles par exemple, les premiers qui furent munis d'un différentiel, avant l'adoption des quatre coussinets qui ne date que de 1889, portaient le différentiel sur un côté, presque accolé à l'une des roues. L'arbre moteur alors était creux. D'une part, il portait, calée sur lui, une des roues, et, à son autre extrémité, un pignon dans le fond de la boîte portant elle-même les satellites (fig. 59). D'autre part, la deuxième roue était calée sur un arbre plein, et de plus petit diamètre, qui entrait dans l'arbre creux comme une épée dans son fourreau, et dont le point d'attache avec la roue était muni d'un autre pignon venant s'appliquer sur les satellites et fermer la boîte.

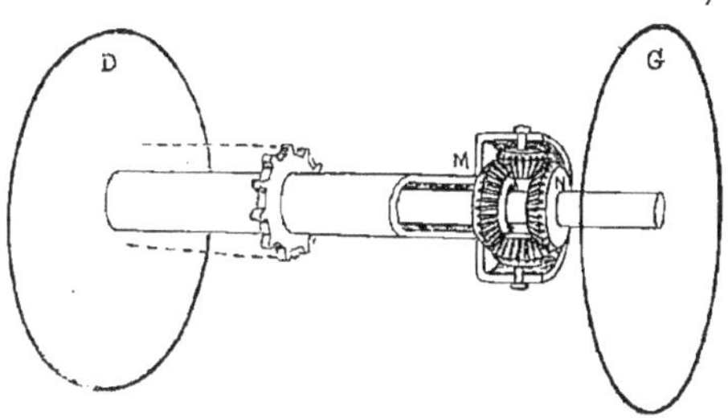

Fig. 59

Enfin, observons que, dans les voitures automobiles modernes, le différentiel n'est presque jamais placé sur l'arbre qui joint les roues motrices. En effet, cet essieu n'est en somme qu'un support des roues G et D (fig. 60), et non leur arbre d'entraînement. Elles seraient folles sur lui si elles n'étaient reliées à l'arbre intermédiaire par des chaînes et par conséquent solidaires ainsi l'une de l'autre. Aussi l'arbre intermédiaire F doit-il, de toute nécessité, être porteur d'un différentiel.

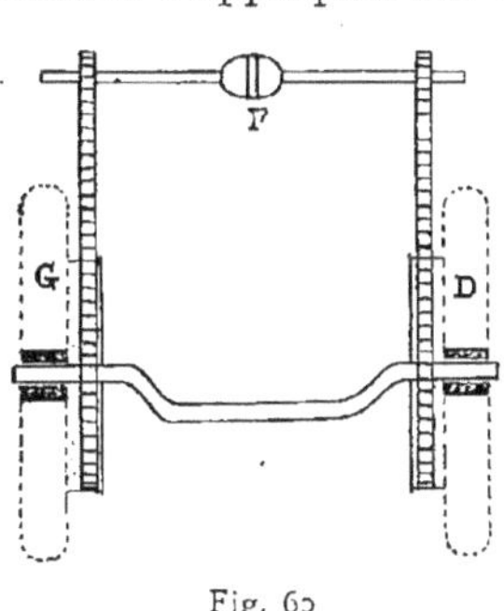

Fig. 60

*
* *

Le différentiel, on l'a compris, n'est pas indispensable seulement pour les cas de virage proprement dit. Il suffit que le véhicule s'écarte de façon presque imperceptible de la ligne droite pour que son intervention soit nécessaire. Or, sur la meilleure des routes, va-t-on jamais en ligne rigoureusement droite?

Suivez la trace d'une voiture quelconque, même attelée; vous constaterez que son parcours n'est fait que d'une succession de courbes de rayons plus ou moins grands; qu'en réalité, pour un véhicule mécanique, le parcours n'est fait que d'une succession de mouvements du différentiel.

Le différentiel est donc un organe délicat, le plus souvent hermétiquement clos contre la poussière et rempli de vaseline ou de graisse consistante. C'est un des organes qui ont le plus besoin d'une matière première et d'une taille irréprochables, car c'est un organe qui, en route, travaille constamment.

LA PRATIQUE

CHAPITRE III

Le Tricycle "de Dion et Bouton"

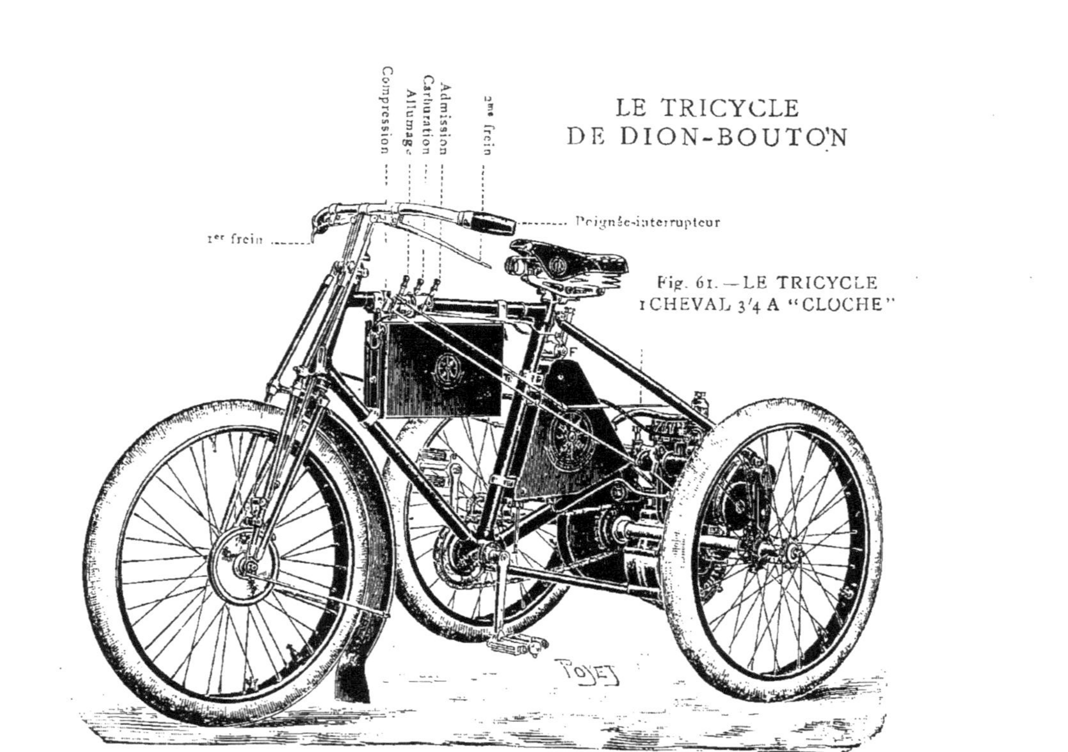

Fig. 61. — LE TRICYCLE 1 CHEVAL 3/4 A "CLOCHE"

CHAPITRE III

Le tricycle " de Dion et Bouton "

Le tricycle à pétrole est la miniature d'une voiture automobile. Nous commencerons par lui nos études parce que ses organes, petits, facilement maniables, mettent la mécanique automobile à la portée de toutes les mains. C'est par un tricycle à pétrole qu'un chauffeur doit aujourd'hui commencer son apprentissage; c'est avec lui qu'il doit apprendre à lire la complication plus apparente que réelle des véhicules qui marchent tout seuls.

L'aspect de cette automobile réduite est un peu celui d'un tricycle ordinaire très chargé de bagages. Les touristes d'antan surtout saisiront la justesse de cette comparaison.

Que de paquets, d'appareils de photographie, que d'*impedimenta* portaient jadis les bons vieux tricycles de route ! Vu à trente mètres, le tricycle de Dion, aux allures si vives, évoque l'ancêtre cycliste de 1885.

De près au contraire, c'est bien là le fils très moderne d'un père démodé. Il n'est pas automobile tout à fait. Il est moins, et peut être il est plus : il est l'*automobile cycliste*, la première expression de cette vérité primordiale de locomotion que : pour aller vite il n'est pas tant besoin d'être puissant que d'être léger.

La légèreté du tricycle à pétrole n'est évidemment que relative, puisqu'au total l'appareil pèse près de 100 kilos. Mais, porteur d'*une* personne, avec son moteur de 1 cheval 1/4, ne l'avons-nous pas vu dans Paris-Marseille, Paris-Dieppe, Paris-Trouville, battre des voitures pesant 1,000 kilos et dépensant 6 chevaux pour porter *deux* personnes? Il me semble qu'il se dégage de ces chiffres bien des indications.

I. — DISPOSITIONS GÉNÉRALES

Le tricycle à pétrole est simplement un tricycle ordinaire, renforcé dans toutes ses parties, et sur lequel on a placé, à côté des organes qui servent à le mouvoir par la force musculaire, ceux qui servent à le mouvoir par la force mécanique. L'essieu d'arrière, essieu des roues motrices, peut donc être actionné à la fois par la chaîne cycliste (moteur humain) et par un grand pignon commandé par l'organe principal de propulsion (moteur à pétrole.)

La partie vélocipédique se compose d'un cadre solide, monté sur trois fortes roues à pneumatiques supportant un pédalier et une selle, et à l'avant une direction. Une seule remarque essentielle : le pédalier commande la chaîne qui actionne le train d'arrière, mais n'est pas commandé par elle ; de telle sorte que, lorsque le tricycle est lancé, la chaîne continue à tourner sur la couronne dentée du pédalier, mais n'entraîne pas les pédales, disposif qui permet au cavalier de demeurer immobile sans produire aucun travail moteur (1). Cette indépendance du mouvement pédalier vis-à-vis du moteur était indispensable, car à moins d'une multiplication exagérée, les jambes du cavalier n'auraient pu suivre l'allure souvent extra-rapide que donne le mécanisme au tricycle, et, dans tous les cas, y auraient pris une fatigue exorbitante. Une commande à rochet, très simple, dissimulée dans la boîte du pédalier, donne le résultat demandé.

Remarquons encore que, si l'axe moteur n'a pas d'influence sur le pédalier pour la marche avant, inversement le pédalier n'a pas d'influence sur l'axe moteur pour la marche arrière, ce qui revient à dire qu'on ne

(1) Voir plus loin *Le pédalier*.

peut ici contre-pédaler, ou retenir et ralentir par les pédales. Un tricycle à pétrole ne se conçoit donc pas sans frein, et sans frein énergique, puisque le frein seul peut donner l'arrêt rapide.

La partie mécanique est montée sur cet ensemble vélocipédique. Le moteur, vertical, à un seul cylindre, est placé à l'arrière, sous le pont du tricycle ; à sa droite, la bobine pour l'allumage électrique ; à sa gauche, la boîte d'échappement où les gaz brûlés se détendent et atténuent leur bruit.

Sous la selle, un réservoir à essence, de forme triangulaire, dans lequel l'air atmosphérique pénétrant par des orifices spéciaux que nous allons étudier minutieusement, se carbure avant d'être aspiré par le moteur.

En avant de la selle, sous le cadre, un réservoir rectangulaire renfermant soit des accumulateurs, soit des piles dont le courant va directement à la bobine. La poignée gauche du tricycle est mobile selon son grand axe et sert de coupe-circuit. Lorsque l'indice métallique qu'elle porte est dans l'encoche marquée en lettres rouges **Marche**, le courant va des piles à la bobine et par conséquent l'étincelle peut se produire et enflammer le mélange explosif; lorsque l'indice est dans l'encoche **Arrêt**, le courant ne passe plus (1).

On le voit, les organes ne sont pas nombreux. Ils se composent : d'un moteur avec son carburateur et sa boîte d'échappement; et d'une circulation électrique (piles ou accumulateurs, coupe-circuit, bobine et fils).

(1) Voir plus loin *La poignée*.

II. — LE TRICYCLE DE 1 CHEVAL 1/4

MM. de Dion et Bouton ont débuté dans la construction de leurs tricycles automobiles par leur type dit de 3/4 de cheval. L'année suivante, ils ont établi le type 1 cheval 1/4 qui, s'il n'est plus aujourd'hui le " dernier cri " de la fabrication des grands constructeurs de Puteaux, n'en est pas moins tellement répandu qu'il est indispensable que mes lecteurs le connaissent dans tous ses détails. D'ailleurs, tous les moteurs pour motocycles de MM. de Dion et Bouton sont établis sur les mêmes principes, pour la simple raison qu'on ne change pas des principes qui vous ont mené au succès colossal qu'obtient cette marque. Par conséquent, tout ce que nous étudierons du type 1 cheval 1/4 s'appliquera exactement au type récent de 1 cheval 3/4, dont nous verrons plus tard les quelques particularités.

La gravure de la page 124 énonce sommairement la position et la fonction des divers organes qui composent le tricycle. Quatre *manettes* en commandent le fonctionnement. Le cavalier doit connaître très exactement leurs effets.

La première (devant lui, à droite), sert à introduire dans le gaz qui vient de se former dans le carburateur la quantité exacte d'air qui est utile pour que ce gaz devienne explosif. C'est donc la manette dite *de carburation.*

La deuxième (devant lui, à gauche) ouvre ou ferme le robinet d'entrée du gaz explosif dans le moteur. Plus vous ouvrez ce robinet, plus nécessairement vous permettez au moteur d'aspirer de gaz ; et inversement. Cette manette est dite *d'admission.* — La première influe donc sur la richesse du mélange ; la deuxième, sur la quantité de mélange à donner au moteur.

La troisième (directement sous la selle) commande le

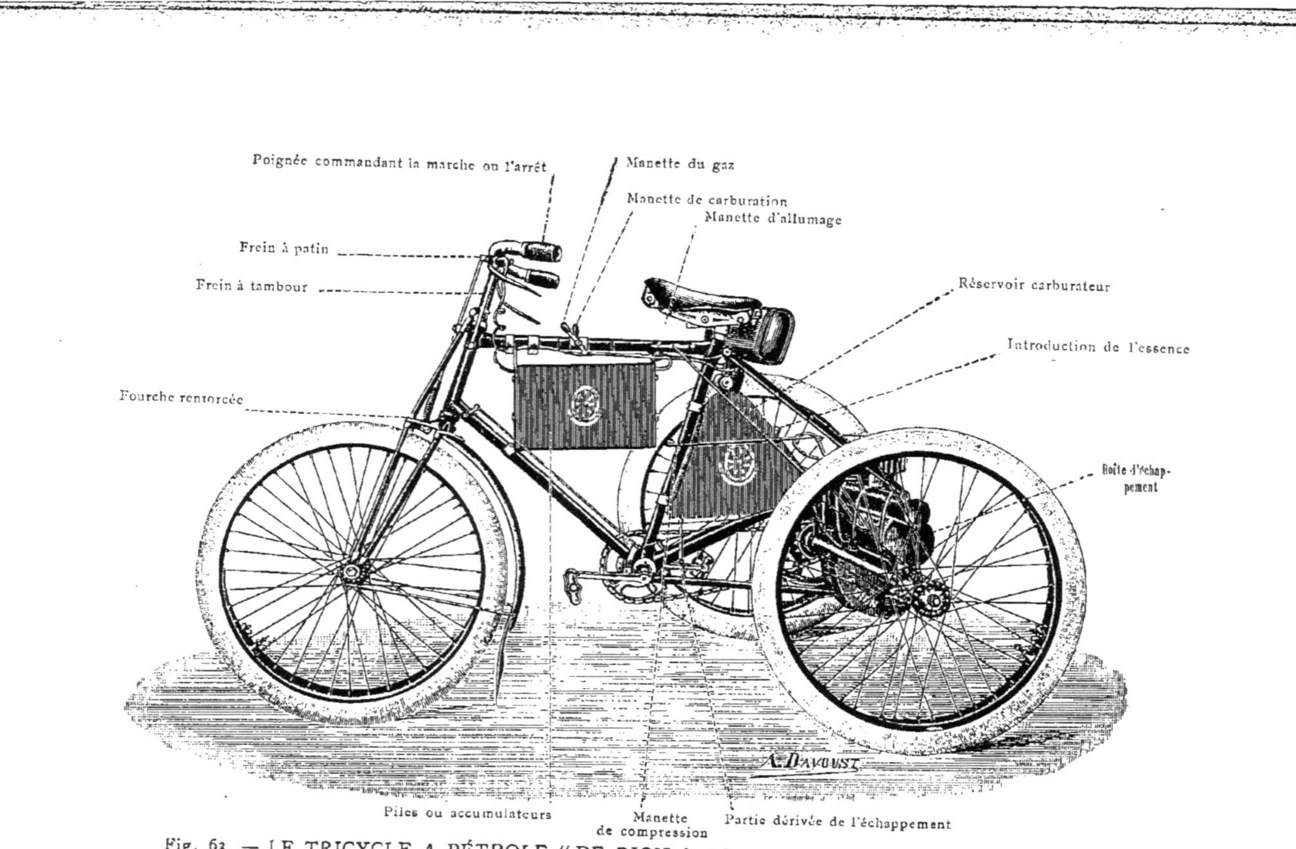

Fig. 62. — LE TRICYCLE A PÉTROLE "DE DION & BOUTON," — 1 CHEVAL 1/4

déplacement du trembleur électrique autour de la came qui le fait vibrer. Nous en verrons également les détails plus loin. Elle a pour effet de produire l'inflammation du gaz admis, au moment le plus propice de la course du piston. Plus on la baisse, plus l'allumage est avancé et inversement (1). – Cette troisième manette doit être en concordance, nous le verrons, avec les effets produits par la deuxième. Toutes les deux donnent les changements d'allure du tricycle ; une plus grande admission de gaz amène une allure plus rapide, qui correspond à une plus grande avance d'allumage.

La quatrième manette, dite *de compression* (au milieu du tube porte-selle), sert uniquement à ouvrir ou fermer en haut du cylindre un robinet par lequel s'échappe, au moment de la mise en marche, l'air ou le gaz chassé par le piston. En effet, si le fond du cylindre restait fermé, on conçoit que le piston, au moment où il refoule le gaz pour le comprimer (2e temps) opposerait aux coups de pédales du cavalier une résistance considérable qui empêcherait le démarrage du tricycle et par suite sa mise en route. En ouvrant donc temporairement le fond du cylindre, on rend la compression impossible, c'est-à-dire, de ce fait, la résistance nulle ; on ne la rétablit, en fermant le robinet, que lorsque le tricycle, ayant démarré, a acquis une force vive suffisante pour la vaincre seul.

*
* *

Le moteur est fixé au tricycle par quatre points : en bas, par une tige horizontale qui prend appui sur l'arrière du pédalier ; au milieu par deux extrémités d'un axe

(1) Quelques constructeurs qui emploient pour leurs tricycles le moteur de Dion-Bouton, produisent ce mouvement inversement, c'est-à-dire que, pour avancer l'allumage, ils font lever la manette au lieu de l'abaisser. Ce n'est là qu'un petit détail.

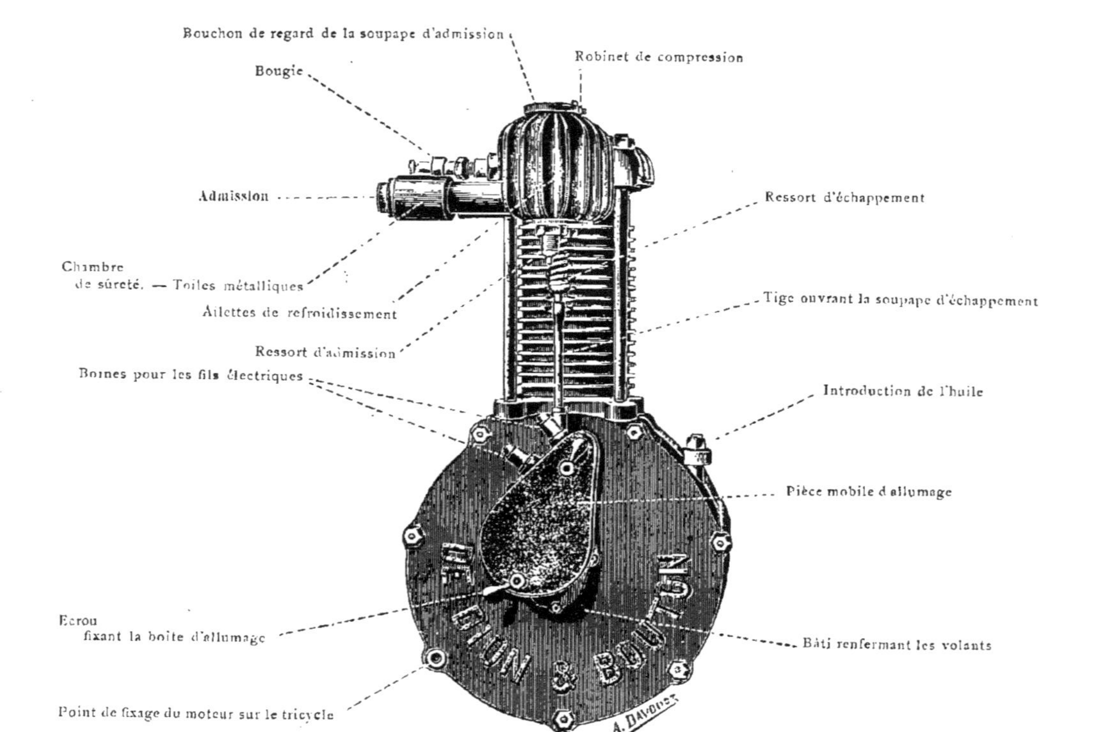

Fig. 63. — LE MOTEUR 1 CHEVAL 1/4. — FACE

à écrous qui se fixent sur deux pattes-crochets spéciales du pont du tricycle ; en haut par une bride serrée à chaque extrémité par un écrou.

Lors donc que toutes les attaches (ainsi que les écrous qui joignent au moteur les tubes d'aspiration et d'échappement ; et les fils qui vont à la bougie et au trembleur), lorsque toutes les attaches sont défaites, nous avons en mains le moteur proprement dit que représentent, face et profil, les deux figures des pages 126 et 128. Son poids est d'environ 22 kilos, sa hauteur totale 45 centimètres, et sa plus grande épaisseur 28.

Sa partie supérieure, nommée *tête du moteur* ou *culasse*, est creuse. Nous verrons tout à l'heure ses détails intérieurs. C'est en elle que se fait l'arrivée du gaz par le tuyau d'*admission* ou d'*aspiration*, arrivée réglementée par la soupape de même nom. C'est par elle encore que se fait le renvoi du gaz par le tuyau d'*échappement* (renvoi réglementé également par une soupape de même nom), lorsque le gaz, ayant produit son effet sur le piston, n'est plus qu'un déchet à jeter au vent.

Entre les deux tubes d'entrée et de sortie du gaz, est placée la *bougie*, c'est-à-dire le petit conduit, de matière isolante, qui amène à l'intérieur de la tête, au sein du gaz, le courant venu d'un des pôles de la bobine, afin que jaillisse l'étincelle qui produit l'explosion.

Remarquons que, d'accord avec les principes que nous avons étudiés dans la partie théorique, la soupape d'admission est automatique ; nulle tige ou commande ne la fait mouvoir ; un simple petit ressort l'aide à retomber sur son siège, lorsque le moteur n'aspire pas.

Tout au contraire, la soupape d'échappement est mécanique ; elle ne s'ouvre que lorsque la tige spéciale que l'on voit à droite du cylindre (profil) vient, par un dispositif que nous examinerons, la frapper par-dessous pour l'obliger à se soulever de son siège. L'une et

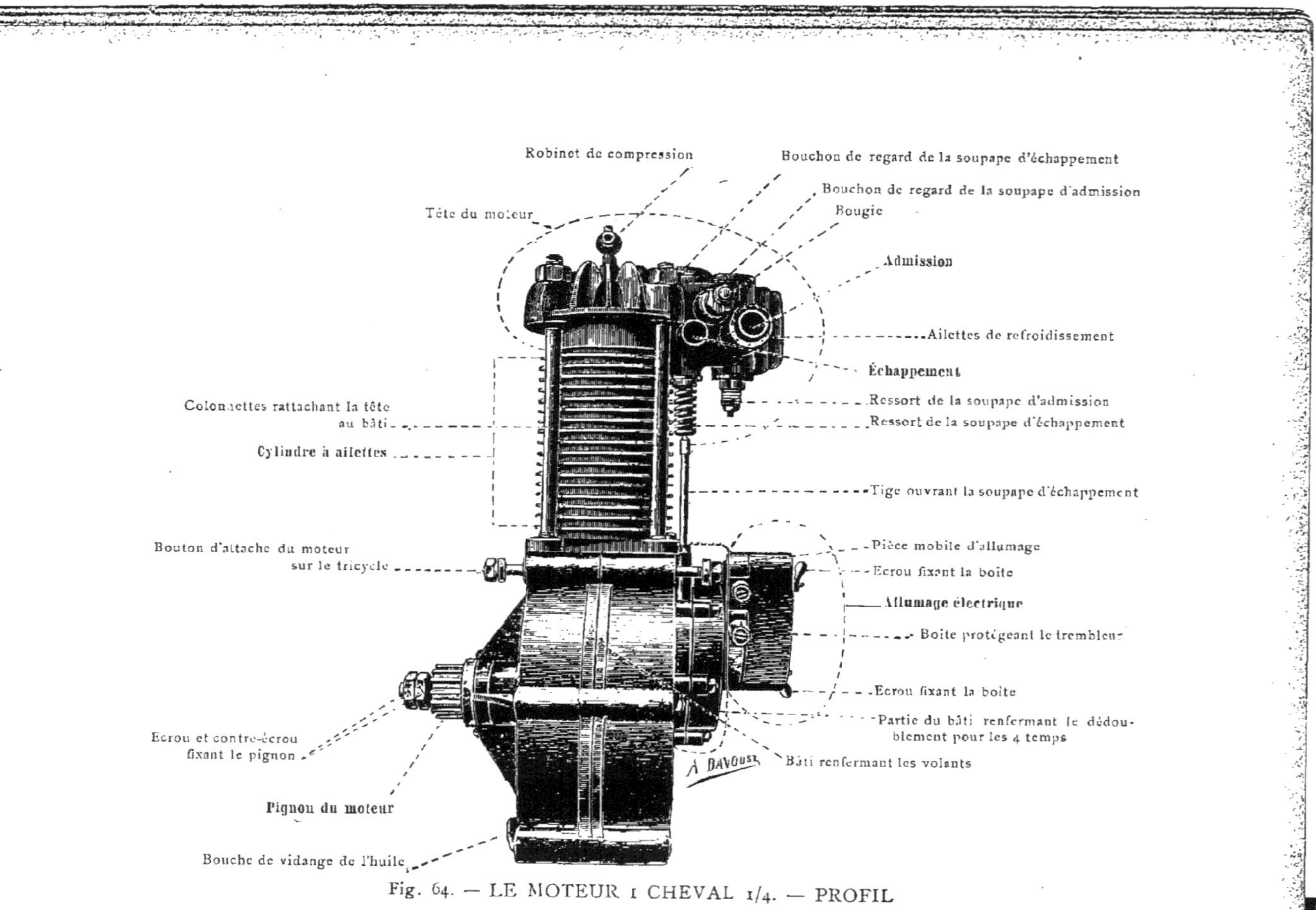

Fig. 64. — LE MOTEUR 1 CHEVAL 1/4. — PROFIL

l'autre soupape sont visibles par un *regard* fermé par un *bouchon* métallique qu'il suffit de dévisser, soit pour constater l'état de propreté ou d'encrassement des soupapes et les *roder*, s'il y a lieu; soit pour apercevoir si l'étincelle jaillit régulièrement à l'extrémité de la bougie.

La tête porte enfin à sa partie supérieure le robinet de compression dont nous avons vu tout à l'heure l'usage.

***

Immédiatement au-dessous de la tête, se trouve le *cylindre* renfermant le *piston*.

La partie basse du moteur est une boîte en aluminium à deux faces égales, verticales, serrées l'une contre l'autre par des boulons, et nommée le *carter*. Cette boîte renferme uniquement le volant, formé de deux parties égales entre lesquelles se meut la tête de bielle du piston.

Extérieurement, cette boîte en deux parties porte, à gauche, des contreforts venus de fonte qui ont une forme d'étoile et dont le centre est le petit pignon moteur monté sur l'arbre des volants. Ces contreforts soutiennent cet arbre et l'empêchent de se fausser dans un à-coup. Le petit pignon est donc enfoncé sur l'arbre et claveté; il est, de plus, maintenu par un écrou et un contre-écrou. Il importe, en effet, qu'il ne subisse aucun déplacement sur l'arbre, puisqu'il est le premier organe de transmission, le maître-engrenage.

A gauche, la boîte porte un renflement très prononcé, formé de deux parties superposées. La partie la plus rapprochée de la boîte est venue de fonte avec elle. Dans sa cavité sont cachés les engrenages (l'un de diamètre double de l'autre, — moteur à quatre temps) qui font que la tige commandant la soupape d'échappement ne vient la frapper que tous les deux tours, qui font également que le trembleur ne fournit d'étincelle que tous les deux tours. C'est là le cœur de ce qu'on appelle dans le moteur *la distribution*.

Le trembleur est monté sur une pièce de matière isolante, articulée de façon, ainsi que nous l'étudierons plus à fond, qu'il puisse se déplacer de la quantité que désire le cavalier autour de la came qui doit le faire vibrer. Cette came restant toujours calée sur l'arbre dans une position immuable vient par conséquent frapper le trembleur plus ou moins tôt par rapport à la compression, selon que ce trembleur est plus ou moins déplacé. Il en résulte que l'étincelle jaillit plus ou moins tôt au sein du mélange explosif et que la vitesse avec laquelle est projeté le piston est plus ou moins grande.

Enfin, tout au bas de la boîte-bâti, un bouchon (à ailettes, afin que les doigts le saisissent plus facilement) ferme un trou de vidange pour l'huile.

Et voilà toute la complication de ce petit moteur! On voit qu'il suffit d'analyser méthodiquement chaque pièce d'un mécanisme pour que toute la crainte qu'on pouvait avoir de sa complexité s'évanouisse aussitôt.

*
* *

Nous voici parvenus à un moment critique : regarder ce que notre moteur a dans le ventre !

Oserai-je, avant d'aller plus en avant, recommander chaudement à mes lecteurs, s'ils sont possesseurs d'un de ces jolis jouets mécaniques, de se contenter de la description que je leur donne ici de la partie intestinale de leur moteur, sans entreprendre de le fouiller *in anima vili ?*

Démonter va toujours sans peine; les clés et les pinces s'en donnent à branches que veux-tu ; elles ignorent les délicatesses de montage qu'a toujours mises le fabricant à coordonner son enfant, à en faire un tout qui ait sa vie propre. Mais *remonter !*

Remonter, c'est la plupart du temps assassiner, pièce par pièce, membre par membre, sa pauvre bête métallique. C'est lui donner, sinon toujours la mort, toujours une quasi-agonie. Je ne parle pas ici, bien entendu, des mains particulièrement adroites et connaisseuses dont le talent confirme précisément ma règle : *ne demonter jamais sans motif le plus grave et sans aptitude toute spéciale.*

Ne démontez jamais par curiosité, parce que vous êtes « très-fort », ou parce que « les mécaniques, ça vous connaît ». Vous feriez-vous ouvrir le ventre à vous-même par simple curiosité ? Croyez bien que le ventre d'une machine n'aime pas plus que le vôtre les indiscrétions et qu'il se venge toujours du viol qu'on lui fait, par un détraquement, et plus tard par la carte à payer au fabricant qui a réparé son mal.

***

Quatre forts écrous terminent en haut du moteur les quatre colonnettes qui réunissent la *tête* au *bâti*. Retirons-les. La tête nous vient à la main (fig. 65).

La tête A forme un seul bloc avec les deux soupapes B (échappement), C (admission) et la bougie (qui se trouve derrière et ne peut être rendue visible sur la gravure).

La coupe de gauche nous montre qu'elle est creuse ; sa cavité se dénomme généralement *chambre d'explosion.* Les trois pointillés circulaires que l'on aperçoit sur cette figurine indiquent la hauteur à laquelle se fait l'arrivée du gaz (en C), le départ du gaz (en B) et celle où se produit l'étincelle de la bougie, au centre de la chambre d'explosion.

La simple inspection de ce dispositif en fait saisir le fonctionnement. Le gaz arrive dans la logette C et ne peut pénétrer dans la chambre que si la soupape se soulève et le laisse passer. Nous avons vu dans les chapitres précédents que l'aspiration du piston descendant dans le cylindre avait précisément pour effet d'ouvrir cette soupape.

Le gaz, violemment aspiré, pénètre donc non seulement dans la chambre d'explosion, mais remplit encore tout le cylindre à mesure que le piston descend (1er temps). Le piston remonte, refoule tout le gaz jusque dans la chambre d'explosion et le comprime ainsi à trois atmosphères environ (2e temps). Aussitôt, dans ce gaz compact, aux molécules considérablement resserrées, jaillit une étincelle. Explosion soudaine, chasse brusque du piston dans le cylindre (3e temps). Le piston remonte en refoulant le gaz mort qui vient d'exploser : à ce moment, la soupape B, mue par le moteur, se soulève sur son siège, et laisse filer ce déchet dans la logette située au-dessous d'elle, puis, par le tube d'échappement, dans l'atmosphère (4e temps).

L'inspection des soupapes peut se faire, nous l'avons déjà vu, par deux orifices situés exactement au-dessus d'elles et que ferment les bouchons B' et C' vissés dans la tête au moyen d'une clé spéciale. Cette fermeture doit être absolument hermétique, car la moindre fuite, on le conçoit, diminuerait beaucoup la valeur de la compression et de l'explosion.

Les bouchons sont donc garnis sous leur partie la plus large de *joints*, sortes de rondelles de cuivre mince dans lequel a été sertie une garniture d'amiante. Ce joint souple épouse strictement la forme du bouchon et donne fermeture hermétique. Il sera bon en outre de ne jamais revisser un de ces bouchons sans en avoir mouillé d'un peu de pétrole les filets. Le vissage en sera facilité et la cohésion meilleure.

Les soupapes, dont les figurines de droite donnent les détails, sont formées d'une sorte de disque métallique peu épais, nommé *clapet*, dont les bords sont

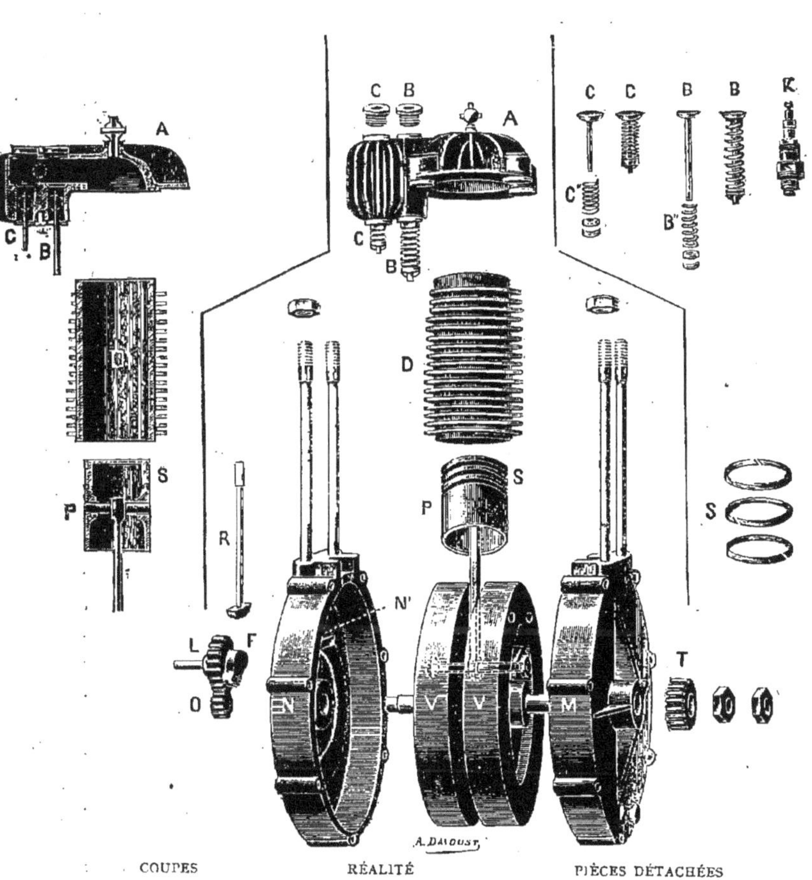

Fig. 65. — LE MOTEUR 1 CHEVAL 1/4

légèrement coniques, et qui se termine par une queue métallique qu'on nomme *tige*. Un œil percé au bout de cette tige permet d'y fixer une clavette qui tient en place le ressort.

Remarquons que les soupapes d'admission et d'échappement n'ont pas une ressemblance absolue. La soupape d'admission C est plus petite et plus légère que sa compagne B. Elle est un peu concave, alors que sa voisine est un peu convexe; son ressort de rappel C'' est très court et très faible alors que celui de l'échappement B'' est long et vigoureux. Les figurines qui représentent l'une et l'autre complètes indiquent bien les différences essentielles qui les séparent. Ces différences proviennent du rôle même qu'elles sont appelées à jouer. La soupape d'aspiration doit être légère afin de résister le moins possible à la poussée du gaz quand le moteur aspire ; son ressort ne doit avoir que la force strictement nécessaire à la rappeler sur son siège aussitôt que le moteur n'aspire plus, et à la rappeler promptement pour qu'au moment de la compression aucune parcelle de gaz ne s'échappe. La soupape d'échappement doit être plus lourde et munie d'un ressort dur, parce qu'elle n'a pas à compter sur la compression pour redescendre sur son siège, qu'elle n'y est sollicitée que par son ressort, et qu'elle doit même résister, de par ce même ressort, à l'aspiration que le moteur produit sur elle nécessairement comme sur sa voisine. La soupape d'aspiration s'ouvre fort peu (3 millimètres); elle reste *relativement* (1) longtemps ouverte. La soupape d'échappement ne s'ouvre guère plus (3,5 à 4 millimètres), mais elle reste ouverte plus longtemps; la tige

(1) N'oublions pas qu'il s'agit ici d'un moteur à quatre temps fonctionnant à 1,800 tours et quelquefois davantage à la minute. C'est dire que les soupapes s'ouvrent et se ferment chacune 900 fois en une minute. Cette note donnera au mot *relativement* toute sa valeur.

du moteur commence à l'attaquer lorsque le piston descendant a environ encore le tiers de la course à faire.

La pièce K est la bougie d'allumage. Elle ne figure sur notre tableau que pour compléter les pièces détachées. Nous l'examinerons en détail lorsque nous étudierons l'allumage.

* * *

La tête du moteur retirée, il nous est facile de prendre le cylindre, car il n'est pas vissé sur le bâti, mais simplement posé sur lui dans une cavité circulaire garnie d'un joint enduit de plombagine, joint qui a pour correspondant celui qui unit la partie supérieure du cylindre à la tête. Le cylindre n'est par conséquent immobilisé sur le moteur que par la pression bien répartie (et c'est là affaire de montage minutieux) qu'exercent sur lui en haut et en bas les quatre écrous vissés sur les quatre colonnettes.

Tirons à nous de bas en haut le cylindre. Il vient sans effort. Au moment où il va être extrait complètement des colonnettes, le piston en sort. Le cylindre (D), nous l'avons vu, est un simple tube dont l'intérieur est parfaitement cylindrique, brillant comme l'intérieur d'un canon de fusil bien tenu, et dont l'extérieur présente une quinzaine de saillies circulaires, les ailettes.

Le piston (P) a la forme d'un verre à boire sans pied. Il est par conséquent creux, fermé par un bout; au centre de la cavité, la manivelle s'articule ainsi que le montre la coupe. Son extérieur est rigoureusement lisse, afin de frictionner avec le moins de jeu possible, mais sans dureté, à l'intérieur du cylindre; vers son fond, il porte trois gorges circulaires S dont chacune renferme un bracelet plat, en fonte, formant ressort et dénommé un *segment*. Nous avons vu dans le début de ce volume le rôle des segments, et n'y reviendrons pas. Disons seulement que, pour éviter toute infiltration de gaz entre les parois du cylindre et celle du piston, les segments doivent. lors du remontage, toujours être *tiercés*, c'est-à-dire que les fentes doivent être dirigées en opposition, chacune au tiers de la circonférence.

*
* *

Si maintenant nous retirons tous les boulons qui joignent l'une contre l'autre les deux boîtes du carter et que nous enlevions les engrenages et autres pièces qui peuvent sur les côtés en gêner l'ouverture, nous nous trouvons en présence de deux couvercles d'aluminium M N, sensiblement pareils et portant chacun à demeure, deux des colonnettes (fig. 65).

Ces deux couvercles ne renferment pas autre chose que le double volant VV, au milieu duquel la manivelle vient s'accrocher hors centre. Lorsque les couvercles sont joints, le double volant tourne dans l'huile et l'entraîne dans une saillie interne N' qu'ils portent tous deux et qui forme un godet percé d'un trou par lequel l'huile, goutte à goutte, tombe sur l'axe. Cette huile redescend dans le bas du bâti où de nouveau le volant la prend et l'entraîne. La circulation d'huile est assurée automatiquement par cette simple mais ingénieuse combinaison.

L'axe principal du moteur est nécessairement en deux pièces qui s'arrêtent chacune à l'intérieur de chaque portion du volant total. On conçoit en effet que la manivelle ne pourrait décrire son mouvement circulaire si le centre du volant était barré par l'axe.

La partie droite de l'axe principal porte en T un petit pignon qui n'est autre que le pignon de commande qui actionne le tricycle.

La partie gauche de l'axe principal porte en O un autre petit pignon, de diamètre moindre encore, qui commande la distribution. Il engrène avec un second pignon L, de diamètre double du sien, qui fait corps avec une came F. Cette came n'a d'autre effet que de frapper (tous les deux tours du moteur) la tige R. Nous connaissons le rôle de cette tige. C'est elle qui, frappant sous la soupape d'échappement, la force à s'ouvrir en temps voulu pour donner passage aux gaz morts.

***

Le dédoublement des tours que fait l'axe principal du moteur, dédoublement indispensable pour la distribution du gaz et son allumage dans les moteurs à quatre temps (puisque le gaz n'est admis et allumé que tous les deux tours, nous l'avons expliqué maintes fois déjà) est un des dispositifs que le public comprend généralement le moins facilement, un de ceux cependant dont il doit avoir la plus parfaite connaissance. Nous allons l'étudier très attentivement dans ce petit moteur de Dion où son agencement est le plus simple.

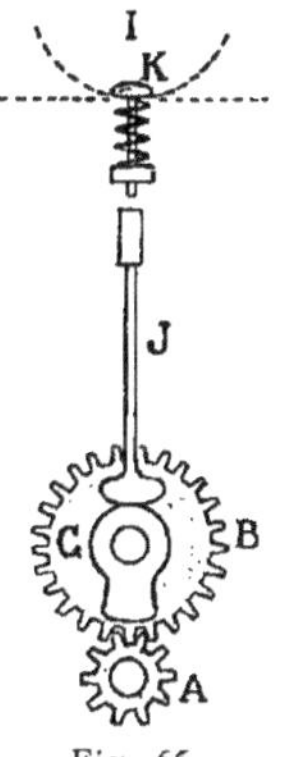

Fig. 66

L'arbre *principal* (centre des volants) porte à l'une de ses extrémités un petit pignon qui transmet au tricycle son mouvement. Son autre extrémité porte également un petit pignon A (fig. 66) qui actionne une roue dentée B située au-dessus *et de diamètre double*. Il est donc évident que la roue dentée B, et toute pièce montée sur le même axe qu'elle, feront exactement moitié moins de tours que A.

Or, l'arbre qui traverse cette roue dentée, de diamètre double, cet axe *secondaire*, porte, faisant corps avec lui, deux cames, séparées l'une de l'autre par la distance nécessaire, qui commandent : l'une l'échappement, l'autre l'allumage.

— La première est C, pièce d'acier, plate et ronde, qui est pourvue d'une partie excentrée qu'indique en l'exagérant la figure. La tige d'ouverture de la soupape d'échappement J porte en bas un petit galet, arrondi de façon à appuyer constamment sur la came C et en suivre les contours au fur et à mesure qu'elle passe sous lui. Dans la majeure partie de sa circonférence, la came, étant régulière, ne produit aucun déplacement de ce galet; mais lorsque tout d'un coup la partie excentrée de la came se présente, le galet est subitement repoussé en l'air (fig. 67); la tige J l'est également et, par elle, la soupape K est brusquement ouverte. Les gaz, chassés par le retour du piston, sont expulsés dans la boîte d'échappement et de là dans l'atmosphère. — La deuxième came portée par l'arbre secondaire est E (fig. 68). Pièce d'acier aussi, plate et ronde, munie d'une encoche qui lui donne vaguement la silhouette d'un escargot. Le trembleur R est muni à son extrémité inférieure d'une partie frottante, d'une *masse*, qui suit également les contours de la came. Dans la majeure partie de sa circonférence, cette came étant aussi régulière, le trembleur est écarté de la pointe S, et par conséquent le courant électrique ne peut passer; mais, lorsque tout d'un coup la partie encochée se présente, l'élasticité du trembleur le fait tomber dans la fente (fig. 69). Il vibre; le contact s'établit en I entre R et S, puis se rompt, et l'étincelle jaillit à l'extrémité de la bougie enflammant le mélange.

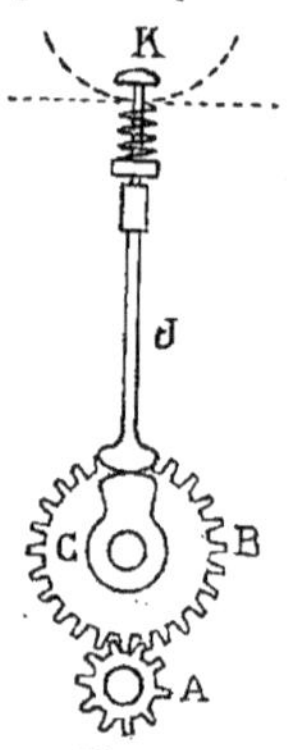

Fig. 67

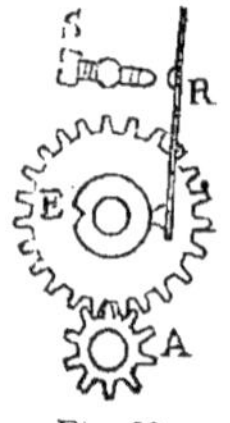

Fig. 68

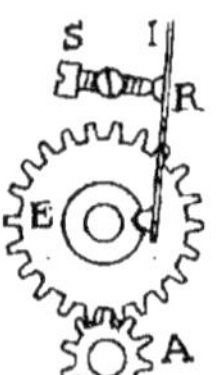

Fig. 69

Tout ceci n'est pas bien compliqué, on l'avouera.

Retenons seulement avec soin, afin de comprendre les explications qui vont suivre, que les cames d'échappement (C) et d'allumage (E) sont calées de façon immuable

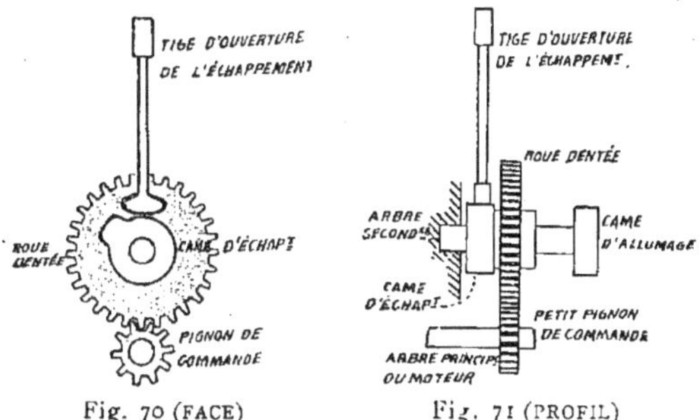

Fig. 70 (FACE) Fig. 71 (PROFIL)

sur l'arbre secondaire, c'est-à-dire qu'il nous est impossible de les changer de position en marche normale.

*
* *

Et cependant il faut bien qu'une pièce quelconque se déplace au gré du cavalier puisque, ainsi que nous l'avons vu dans la Partie Théorique, l'allumage électrique permet de faire *l'avance à l'allumage!* Nous verrons tout à l'heure qu'une pièce accessoire nous est utile.

L'expression d'avance à l'allumage est assez impropre. Le véritable terme devrait être *le réglage du temps de l'allumage*, puisque le but que se propose le constructeur en donnant au cavalier la facilité d'avancer le temps où l'étincelle jaillira, est de lui permettre de chercher le moment exact où l'explosion doit être produite dans le gaz admis, moment variant avec la vitesse du moteur.

Quels effets produit donc cette avance et quel est son mécanisme physique ?

La distribution du gaz se fait toujours, nous l'avons vu, de la façon la plus régulière. Toutes les pièces du moteur sont, à ce point de vue, immuables. Si nous examinons la phase où le gaz est comprimé par le piston (IIe temps du cycle), nous voyons le piston monter dans le cylindre et refouler devant lui le mélange admis, prisonnier, qui ne peut fuir par aucune issue puisque les deux soupapes sont hermétiquement closes. La compression augmente donc de plus en plus au fur et à mesure que le piston monte. Elle est à son point maximum lorsque la manivelle et la bielle sont en prolongement, c'est-à-dire lorsque que le piston est au plus haut de sa course. A ce moment, la came d'allumage présente au trembleur sa partie encochée ; le trembleur y descend et l'étincelle jaillit. L'explosion se produit-elle instantanément ? Oui, répondront nos sens grossiers, car ils sont incapables de saisir la fraction de seconde qui en réalité sépare bien le moment de l'étincelle et celui de l'explosion, l'infinitésimale durée qui est nécessaire à l'inflammation pour se propager à la totalité du gaz admis. Mais, en réalité, *le piston attend*, et le moteur tourne relativement peu vite.

Supposons qu'au lieu d'attendre que le piston ait terminé son refoulement, nous fassions jaillir l'étincelle un peu en avance, juste le temps qui est nécessaire à l'inflammation pour se propager. Qu'arrive-t-il ? Le piston n'attend plus. Aussitôt arrivé en haut de sa course, il est repoussé. Le moteur tourne déjà plus vite.

Si enfin nous avançons encore davantage le moment de l'étincelle, le piston, près d'arriver à la fin de sa course, à fond du cylindre, rencontre non seulement un gaz immédiatement prêt à le chasser, mais un gaz explosant qui le chasserait avant même qu'il n'eût terminé sa course, si la force vive du tricycle ne venait prêter main-forte au piston pour l'aider à comprimer complètement ce gaz déjà en révolte contre lui. On conçoit que, dans ces conditions, le gaz, contrarié dans ses tendances violentes, chasse le piston avec une vigueur et une vitesse beaucoup plus grandes. L'allure du moteur est ainsi portée à son plus haut point.

Ces indications nous amènent à comprendre pourquoi il est impossible, sur tricycle à pétrole, de se mettre en route avec un allumage très avancé. L'explosion en effet se produit alors avant que le piston ne soit parvenu au haut du cylindre, et comme la force musculaire du cavalier est incapable d'imprimer au moteur, dès le début, une allure suffisamment vive pour lui résister, le piston à moitié chemin est refoulé, chassé par conséquent *en sens inverse* de la marche normale. Le tricycle s'arrête brusquement et le cavalier est projeté sur le guidon.

***

Comment pratique-t-on cette avance d'allumage? (Fig. 72 et suivantes.)

La came E est fixée à demeure sur l'axe secondaire. Elle tourne avec lui. Le trembleur M, tout au contraire, est monté sur une pièce d'ébonite C qui embrasse la came, et est mobile autour de son axe. Nous pouvons, à notre gré, la déplacer de telle façon que le trembleur soit dans la direction *s t*, très différente dans les deux positions ci-indiquées. Ce déplacement se fait, je le répète, indépendamment de la came E dont l'échancrure conserve dans les deux cas la direction *a b* par exemple, constante dans l'une et l'autre figurines, ainsi qu'on le voit.

Si la pièce d'ébonite conserve la position qu'elle a à gauche, la masse du trembleur M ne tombe dans l'encoche *m* qu'au moment où le piston est tout à fait en haut du cylindre, où le gaz est complètement comprimé. Nous sommes à la petite allure.

Si la pièce d'ébonite est au contraire dans la position de droite, la masse du trembleur est descendue de plusieurs millimètres. Il est donc évident que la came E, tournant dans le sens qu'indique la flèche, viendra présenter sa partie encochée au trembleur très sensiblement en avance sur le cas précédent. L'étincelle jaillira

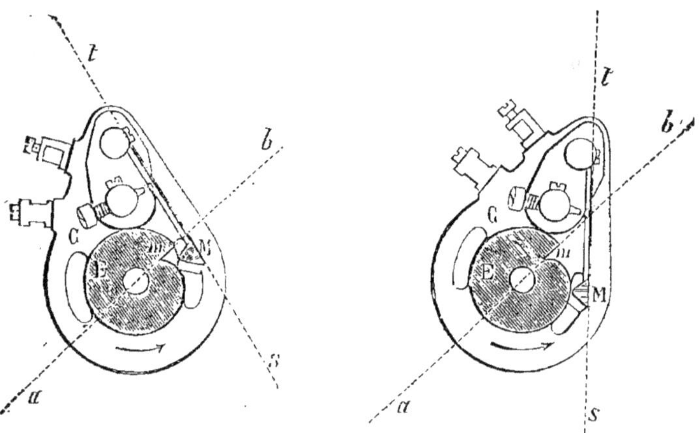

Fig. 72

donc très sensiblement avant que le piston n'ait terminé la compression du gaz. Nous sommes à grande allure.

Il va sans dire que toutes les positions intermédiaires entre ces extrêmes peuvent être données au trembleur; que, par conséquent, toutes les vitesses intermédiaires peuvent être ménagées au moteur et par suite au tricycle.

Les déplacements de la pièce d'ébonite sont produits par le cavalier à l'aide de la tringle mue par une manette placée sous la selle et que nous avons examinée plus haut.

*
* *

La disposition exacte de ces cames d'échappement et d'allumage est montrée par les figures 73, 74 et 75, qui représentent le flanc du moteur dans sa partie vitale.

L'axe principal (celui qui est actionné directement par la manivelle) est en S. L'axe secondaire est en P (fig. 73). Son extrémité (invisible ici) repose dans un trou percé dans la boîte même du bâti et qui lui sert de palier. Nous venons de voir qu'un aménagement intérieur du bâti amène constamment l'huile sur cette extrémité d'axe.

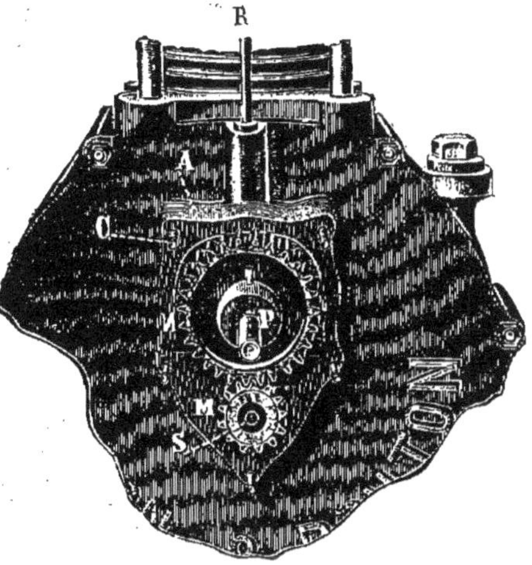

Fig. 73

La roue N est clavetée sur l'axe. L'axe est lui-même maintenu en place par une boîte B qui vient recouvrir la roue tout en laissant dépasser le bout de l'axe qui, nous allons le voir, sert à supporter la came d'allumage.

Le montage en est fait ainsi :

La tige d'ouverture de la soupape d'échappement, la tige R, qu'on voit en haut de la figure, coulisse dans une gaine de fonte faisant corps avec le bâti de même que la boîte A.

La cavité de cette boîte A renferme par conséquent, invisibles sur la figure, le petit galet qui termine la

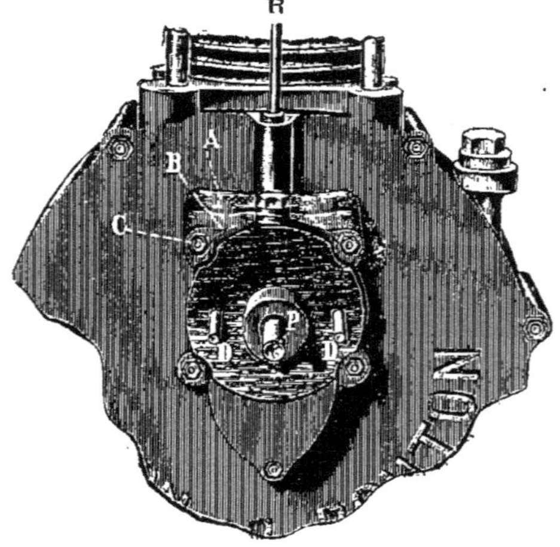

Fig. 74

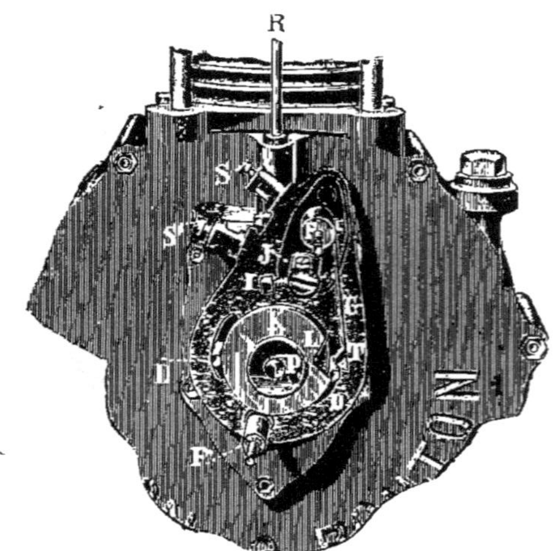

Fig. 75

LE MONTAGE DE L'ALLUMEUR DANS LE TRICYLE DE DION ET BOUTON

tige R, et la came d'échappement, ces deux pièces demeurant en contact constant, je l'ai dit plus haut.

Cette came ne forme qu'une seule et même pièce avec la roue dentée N, qu'actionne le petit pignon principal M. Il suffit donc de la glisser sur l'arbre secondaire et de mettre les dents en prise pour que tout se

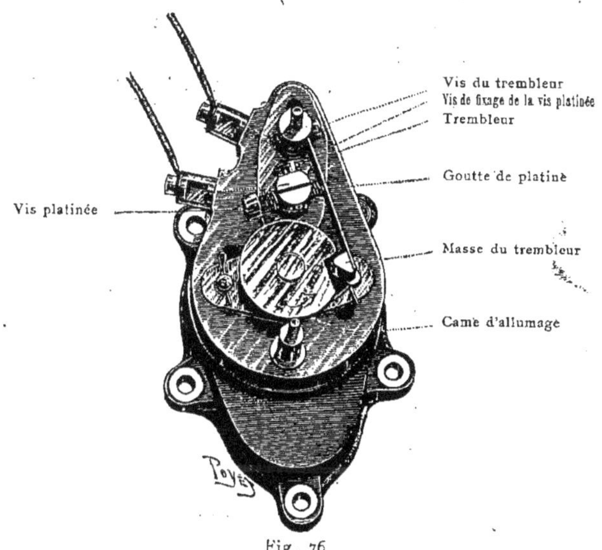

Fig. 76

trouve en place. Une clavette traverse l'épaulement de la pièce et l'empêche de tourner sur l'arbre.

La boîte A porte cinq petits boulons C dont la tête est noyée dans la masse et qui servent à guider et supporter une seconde boîte B (fig. 74) en fonte, qui fait clôture hermétique sur les engrenages. Cinq écrous C la fixent solidement. Dans sa partie supérieure, un petit trou garni d'une bille forme une soupape pour la sortie libre de l'air que compriment les pièces en mouvement.

10

Cette seconde boîte B porte, elle aussi, deux petits guides DD horizontaux.

Sur ces guides DD (fig. 75) nous emmancherons la pièce d'ébonite mobile dont les échancrures permettent le déplacement autour de la came K clavetée sur l'extrémité de P.

Cette came porte à sa partie supérieure les deux bornes de cuivre S et S' auxquelles nous accrocherons plus tard les fils d'allumages

En I, la vis de cuivre, terminée par une pointe de platine, qui règle la distance exacte qu'il faut entre cette pointe et la goutte de platine G que porte le trembleur, pour que l'étincelle se produise au bon moment; en J, la petite vis de pression qui maintient la grande vis de cuivre I dans la position de réglage où on l'a placée.

En T, la masse du trembleur qui peut tomber, à chaque tour de la came K, dans l'encoche L.

Enfin, en F et F', à nouveau deux petits boulons fixés sur la pièce d'ébonite, qui reçoivent une boîte-couvercle que représentent face et profil les figures 63 et 64, et qui protège tous les détails de l'allumeur contre la poussière et la pluie.

***

Les principaux organes du moteur de Dion et Bouton nous étant maintenant connus, son fonctionnement nous étant familier jusque dans ses moindres détails, il nous reste à étudier deux « services » importants de ce mécanisme : d'une part, son usine à gaz; d'autre part, son usine d'électricité.

Ces termes expressifs désignent bien le réservoir d'essence et le réservoir d'électricité.

Le *carburateur* n'est pas ici distinct du réservoir. Il est constitué par une boîte de tôle de forme à peu près triangulaire, placé sous la selle du tricycle. Ses détails intérieurs sont rendus visibles dans la figure 77 par l'en-

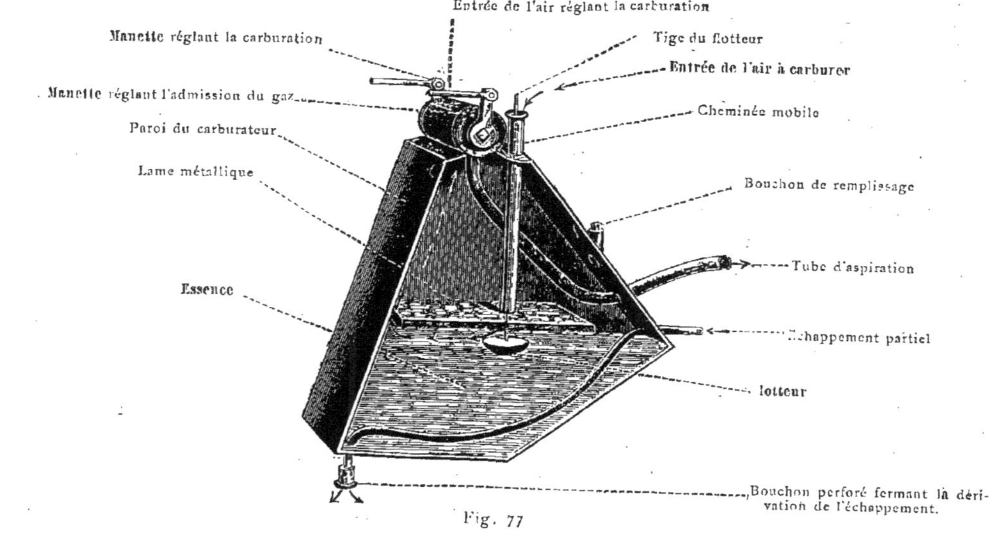

Fig. 77

LE CARBURATEUR (face antérieure retirée)

lèvement supposé d'une de ses parois, ou, si on le préfère, par le remplacement imaginaire de l'un de ses grands côtés par une feuille de verre.

L'essence est versée dans ce réservoir-carburateur par un orifice fermé le plus souvent par un bouchon de liège. Un flotteur métallique, surmonté d'une longue tige, monte avec le liquide au fur et à mesure qu'on le verse. Une lame métallique, placée horizontalement au-dessus de l'essence, fait corps avec un tube de cuivre dit *cheminée*, qu'on peut à volonté hausser ou enfoncer, haussant ou enfonçant par conséquent la lame dans le réservoir.

On conçoit que, plus on verse d'essence dans le récipient, plus la cheminée doive être tirée dehors, afin que la lame reste constamment à sa distance normale de 1 centimètre environ au-dessus du liquide. Le flotteur doit par suite se trouver toujours à cette distance de la lame et l'extrémité de sa tige doit également rester à 1 centimètre environ au-dessous de l'orifice de la cheminée.

La figure représente cette tige dépassant l'orifice du tube ; il y a là de ma part une inexactitude de dessin volontaire, car si la tige se trouvait, ainsi qu'il le faudrait, au-dessous de l'orifice, on ne pourrait pas l'apercevoir. La position réciproque du flotteur et de la plaque que je viens d'indiquer est celle du meilleur rendement du moteur, mais elle n'est pas rigoureusement indispensable à son fonctionnement.

Le réservoir-carburateur est plein lorsque la cheminée étant haussée au maximum, la tige du flotteur est parvenue à 1 centimètre au-dessous de l'orifice. Il contient à peu près alors trois litres d'essence, la provision utile pour une soixantaine de kilomètres.

*
* *

Voici l'ordre de la production du mélange explosif et de son admission dans la tête du moteur.

Le moteur n'a pas de débrayage ou d'embrayage possible vis-à-vis du tricycle. C'est là une particularité de cet instrument. Le pignon moteur demeure constamment engréné avec une couronne dentée calée sur l'axe des roues motrices (voir fig. 79). Par conséquent, si le pignon entraîne cette couronne lorsque le moteur fonctionne, inversement cette couronne peut entraîner le moteur, c'est-à-dire faire jouer ses organes, lorsqu'il ne fonctionne pas. C'est en entraînant ainsi le moteur par le moyen du pédalier que nous pouvons d'ailleurs le mettre en route.

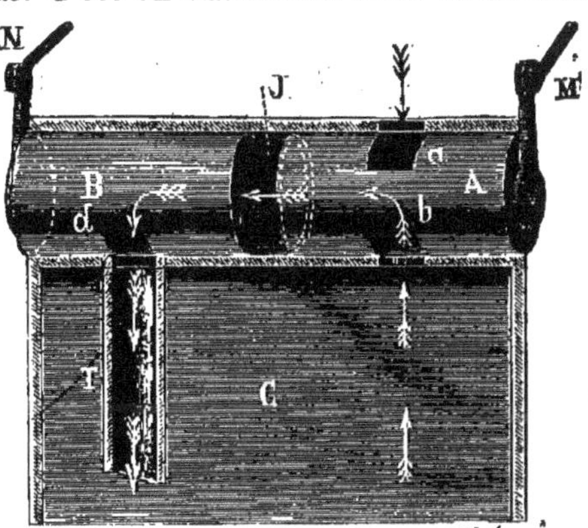

Fig. 78

Le moteur est donc mis en route par les jambes du cavalier. Le piston, descendant, produit un vide dans le cylindre ; autrement dit, il aspire. Aussitôt l'air atmosphérique se précipite dans le réservoir par la *cheminée*. Il passe sous la plaque et lèche la surface de l'essence, se chargeant par conséquent d'hydrocarbures. Puis il remonte dans la partie supérieure du réservoir formée de deux robinets accolés que les deux manettes placées à portée du cavalier ouvrent et ferment de la quantité demandée (fig. 77).

L'air, ainsi mêlé plus ou moins aux vapeurs de l'essence, c'est-à-dire plus ou moins riche d'air ou d'essence, le plus souvent trop riche en hydrocarbures pour constituer un mélange explosif (1), passe dans un premier robinet par où une nouvelle quantité d'air atmosphérique pur est admis pour en corriger la richesse. Cette dose nouvelle est réglée par l'ouverture plus ou moins grande que donne le cavalier à ce robinet. La petite difficulté consiste à trouver le degré d'ouverture exact qui fait la carburation parfaite, c'est-à-dire qui rend l'air hydrocarburé explosible.

Ce degré d'ouverture étant trouvé, l'air passe dans le second robinet (celui de gauche) qui ne sert qu'à régler la quantité de mélange explosif qu'on veut laisser arriver au cylindre. *Beaucoup de gaz* donne beaucoup de force et de vitesse; *peu de gaz* a nécessairement un effet contraire.

La figure 78 explique les détails de ces deux robinets que j'ai représentés séparés l'un de l'autre par une distance J, nécessaire pour le passage d'une vis verticale qui les fixe sur le carburateur. Ils frictionnent à l'intérieur d'une douille dont je n'ai fait indiquer que l'épaisseur et qui leur sert en quelque sorte d'étui.

L'air donc, qui a léché l'essence, qui souvent même l'a traversée en barbotant (lorsque la lame est enfoncée dans le liquide au lieu de le couvrir), et qui s'est mélangé aux hydrocarbures dans une proportion quelconque, monte, toujours par le fait de l'aspiration du piston, dans le robinet A en entrant par l'orifice *b*.

Ce robinet est à double voie, c'est-à-dire que, par sa partie inférieure, il admet de l'air hydrocarburé qui grimpe dans le haut du réservoir (C), ainsi que l'indiquent les flèches blanches; et que, par sa partie supé-

(1) Voir *Chapitre Ier*. On sait que le mélange de l'air et de l'essence n'est explosif que dans certaines proportions assez strictes.

rieure *a*, il admet de l'air atmosphérique pur, qui entre par un orifice ménagé tout exprès, ainsi que l'indique la flèche noire. La manette de droite M fait pivoter plus ou moins ce robinet selon son grand axe. Plus l'échancrure supérieure *a* découvre l'orifice d'entrée d'air pur, plus l'échancrure inférieure *b* ferme l'orifice d'entrée d'air carburé, et réciproquement. Quelques tâtonnements permettent vite au cavalier de trouver le point dit *de carburation* où le mélange est formé des proportions d'air et d'essence nécessaires pour qu'il soit explosif.

L'air carburé (flèche blanche) et l'air atmosphérique pur (flèche noire) étant ainsi exactement dosés, notre gaz passe dans le second robinet (B) qui, lui, ne possède qu'une seule échancrure *d*. La manette de gauche N permet de le faire pivoter, sur son grand axe également, de façon à découvrir plus ou moins l'ouverture du tube d'admission T, et, par conséquent, d'admettre plus ou moins de gaz dans le cylindre.

Ce tube est, sur la figure, représenté coupé. En réalité, il traverse de part en part le carburateur, comme l'indique la figure 77, pour aboutir à la *chambre de sûreté* qui précède l'entrée du cylindre. Cette chambre (voir fig. 63) renferme une série de toiles métalliques, en rondelles, serrées les unes contre les autres, pour éviter qu'au cas où la soupape d'admission se fermerait mal, l'inflammation ne se propage jusqu'au carburateur. Cette chambre de sûreté est établie sur le principe physique bien connu des toiles métalliques, qui est appliqué d'ailleurs aux lampes de mineurs, par exemple.

Nous remarquerons que le réservoir-carburateur est, dans sa partie inférieure, traversé de part en part également, par un autre tube plus étroit. Ce petit tube sert à conduire, pour être rejetés dans l'atmosphère, une partie des gaz chauds qui viennent de travailler et que la soupape d'échappement a mis à la porte. Il réchauffe par ses parois l'essence, afin que la carburation se fasse plus facilement, précaution indispensable en hiver notamment.

***

Remontons le moteur sur le tricycle. L'axe principal du moteur commande alors les roues arrière par un petit pignon de 12 dents claveté sur lui et qui est en prise avec une roue dentée de 84 dents, montée sur le mouvement différentiel (type 1 ch. 1/4).

La proportion des engrenages est donc de 1 à 7; le pignon fait un tour quand l'axe des roues et les roues elles-mêmes n'en font que 1/7. La démultiplication est assez forte. Les roues mesurant 0 m. 65 de diamètre, sept tours du moteur, soit trois explosions et demie, sont nécessaires pour les faire avancer de 2 m. 05 environ. Chaque explosion le propulse d'environ 58 centimètres.

On en déduit facilement que, pour couvrir un kilomètre, les roues motrices font à peu près 488 tours et que le moteur donne 1.708 explosions et fait 3.448 tours. Le kilomètre ayant été souvent couvert, sur tricycle de Dion, en 1 minute 20 secondes, ce qui représente 50 kilomètres à l'heure, on voit la rapidité extrême avec laquelle se succèdent parfois les quatre temps d'admission, de compression, d'explosion et d'échappement dans ce petit moteur à pétrole, puisque, en une seule minute, il a pu effectuer 1.436 fois ce cycle complet, soit faire 2.872 tours !

On démultiplierait cette transmission, c'est-à-dire qu'on obtiendrait du moteur plus de force mais moins de vitesse, en augmentant le diamètre de la roue dentée calée sur le différentiel ; mais, ainsi qu'on peut le prévoir en inspectant la figure jointe ici, la distance entre l'axe des roues et le pont du tricyle n'est pas suffisante, dans le type 1 ch. 1/4, pour permettre le remplacement de la couronne par une roue de diamètre sensiblement plus grand.

On augmenterait la vitesse du véhicule, mais on diminuerait ce que j'appellerai son *pouvoir ascensionnel*, sa faculté de monter les côtes, en augmentant le diamètre du petit pignon, en lui donnant, par exemple, 14 ou 15 dents, ainsi qu'en diminuant le diamètre de la

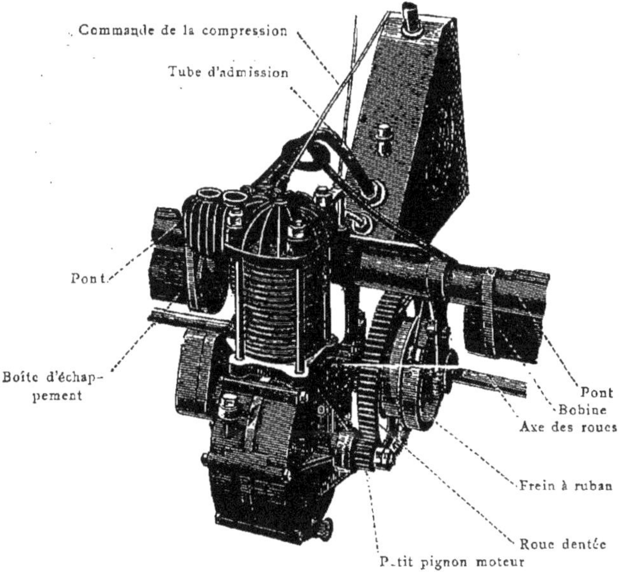

Fig. 79

roue dentée. Quelques constructeurs ont augmenté la vitesse du véhicule (diminuant par là même, de par une loi mécanique inéluctable, son pouvoir ascensionnel) en augmentant le diamètre des roues motrices, le portant de 65 à 70 centimètres.

Sur le différentiel est monté un tambour qui reçoit

une bande métallique, garnie de cuir, actionnée par un levier placé sous la main du cavalier ; c'est le frein.

A gauche, nous voyons le commencement de la boîte d'échappement dont nous connaissons depuis longtemps l'usage et qui est reliée à la tête du moteur par un tube qui lui amène les gaz chassés. Cette boîte se compose d'un tube A (fig. 80), coudé à l'entrée, fermé à son bout et percé de plusieurs petits trous, qui est enfermé dans une gaîne B, distante de lui d'un centimètre environ et percée également de trous en opposition avec ceux du premier tube A. Le tout est enfermé dans une boîte C qui ne porte dans sa partie basse que trois ou quatre trous par lesquels s'échappent les gaz brûlés. Cette boîte, dont l'intérieur est ainsi établi en chicane, permet aux gaz de se détendre avant de passer dans l'atmosphère. Elle atténue considérablement le bruit qu'ils font en s'échappant.

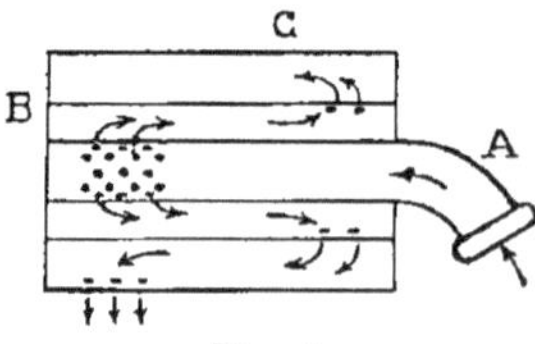

Fig. 80

A droite, la bobine d'induction qui sert à la production des étincelles.

III. — L'ALLUMAGE DU MOTEUR DE DION ET BOUTON

Nous n'entrerons pas dans les détails de construction de la bobine employée par MM. de Dion et Bouton. J'ai exposé les principes de cet organe dans la *Partie théorique*. Je signalerai seulement la modification importante que ces constructeurs ont apportée dans l'interrupteur.

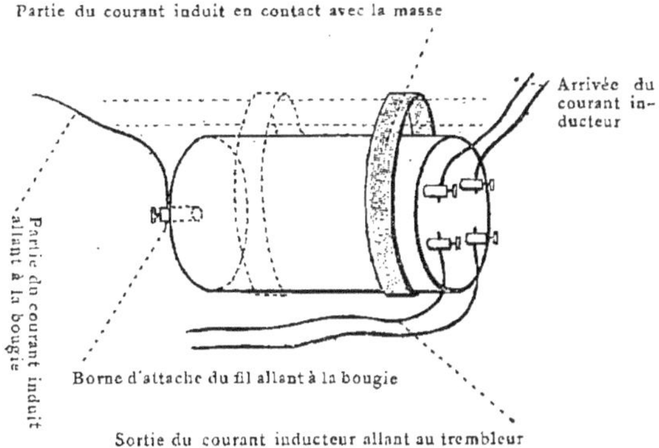

Fig. 81

Réfléchissant avec raison que, si rapides que soient les mouvements de va-et-vient du trembleur de la bobine, si rapide par conséquent que soit la succession des étincelles, il pourrait arriver parfois que le temps exact où l'allumage du mélange devait avoir lieu, ne coïncidât pas avec celui d'une étincelle ; que la fin de la compression, par exemple, eût lieu à une période neutre, entre deux étincelles, et que par suite un « raté » dans l'allumage se produisît, ces messieurs ont retiré de la bobine l'interrupteur et l'ont placé sur le moteur lui-même.

Ce n'est plus, par conséquent, l'aimantation produite par le courant de la pile qui actionne le trembleur, au petit bonheur des besoins du moteur. C'est le moteur qui se sert lui-même et qui, tous les deux tours, s'envoie à lui-même dans la tête, et à coup sûr, la petite étincelle qui contribue à sa vie !

Ce report, sur le moteur lui-même, du trembleur qui d'ordinaire est fixé à la bobine elle-même, a obligé nécessairement les constructeurs à rejoindre, par d'assez longs fils, le trembleur à sa bobine. D'où une complication plus apparente que réelle.

Leur dispositif, représenté très succinctement mais très suffisamment par la figure 81, est ainsi compris :

Le courant inducteur — venant des piles ou des accumulateurs — arrive sur une des faces de la bobine par les fils que nous voyons en haut à droite (1). Il parcourt les spires de gros fil et, par les fils du bas, s'en va au trembleur qui, tous les deux tours du moteur, le laisse passer et le coupe aussitôt.

Les spires du fil induit, plus fin, enroulées dans la bobine autour de l'inducteur, aboutissent : pour l'un des pôles, à une borne située sur l'autre face de la bobine, au centre ; pour l'autre, à l'un des deux cercles métalliques qui supportent la bobine accrochée au pont.

⁂

Comment les deux extrémités de ce fil induit, qui semblent si lointaines l'une de l'autre, sont-elles rapprochées au point qu'entre elles jaillisse la petite étincelle d'allumage ?

Les deux parties du courant induit se rejoignent en réalité, et on le comprendra très aisément si on me prête quelque attention, par l'organe de la *bougie* dont la figure 82 donne à droite une petite coupe.

La première partie du courant induit atteint la bougie

(1) En avant, dans le type 1 ch. 3/4.

par le moyen d'un fil recouvert de substance très isolante. On le voit traverser en ligne droite la partie centrale de la bougie qui est faite de porcelaine ou substance analogue, isolante, et résistante à la chaleur. Cette première portion de courant parvient donc ainsi jusque dans la tête du moteur, là où le mélange explosif est admis. Elle est terminée par une pointe de platine, métal très bon conducteur de l'électricité.

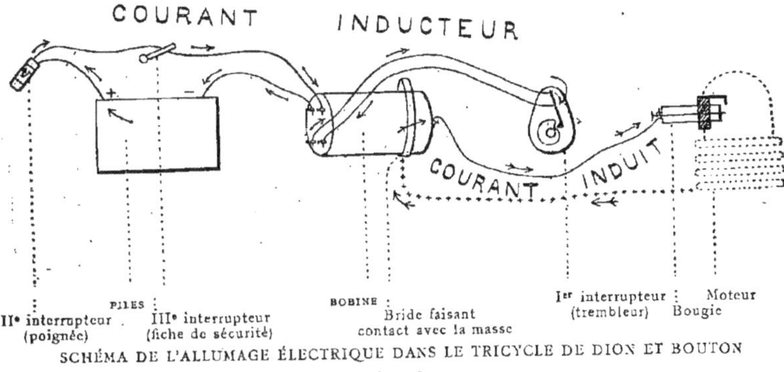

SCHÉMA DE L'ALLUMAGE ÉLECTRIQUE DANS LE TRICYCLE DE DION ET BOUTON

Fig. 82

Presque en contact avec elle, à un millimètre de distance seulement, une seconde petite pointe se dresse, légèrement recourbée afin de l'approcher de plus près. C'est là la pointe qui amène la deuxième portion du courant induit. C'est entre elles deux que jaillira l'étincelle.

Cette seconde portion n'est pas amenée à la bougie par un fil. On remarquera que la petite pointe courbe est montée sur un écrou d'acier formant bague autour de la bougie (la porcelaine le traverse, isolant de lui le fil qu'elle renferme); écrou d'acier, bon conducteur d'électricité par conséquent, qui est vissé dans le moteur tout en fonte, substance conductrice également ; lequel est monté, par des écrous et pattes métalliques, sur le pont du tricycle, toutes substances conductrices. Il suffit donc que l'un des pôles du courant induit soit en contact avec l'un des cercles métalliques qui attache la bobine au tricycle pour que, par l'enchaînement des organes que nous venons d'énumérer, le courant s'établisse jusqu'à la pointe recourbée. L'un des pôles de l'induit est donc relié à la bougie par un fil ; l'autre, par la *masse* même du tricycle, un fil étant superflu.

La *bougie*, que représente à grandeur vraie la figure 83, est une des pièces délicates de l'allumage. Je me hâterai d'ajouter que ses infidélités se corrigent facilement : il suffit d'avoir dans sa sacoche une bougie supplémentaire. L'échange se fait en trois minutes.

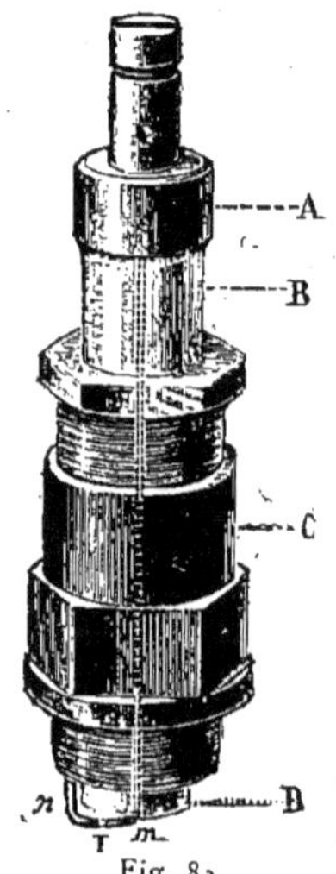

Fig. 83

Nous avons vu que la bougie est un organe au bout duquel jaillit l'étincelle qui enflamme le mélange détonant. La tête de la bougie est donc, lorsque l'organe est en place, en saillie légère dans la chambre d'explosions. Nous avons vu également que le courant induit, dont la rupture donne l'étincelle, arrive à la bougie d'un côté par un fil extérieur, de l'autre par une succession de contacts métalliques depuis la bobine jusqu'à la tête du moteur. Il faut donc que les deux parties du courant induit ne se rencontrent en aucun point de leur parcours, car l'électricité, prenant toujours le chemin le plus bref, passerait par le court-circuit ainsi créé et ne se donnerait pas la peine d'aller jusqu'à la pointe de la bougie ; l'étincelle ne jaillirait pas. C'est dire que le fil intérieur de la bougie (celui qui prend naissance à la borne de cuivre A et qu'un pointillé indique sortant en *m*) est très sérieusement protégé par une enveloppe de porcelaine BB contre tout contact avec l'extérieur de cette bougie, extérieur qui, vissé sur le moteur, fait partie de la masse.

Dès lors la structure de la bougie est aisément compréhensible. Une colonne de porcelaine BB renferme un fil A*m*. Elle est maintenue en place dans l'ensemble par un écrou à six pans (entre les lettres B et C) auquel *jamais* le cavalier ne doit toucher sous peine de déranger la position du fil en *m*. Le tout est monté sur un culot métallique formant lui-même (entre les lettres C et B) un gros écrou à six pans qui sert à visser la bougie sur le moteur. Les filets du pas de vis portent un petit crochet de platine *n* qui s'approche de la partie *m* jusqu'à 1 millimètre. C'est dans ce minime intervalle T que l'étincelle jaillit.

Le dispositif de la bougie peut évidemment être bien varié. Le principe de l'isolement des deux parties du courant induit ne varie toutefois jamais.

*
* *

Il nous reste à étudier quelques particularités du courant inducteur.

Ainsi que nous l'avons vu, le courant est interrompu par le trembleur. Ces interruptions sont indispensables à la production des étincelles, nous l'avons également vu.

Mais le passage du courant doit encore être soumis à la volonté du conducteur du véhicule qui n'a d'autre moyen d'arrêter le moteur qu'en empêchant les étincelles de jaillir et par suite les explosions de chasser le piston. Il a donc fallu imaginer un *deuxième* interrupteur, commandé par le cavalier, celui-là, et qu'il eût constamment sous la main. Les constructeurs l'ont placé dans la poignée gauche du tricycle ; un déplacement de la main d'un huitième de tour de la poignée interrompt le courant.

MM. de Dion et Bouton ont en sus placé dans le circuit de l'inducteur un *troisième* interrupteur, que d'autres constructeurs ont supprimé, et qui est tout à fait facultatif Je l'appellerai interrupteur de sécurité et de sûreté à la fois.

Il consiste en une petite fiche de cuivre qu'on peut retirer et mettre dans sa poche, et dont la présence sur le tricycle est indispensable à la réunion des deux extrémités du fil coupé en cet endroit. La fiche retirée, aucun mauvais plaisant ne peut utiliser le tricycle puisque le courant inducteur n'atteint pas la bobine et que, par conséquent, l'étincelle ne peut jaillir. A moins, toutefois, que le malin ne possède une fiche analogue ou un bout de métal de diamètre sensiblement égal ! — Cet interrupteur est donc d'une « sécurité » relative.

Sa « sûreté » est plus efficace. Il arrive, en effet, que le cavalier rentre sa machine à la remise un peu hâtivement. La poignée-interrupteur est, par mégarde, restée sur le contact. Le courant passe donc. Si la malchance veut que le trembleur-interrupteur soit dans l'encoche de la came, c'est-à-dire soit, lui aussi, sur le contact, le courant passe toute la nuit en pure perte. Les accumulateurs se vident, les piles s'usent. Et peut-être le tricycle ne fonctionnera-t-il plus le lendemain.

La petite fiche de cuivre sauve les étourdis de cette désagréable surprise — à la condition toutefois qu'ils ne soient pas assez étourdis pour la laisser sur le tricycle !

L'interrupteur-poignée est représenté par la figure 84. Extérieurement, il a la forme d'une poignée ordinaire. Les seules différences apparentes consistent d'une part en ce que cette poignée porte une manchette nickelée pourvue d'un petit indice qui s'arrête soit sur le mot *marche*, soit sur le mot *arrêt*, gravés dans le guidon ; de l'autre, en ce que cette poignée peut faire sur elle-même un quart de tour sous la poussée de la main.

Si nous faisons une coupe dans cette poignée, nous constatons que deux fils, maintenus en place par la rondelle fixe B, la traversent en long. Ils arrivent ainsi jusqu'à elle, passant invisibles dans le guidon. Mes lecteurs ont compris déjà que c'est le courant venu d'un des pôles des piles ou des accumulateurs qui arrive par l'un de ces fils et s'en va par l'autre. Ces deux fils sont terminés chacun par une tête plate de cuivre ; deux

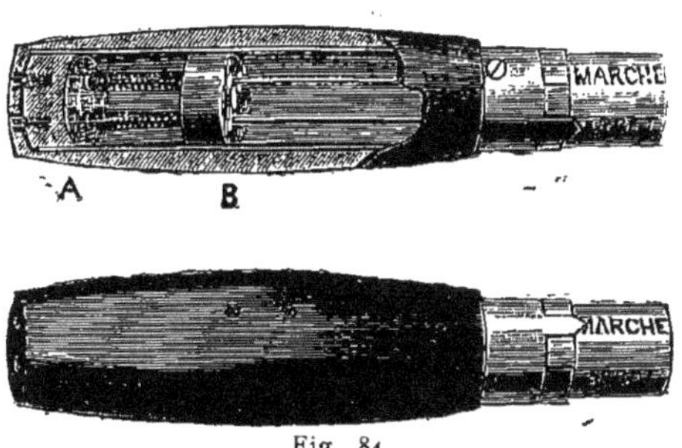

Fig. 84

ressorts à boudins prenant appui sur la rondelle B tendent continuellement à appliquer ces têtes sur la pièce faisant interrupteur, A qui leur est opposée.

Cette pièce A est de substance isolante. Par conséquent, la tête de cuivre amenant le courant a beau faire contact parfait avec cette pièce, la seconde tête ne peut être mise en communication avec elle et faire suite au courant. La figure du haut indique cette situation. Le courant ne passe pas.

Mais remarquons bien que A porte en son milieu une petite plaque de cuivre (horizontale dans la figure du haut), et que A fait d'ailleurs corps avec la poignée par les deux vis de l'extrémité. Si donc nous tournons d'un quart la poignée, nous tournons d'un quart également la pièce A. La petite plaquette devient verticale, et instantanément, le cuivre étant conducteur de l'électricité, le courant passe d'une tête à l'autre. L'indice se trouve alors à la marche.

L'interrupteur de sécurité, la fiche de cuivre (fig. 85) est peut-être plus simple encore. L'inspection seule de la gravure en fait comprendre la disposition. Le fil qui ramène le courant qui vient de passer par la poignée, est sectionné. Une pièce d'ébonite, fixée au tube par un collier, porte deux bornes qui reçoivent chacune une des extrémités de ce fil et qui sont continuées l'une et l'autre par un peu de ruban métallique courbé en crochet. Ces deux crochets antagonistes ne se touchent pas ; le courant ne peut donc passer. Mais ils forment un vide circulaire dans lequel nous pouvons glisser la fiche de cuivre ; le courant passe aussitôt. L'élasticité des deux crochets-ressorts maintient solidement en place cette petite pièce.

Fig. 85

***

Nous terminerons l'étude de l'allumage électrique par un schéma récapitulatif de la position des fils dans le tricycle de Dion et Bouton. La figure que j'ai dressée sous le n° 86 servira à mes lecteurs à suivre ce résumé.

Le courant inducteur partant du pôle positif (à droite sur la figure) traverse le guidon et la poignée gauche (qui l'arrête ou le rétablit) et revient longer le tube horizontal du tricycle.

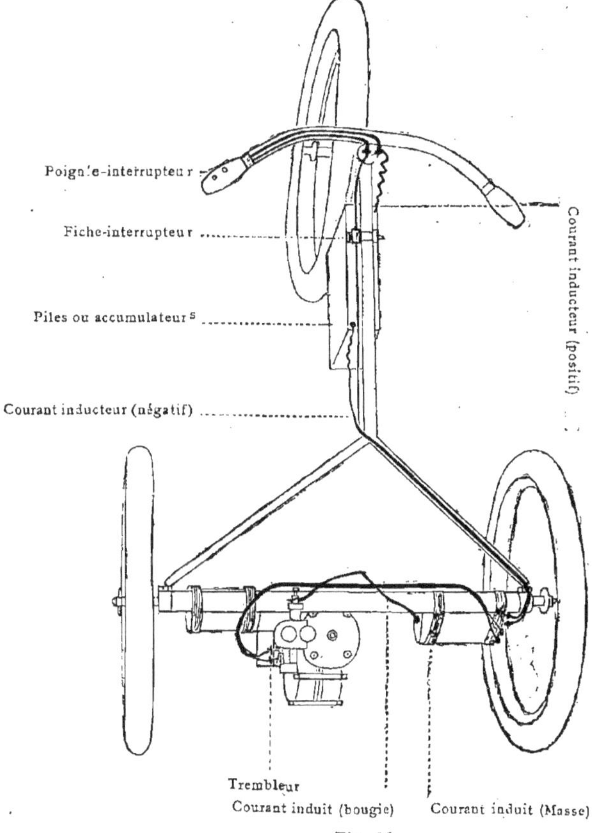

Fig. 86

Le guidon porte en son centre deux petites bornes de cuivre qui ne servent qu'à rendre au besoin le guidon détachable du tricycle, en cas d'une réparation, sans qu'on soit obligé de couper les fils.

Le courant positif, revenant du guidon et longeant le tube supérieur du tricycle, arrive à la fiche-interrupteur (qui l'arrête ou le rétablit) et chemine maintenant parallèlement avec le courant venu du pôle négatif. Les constructeurs ont soin d'entourer les deux fils (isolés chacun dans leur gaine) d'une seule enveloppe qui leur permet de passer facilement à travers le tube d'arrière (droite) pour arriver à la bobine.

Isolés alors pour être montés sur les bornes d'arrivée et de départ, ces fils sont de nouveau réunis sous une même enveloppe pour aller, en passant sur le pont du tricycle, jusqu'au trembleur (1).

Il n'y a aucun inconvénient à ce que le sens du courant inducteur soit changé, que le pôle négatif passe aux bornes du positif, et réciproquement.

L'unique fil du *courant induit* va de la bobine (côté gauche), à la bougie.

(1) Dans le type 1 ch. 3/4 à cloche ces fils passent dans le pont.

IV. — LE PÉDALIER DU TRICYCLE A PÉTROLE

Les pédales qui entraînent le train moteur, et le train moteur qui n'entraîne pas les pédales !... Ce mécanisme bien simple paraît à plusieurs renfermer quelque sortilège. Démontons donc un de ces pédaliers et regardons ce qu'il renferme.

Fig. 87

Le pédalier, lorsque la chaîne en est retirée et qu'il est lui-même sorti de la boîte qui le fixe sur le châssis, se présente sous la forme de la figure 87. Il est constitué essentiellement par une sorte d'épaisse boîte ronde qui porte sur son grand diamètre une couronne dentée, et dans le centre de laquelle passe un axe qui, à chaque bout, porte une manivelle.

On remarquera sur le côté gauche l'excentrique qui, logé dans la boîte fixe du châssis, sert à tendre ou détendre la chaîne selon les besoins.

Retirons la manivelle qui nous fait face. Retirons également la plaquette ronde, tenue par des vis, qui enferme le mécanisme. Voici (fig. 88) une vue exacte de l'intérieur du pédalier, à une échelle plus grande afin que les détails apparaissent mieux.

L'arbre que meuvent les manivelles n'est pas directement et indissolublement lié à la couronne dentée comme dans un tricycle ordinaire. La couronne, et la boîte qui la porte, sont montées sur cet arbre à frottement doux, c'est-à-dire qu'on pourrait (avant la pose des pièces que nous allons indiquer) faire tourner à la main cette boîte autour de l'axe et dans le sens qu'on voudrait.

L'intérieur de cette boîte porte circulairement un rochet, ou autrement dit une succession de crans égaux dont un côté est en pente et l'autre sensiblement vertical. Si nous promenons un petit bras métallique à l'intérieur de ce rochet, nous constatons que, dans un sens, ce bras glisse successivement sur tous les crans et que, dans l'autre sens, au contraire, il accroche le premier

Fig. 88

cran qu'il rencontre, appuye sur sa face verticale qui l'empêche d'aller plus loin, et par conséquent entraîne le rochet avec lui.

L'axe du pédalier en question porte non pas un seul de ces petits bras qui, à la rigueur, n'ont aucunement besoin d'être multiples; mais bien trois, pour plus de sécurité et une meilleure répartition de l'effort. Ces bras 1, 2 et 3 sont d'une part logés chacun dans une fente correspondante 1, 2 et 3, où ils peuvent se déplacer un peu; et d'autre part sont, par l'effet de ressorts à boudins, appliqués contre la denture du rochet.

Observons bien ce qui se passe lors de la mise en

marche : la manivelle figurée dans la figure 88 monte en entraînant les trois petits bras qui sont fixés sur cet axe. Les trois bras donc, aussitôt que les pieds pèsent sur les pédales, glissent chacun dans une dent. Chacun rencontre la face verticale de cette dent et se cale contre elle. Chacun pousse cette dent et nécessairement entraîne avec elle toute la couronne, c'est-à-dire la chaîne qui commande le train d'arrière. Le train d'arrière, solidaire du moteur, le met en branle; les quatre temps se produisent, et le moteur commence son travail.

Mais presque aussitôt, le mouvement que le moteur imprime au train arrière, et à la chaîne qui est montée sur ce train, devient plus rapide que celui des pieds; si bien que le rochet est entraîné par la chaîne trop vite pour que les trois petits bras (mus par les pieds plus lents du cavalier) puissent s'appuyer sur la face verticale des dents. Au contraire, la face inclinée des dents leur passe sur la tête, fait fléchir légèrement les ressorts qui ramènent les petits bras, lesquels de nouveau, fléchissent, et ainsi de suite. Les pieds du cavalier n'ont plus d'appui sur les dents et peuvent désormais tourner aussi librement en avant qu'en arrière ; ils se contentent généralement de pendre verticalement, en équilibre, l'un en haut, l'autre en bas.

Dès que le tricycle ralentit suffisamment pour que les jambes du cavalier puissent mouvoir les petits bras assez rapidement, les trois petits bras se calent de nouveau chacun contre la paroi verticale d'une dent et reprennent l'entraînement du tricycle.

Ce dispositif est bien peu compliqué, on le voit. Il est l'application au tricycle du rochet si connu en mécanique.

Le graissage de cet organe se fait par un petit trou, bouché par une vis, et qui se trouve généralement sur la face interne du pédalier.

V. — LE TRICYCLE DE 1 CHEVAL 3/4, TYPE 98

Un an après l'apparition du type 1 cheval 1/4, MM. de Dion et Bouton mettaient sur le marché leur type de 1 cheval 3/4 que représente la figure 89, qui n'était que l'amélioration de leur moteur précédent et la préparation du type dit « à cloche » qu'ils exploitent actuellement.

Le « cheval 3/4 » ancien modèle se rencontre assez fréquemment. On voit tout de suite que bien peu de changements différencient ce moteur de celui que nous venons d'étudier.

Extérieurement, l'unique différence consiste en une disposition autre de la soupage d'admission. Cette soupape n'est plus placée *à côté* de sa sœur d'échappement, mais *au-dessus d'elle*, et la tête en bas, le ressort et la tige en l'air par conséquent. Le tube d'admission aboutit au moteur non plus sur le côté, mais par le dessus ; il cache aux yeux le ressort et la tige de la soupape d'admission. La bougie est vissée dans la tête du moteur, entre les deux soupapes, un peu plus en biais que dans le moteur de 1 cheval 1/4.

La chambre de sûreté a été reportée à la sortie même du tube d'admission, dans les parois du carburateur.

Le petit cylindre lisse, terminé en bas par un robinet, que l'on aperçoit en arrière du cylindre à ailettes, n'est pas plus indispensable à ce moteur nouveau qu'il ne l'était au moteur précédent. Ce n'est autre qu'un réservoir d'huile, non un graisseur proprement dit, qui renferme une ou deux mesures d'huile nécessaire à la lubrification du moteur (1).

Une modification heureuse a été apportée aux deux

(1) Voir plus loin l'*Utilisation du tricycle à pétrole*.

manettes d'ouverture du robinet de compression et de réglage du point d'allumage. Toutes deux sont reportées à l'avant du tricycle (voir la figure). Elles com-

Fig. 89

mandent leurs organes par le moyen de renvois ou de genouillères. Les quatre manettes sont ainsi placées sous la main du cavalier, qui n'a plus à se baisser pour les manœuvrer.

La boîte noire que l'on voit dans le cadre, en avant du réservoir-carburateur, n'est pas une pièce particulière au tricycle de 1 cheval 3/4. Elle se trouve sur beaucoup de tricycles de toutes puissances. C'est une boîte formant, dans le haut, en son milieu, un logement pour les piles, et sur les côtés, ainsi qu'en bas, un double réservoir pour l'essence. Mais ce type de double réservoir est aujourd'hui abandonné.

*
* *

Le moteur de 1 cheval 3/4 est un peu plus gros que son prédécesseur. L'alésage du cylindre qui n'était que de 58 millimètres dans le moteur de 3/4 de cheval, de 62 millimètres dans celui de 1 cheval 1/4, est ici de 66 millimètres.

L'épaisseur des parois du cylindre est de 3 millimètres comme dans les types précédents.

La course du piston n'a pas changé. Elle est toujours de 70 millimètres.

Les ailettes sur le cylindre étaient au nombre de 17 dans les modèles 3/4 et 1 cheval 1/4, et mesuraient respectivement 15 et 17 millimètres de profondeur. Dans le type de 1 cheval 3/4, elles sont au nombre de 16 et ont une profondeur de 19 millimètres.

Quant aux attaches du nouveau moteur, elles n'ont pas changé. Il est donc possible de substituer un moteur de 1 cheval 3/4 (ancien type) à un moteur précédent. Il faut alors changer le carburateur (à cause de la chambre de sûreté), la culasse, le cylindre et le piston.

VI. — LE TRICYCLE DE 1 CHEVAL 3/4, TYPE « A CLOCHE ».

Le moteur actuel que construisent MM. de Dion et Bouton pour leurs motocycles est de la puissance de 1 cheval 3/4 et du type dit « à cloche », pour le distinguer du type précédent.

Ce modèle (fig. 61 et 90) ne diffère pas de l'ancien par la puissance du moteur qui est restée la même (bien que le dispositif de la *cloche* accroisse cette puissance de 7 à 8 kilogrammètres par seconde, ainsi que nous le verrons); mais seulement par quantité de perfectionnements de détails. Le moteur de 1 ch. 3/4 (type 98) ne différait du moteur de 1 ch. 1/4 que par la forme de la culasse et par l'alésage du cylindre; les volants et la distribution restant identiques. Le moteur de 1 ch. 3/4 (type 98-99) diffère de lui par nombreux points.

Le perfectionnement le plus important qui ait été apporté au moteur consiste en une *cloche* que l'on aperçoit au-dessus de la boîte à soupapes et qui est dite *cloche de la tubulure d'admission.*

La cloche de la tubulure d'admission, a pour raisons d'être, à la fois l'accès rapide des soupapes, et le refroidissement de la tubulure.

Pour atteindre les soupapes, dans le dispositif de 1 cheval 1/4, mes lecteurs se souviennent qu'il suffit d'enlever les bouchons à vis situés sur la culasse. Une seule clé spéciale est nécessaire.

Dans le modèle suivant, le cheval 3/4 (type 98), l'opération est un peu plus longue. En effet, pour découvrir par exemple la soupape d'échappement, il faut desserrer de quelques tours l'écrou réunissant le tube d'admission au carburateur, dévisser l'écrou qui réunit ce même tube au siège de la soupape d'aspiration par l'intermédiaire encore d'un autre écrou à chapeau; dévisser l'ensemble de la soupape d'aspiration et de son siège dont les bords extérieurs filetés le réunissent à la paroi supérieure de la boîte des soupapes; opération un peu minutieuse qui vous découvre enfin la soupape d'échappement.

De même, pour visiter la tige de la soupape d'aspiration et le ressort à boudin, il est encore nécessaire de dévisser l'écrou à chapeau.

Le travail n'est évidemment pas considérable ; mais

Fig. 90

il y a certainement intérêt, pour un constructeur avisé, à l'épargner désormais le plus possible à ses clients.

La fig. 91 montre une coupe de cette *cloche de tubulure d'admission* et de la boîte des soupapes.

Décrivons l'ensemble en partant du bas, c'est-à-dire dans l'ordre de la mise en place des pièces :

Les soupapes sont identiquement placées comme dans le dernier modèle, la soupape d'échappement au fond de la boîte et la soupape d'aspiration au-dessus, la bougie venant faire jaillir l'étincelle entre les deux.

La figure montre encore, dans le bas, le tube d'échappement amorcé. Sur la gauche, la paroi est évidée, formant conduit pour le passage, soit des gaz neufs qui vont au moteur, soit des gaz brûlés qui en reviennent, ainsi d'ailleurs que l'indiquent les flèches.

L'ensemble de la soupape d'admission et de son siège n'est plus vissé dans la paroi de la culasse, mais simplement posé au-dessus du trou d'aspiration, sur une portée plane; entre les deux est interposée, pour assurer un joint parfait, une petite rondelle d'amiante qui n'a pas été figurée sur le dessin.

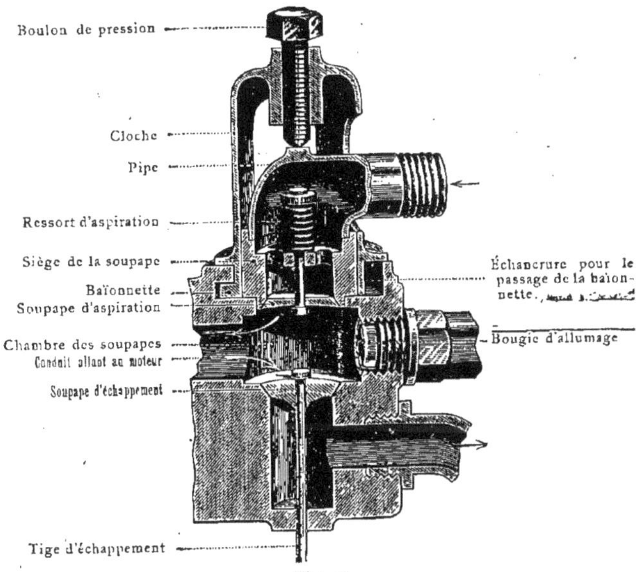

Fig. 91

Cet ensemble est recouvert par un tube recourbé ressemblant assez bien à la cheminée d'une pipe. — Mais comment ces deux pièces, qui se recouvrent l'une l'autre (soupape et pipe), vont-elles tenir en place? C'est ici qu'intervient la *cloche*.

La *cloche* est une pièce métallique qui affecte sensiblement la forme d'une sonnette dans les parois de laquelle on aurait pratiqué trois larges fentes verticales. La partie basse et large de la sonnette entre dans un logement spécial qui lui est ménagé dans la culasse. Il suffit de l'y faire pivoter d'un sixième de tour pour que, par un emmanchement à baïonnette, elle y soit fixée très solidement.

Voici donc une pièce rigide qui va nous permettre de consolider les deux pièces superposées (soupape et pipe). En effet, la partie supérieure de cette sonnette porte un boulon dont la pointe va faire pression sur la pipe et, par suite, sur l'ensemble de la soupape d'admission. L'étanchéité est parfaite. Elle est ainsi obtenue par la seule pression, sans vissage aucun et sans aucun joint.

La figure montre en coupe, à gauche, le tronçon du filet inférieur de la cloche engagé sous le filet creux ou *mortaise* de la boîte des soupapes, et à droite, la mortaise et l'échancrure, mais sans tronçon.

Pour atteindre les soupapes, voici donc comment nous devons procéder :

Tout d'abord, nous séparerons le moteur de son tube d'admission ; nous dévisserons donc l'écrou réunissant le tube d'admission au tuyau en forme de pipe. Puis nous dévisserons de quelques tours le boulon supérieur de la cloche ; nous tournerons cette cloche d'un sixème de tour et l'enlèverons. La soupape d'admission et son siège sont simplement posés, nous venons de le voir; donc nous l'enlèverons purement et simplement. La soupape d'échappement apparaît dans le fond. Si nous voulons la retirer, il nous suffit d'enlever le ressort et d'attirer la soupape à l'aide d'un fil de fer fin.

Pour remonter les soupapes, la manœuvre est inverse, manœuvre bien simple, n'est-ce pas ?

*
* *

Le second avantage de la cloche est d'améliorer le refroidissement de la soupape d'admission et de la tubulure d'admission des gaz. A chaque aspiration il se produit une admission de gaz d'un poids un peu plus grand puisque ce gaz est plus froid. Le moteur a, de ce fait, sa puissance augmentée de quelques kilogrammètres par seconde. Cette amélioration dans le refroidissement est obtenue, on le voit, tant par le rayonnement de la surface relativement grande de la cloche, que par le courant d'air qui passe par ses évidements et par l'isolement relatif de la soupape vis-à-vis de la culasse à l'aide du joint d'amiante.

Le poids des volants a quelque peu été augmenté dans ce nouveau modèle. L'axe du moteur a été légèrement diminué pour permettre le clavetage de pignons de onze dents seulement, à volonté. Si j'ajoute que, d'autre part, la distance entre le pont du tricycle et l'axe des roues motrices permet de placer une couronne dentée sensiblement plus grande qu'autrefois, on comprendra que les nouveaux tricycles de Dion et Bouton possèdent un avantage incomparable : celui de gravir aisément toutes les côtes. En effet, la puissance du moteur est accrue et la démultiplication est plus grande qu'autrefois !

D'ailleurs ces tricycles s'établissent maintenant avec *trois* « rapports » au choix. Si vous aimez les folles vitesses, demandez le rapport de course (mais vous pédalerez ferme dans les côtes !). Si vous vous tenez entre la vitesse folle et le tourisme sage, choisissez le rapport mixte. Si vous vous contentez d'un bon trente à l'heure et que vous désiriez monter, sans pédaler, de fortes rampes — tout en remorquant une voiturette chargée — exigez le rapport « touriste », et vous vous en féliciterez. (Course : 15 × 102 ; moy. : 13 × 104 ; touriste : 11 × 106.)

∴

Le nouveau tricycle à pétrole modèle 99 n'a pas été amélioré seulement dans son moteur. La partie « transmission » a été notablement perfectionnée. La partie « vélocipédie » elle-même a subi d'heureuses modifications.

On se souvient que, dans le modèle 1 ch. 1/4, de même que dans le modèle 1 ch. 3/4 qui n'était que l'amplification du premier, le pignon calé sur l'axe moteur, et la roue dentée de bronze calée sur l'axe des roues motrices, s'engrenaient à nu, c'est-à-dire qu'aucune enveloppe ne les protégeait contre la poussière, l'eau et la boue. Leur graissage était difficile, aucune substance n'adhérant bien aux dents, ou toute substance, si elle adhérait, formant vite avec la poussière un cambouis émerisé qui rongeait le métal.

Les enveloppes plus ou moins protectrices qu'on avait appliquées sur ce point sensible ne présentaient pas assez de solidité. On sentait qu'elles n'étaient pas « nées » avec le tricycle.

MM. de Dion et Bouton ont imaginé un carter très robuste qui, formant presque partie du bâti du tricycle, est à la fois un préservatif contre les impuretés de la route et une vaste boîte à graisse. A ce dernier effet (voir fig. 90), ce carter porte, dans sa partie basse, au-dessus du renflement où se loge le pignon, un écrou qui forme bouchon d'une large entrée ménagée pour le corps graisseur. On défait ce bouchon ; on s'arme d'une spatule et d'un pot de vaseline ou de graisse consistante, et copieusement l'on bourre le carter. En voilà pour six mois ! — On voit que cette amélioration a du bon.

Mes lecteurs remarqueront, sur la même figure, que l'axe des roues motrices semble beaucoup plus épais qu'il ne l'était autrefois. Ce n'est pas là véritablement l'axe des roue motrices qu'ils ont sous les yeux, mais simplement un fort tube qui sert d'enveloppe à cet axe. Ce tube nécessairement ne tourne pas; il maintient l'écartement entre les coussinets. L'axe tourne dans lui. La coupe de la figure indique ce dispositif, qui n'a été imaginé que pour accroître la rigidité du véhicule et pour simplifier les réparations du train d'arrière.

Dans l'ancien modèle, lorsque besoin était de démonter les deux parties de l'axe arrière, il fallait obligatoirement démonter en entier le différentiel dont il était solidaire. Ce travail était assez difficile et assez grand.

Dans le nouveau modèle, il est très diminué. Chacune des deux parties de l'axe est enfermée dans un tube. Prenons par exemple l'axe de commande de la roue de gauche. Cet axe est supporté par des roulements à billes dont les boîtes se vissent à chacune des extrémités du tube dont nous venons de parler. Ce sont des *roulements trois points* évitant tout glissement.

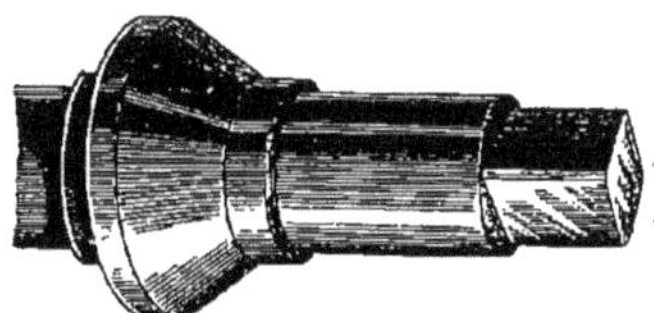

Fig. 92

Cet ensemble se présente un peu comme l'ensemble des pièces formant l'axe du pédalier d'une bicyclette et que tous mes lecteurs connaissent : un axe intérieur à deux cônes opposés et deux boîtes à billes. Pour régler les roulements, il suffit d'agir sur une seule des boîtes, la boîte extérieure, puisque l'autre en est solidaire. La simplicité du réglage est donc réelle.

La simplicité du démontage l'est tout autant. En effet l'axe (c'est la portion gauche que nous continuons à examiner) porte à son extrémité droite une partie carrée qui vient s'engager dans un creux correspondant qui a été ménagé dans le centre de la roue dentée. La roue dentée (entraînée par le pignon) entraîne donc la portion droite et la portion gauche de l'axe moteur, par l'effet seulement de son emboîtement sur l'une et l'autre de ces portions d'axe.

La figure 92 montre la partie de l'axe que nous examinons ; la pièce carrée, à l'extrémité ; un peu à gauche, le cône sur lequel viennent rouler les billes. Le cône qui se trouve à l'autre extrémité est naturellement en sens contraire.

L'axe de la roue de droite porte également à son extrémité gauche une partie carrée qui vient s'engager dans la boîte du différentiel. Même méthode.

En somme, par ce procédé, non seulement la manipulation de l'axe moteur se rapproche davantage du système vélocipédique connu, mais encore le roulement est manifestement amélioré par la meilleure connexion des boîtes à billes entre elles.

Le frein dit *à cuiller*, qui agissait sur le pneumatique de la roue directrice, a été remplacé par un frein à bande qui agit sur un tambour placé à gauche de l'axe de la roue directrice.

Le frein d'arrière, également à bande et à tambour, a été maintenu. Mais le diamètre du tambour a été augmenté. L'efficacité de ce frein en est donc d'autant accrue.

Ce nouveau modèle se caractérise en conséquence par trois points : robustesse, simplification et ascension des côtes.

VII. — L'UTILISATION DU TRICYCLE A PÉTROLE

Étudions maintenant les préliminaires de ce qu'on peut appeler l'éducation du "motocycliste" sur la route. Nous allons mettre notre appareil en ordre de marche et en faire le premier essai.

Plus tard, nous le conduirons sur la route et nous assisterons aux « pannes » que notre inexpérience lui procurera. Nous apprendrons ensemble les remèdes à apporter à ces petits maux.

*
* *

Si le tricycle vous a été vendu par un agent ou par un ami, il vous est livré sur ses roues et en ordre de marche. En selle donc immédiatement.

Mais si le tricycle vous a été expédié par une usine, il vous arrive dans sa caisse. Faites-la ouvrir avec soin, sans pesée, afin qu'aucune pièce ne soit faussée ni qu'aucun fil ne soit rompu. Tirez la machine dehors et garnissez-la de son guidon ; placez-le à la hauteur qui vous convient, ainsi que la selle. Fixez les fils aux deux bornes que porte le guidon en son milieu.

Généralement la caisse en bois renferme, dans une boîte qui lui est fixée, la sacoche avec son contenu et les accumulateurs ou les piles (1). Placez la sacoche où vous voudrez sur la machine (le plus souvent près de la bobine), en ayant soin que ses courroies ne brisent pas un fil ou ne gênent pas le jeu d'une articulation, celle du frein par exemple.

(1) Les accumulateurs *à liquide non immobilisé* sont toujours expédiés sans liquide. Pour les remplir à l'arrivée, il est nécessaire de soins tout spéciaux dont une notice *ad hoc* donne l'explication. — Les accumulateurs de cette sorte sont d'ailleurs de plus en plus abandonnés. Les piles sont bien préférables au point de vue pratique.

Quant aux accumulateurs ou piles, placez-les dans la boîte métallique qui leur est destinée et établissez la communication de leurs deux pôles avec leurs fils.

*
* *

Vous alimenterez ensuite votre moteur. A cette fin, il vous suffira d'avoir fait emplette d'un bidon de deux ou cinq litres d'essence minérale à 680° et d'un petit bidon d'huile spéciale.

Le réservoir-carburateur étant bien vidé de toute vieille essence qui aurait pu servir aux essais du constructeur (et vous pourrez vous en assurer en enlevant la vis qui se trouve à gauche dans le bas de cet organe), vous placerez, dans l'orifice fermé par un bouchon de liège, un entonnoir propre dont l'intérieur soit de préférence garni d'une toile métallique, et vous verserez environ 1/2 litre d'essence, quantité suffisante pour un début.

Vous constaterez, en baissant presque à fond la cheminée, que le flotteur monte à mesure que vous versez le liquide. Lorsque vous aurez rempli le réservoir de la quantité d'essence que vous désirez, vous aurez soin de hausser ou baisser la cheminée de telle sorte que la tige du flotteur ne monte pas à plus d'un centimètre *au-dessous* de l'orifice de la cheminée. Et comme les trépidations produisent très fréquemment des modifications dans cette distance, vous prendrez la précaution de garnir le bas de la cheminée d'une bague de caoutchouc qui la serre fortement et l'empêche de descendre au-dessous de la position dans laquelle vous l'aurez placée.

La boîte qui renferme le double volant du moteur étant bien vide également (et vous vous en assurerez en dévissant, au bas de cet organe, l'écrou à oreille en cuivre qui s'y trouve, et en constatant qu'il ne tombe pas *une seule goutte* d'huile), vous placerez dans l'orifice supérieur que ferme un écrou à six pans, un entonnoir bien propre (sans tamis intérieur) et vous y verserez le contenu exact de la *mesure* d'huile que vous trouverez dans votre sacoche.

Cette mesure n'est pas fixée au hasard ; elle a été minutieusement étudiée. Il vaudrait cependant mieux verser dans les volants *un peu moins* d'huile *que trop*.

***

Le tricycle ainsi mis en ordre de marche, nous allons partir (1). Ne soyez pas ému, la bête est douce. Mettez-vous en selle, les pieds en place sur les pédales, et la poignée gauche indiquant le mot *Arrêt*.

En premier lieu, ouvrez le robinet de compression, car s'il vous fallait vaincre la compression de gaz que fait le piston, vous ne pourriez pas démarrer.

En second lieu, mettez verticales les deux manettes juxtaposées qui se trouvent devant vous, et assurez-vous que l'allumage est à son minimum d'avance.

Alors, pédalez un peu. Le tricycle est démarré par votre travail. Il faut lui substituer celui du moteur.

Tournez la poignée gauche sur le nom : *Marche*.

Votre main gauche quittera alors la poignée (toujours à *Marche*) et, la droite dirigeant le tricycle, elle déplacera lentement en avant ou en arrière la manette de carburation, cherchant dans quelle position exacte les explosions se produisent. Une explosion part tout d'un coup ! Vous y êtes. Puis deux, trois...

Immédiatement, fermez le robinet de compression.

Le robinet de compression étant fermé, les explosions se succèdent sans interruption. Elles sont moins bruyantes, car elles se passent toutes maintenant à l'intérieur du cylindre ; mais vous en sentez mieux la

(1) Ne pas oublier de placer la fiche de contact.

vigueur, et votre tricycle marche seul, à bonne allure. Déjà même vos pieds restent immobiles sur les pédales.

Vous voici parti. Réfléchissez maintenant aux phénomènes dont vous avez la commande sous les mains : sous votre main gauche, l'arrêt du moteur. Un huitième de tour de la poignée, et le courant ne passe plus. Sous votre main droite, l'arrêt du tricycle, le frein.

Devant vous, deux manettes. Celle de droite règle la carburation ; vous l'avez mise au point tout à l'heure. N'y touchez donc plus. Celle de gauche règle la quantité de gaz que vous admettez dans le cylindre. Le terrain est-il mauvais, incliné, en un mot jugez-vous que votre moteur ait à fournir un travail plus grand que tout à l'heure ? Donnez-lui plus de *force*, c'est-à-dire laissez entrer plus de gaz dans le cylindre. Poussez cette manette en avant. — Le terrain redevient-il meilleur ? Pourquoi consommer inutilement du gaz, c'est-à-dire de l'essence ? Ramenez en arrière cette manette : votre moteur n'a pas besoin de tant de force.

Sous votre selle (type 1 ch. 1/4) ou devant vous (type 1 ch. 3/4), une manette règle l'allumage. Rappelez-vous que l'avance d'allumage doit toujours varier avec la vitesse que prend votre moteur. S'il va plus vite, avancez davantage l'allumage ; s'il ralentit, réduisez l'avance.

Cette première « leçon de conduite » étant terminée, descendez de tricycle, ouvrez le robinet de compression et, par le haut du cylindre, injectez, au moyen d'une burette consacrée à cet usage, deux ou trois gorgées de *pétrole* (non d'essence cette fois) et conduisez à la main votre tricycle jusqu'à sa remise. Cette ration de pétrole n'a pour but que de *dégommer* les segments du piston, c'est-à-dire d'empêcher l'huile d'y sécher et de nuire à leur parfait fonctionnement.

VIII. — LES " PANNES " PRINCIPALES

Reprenons le tricycle dans sa remise et faisons une seconde promenade ; votre apprentissage sera terminé.

Tirons le tricycle au jour, assurons-nous qu'aucune pièce n'est dévissée. Versez dans les réservoirs l'essence utile, dégommez les segments, puis fixez la fiche de contact dans ses ressorts, et en selle !

Le tricycle ne part pas. — Si vous n'obtenez pas d'explosions, descendez.

La première fonction à visiter est l'allumage, car, neuf fois sur dix, c'est là que le mal est localisé. Il faut alors procéder par déduction.

Assurez-vous d'abord que les étincelles jaillissent. A cet effet, mettez la poignée sur *Marche*, puis enlevez la boîte de recouvrement du trembleur de façon à amener la masse de ce trembleur dans l'encoche de la came. Ensuite, défaites le fil de la bougie et, d'une main, présentez son extrémité dénudée à deux ou trois millimètres d'une partie quelconque du moteur, tandis que, de l'autre main, vous ferez vibrer le trembleur. Des étincelles doivent jaillir au bout du fil.

— 1° Si vous ne constatez pas d'étincelles, le défaut est peut-être dans la bougie. Démontez-la et voyez si ses deux pointes ne sont pas déviées, si elles demeurent distantes d'un millimètre, si la porcelaine n'est pas fendue, si le fil central n'est pas décémenté, etc.

En cas d'accident, changez de bougie. En cas d'intégrité, replacez la bougie à son poste, serrée à fond, et fixez-y le fil.

Si le mal gisait dans la bougie et que vous l'ayez réparé, remontez en selle ; le tricycle doit partir. Mais admettons que la bougie ait par vous été trouvée indemne. Le défaut existe alors dans la circulation électrique. Il n'y a pas de courant. Pourquoi ? Soit parce que les piles et accumulateurs ne débitent pas ou pas assez, soit parce qu'un fil est rompu.

Prenez une clé ou une pièce de métal et réunissez ainsi les deux bornes qui sont vissées sur l'ébonite de la pièce mobile. Si le courant passe, plusieurs petites étincelles jailliront à ce contact. Le mal est dès lors localisé entre ces bornes et la bougie, c'est-à-dire au trembleur.

Le *trembleur* peut avoir été dévié par une secousse. Défaites les écrous à main de la boîte du trembleur et examinez. Si le trembleur est dévié, repoussez-le en place et resserrez le boulon qui le maintient.

Il peut être trop ou pas assez serré contre la pointe de contact (vis platinée). En position normale, il doit, lorsqu'il est tombé dans l'encoche de la came, être *très légèrement* repoussé par la pointe du contact.

Il peut encore être fendu. Il perd alors toute élasticité et doit être changé. Il peut être engorgé d'huile, etc.

Mais tout est en ordre au trembleur. Remettez la boîte en place et voyons plus loin. Une rupture peut avoir eu lieu dans un fil. Vous parcourrez toute la circulation et visiterez principalement les points d'attache des fils avec les bornes de la bobine, avec celles de la came, avec la bougie, avec le guidon. Vous remonterez jusqu'aux piles.

Si vous n'avez trouvé aucune rupture dans les fils, concluez que les piles ne débitent pas. Vous constaterez leur débit à l'aide de *l'ampèremètre* (fig. 93). Les pôles de cet instrument étant mis en contact avec ceux des piles, l'aiguille doit indiquer au minimum 2 1/2. Au-dessous, le débit est insuffisant. Les piles neuves marquent généralement 5 et 6 ampères (1).

(1) Cet incident ne se produit évidemment pas lors d'une deuxième sortie, les piles pouvant normalement fournir jusqu'à 6,000 kilomètres, mais le cas est généralisé. — La différence de potentiel des *accumulateurs* est constatée à l'aide d'un *voltmètre*. Il ne faut jamais se servir d'un *voltmètre* pour mesurer les piles.

Pour se servir de l'ampèremètre, le moyen le plus simple consiste à appuyer les deux fils du petit instrument sur les deux bornes de la bobine marquées P, autrement dit sur celles qui sont le plus éloignées quand on se place derrière la machine et où se joignent les deux fils sortant du tube arc-boutant du tricycle. — *Nota bene* : il faut, bien entendu, que la cheville soit en place, la poignée sur *marche*, mais que le trembleur *ne se trouve pas* dans l'encoche de la came.

Fig. 93

Si par hasard l'ampèremètre démarquait, il faudrait inverser la pose des fils, les changer de bornes.

On peut également piquer *fortement* les deux aiguilles de l'ampèremètre dans les fils opposés des piles.

Si le débit des piles est bon, et qu'aucun accident n'ait été révélé dans la bougie, le trembleur et les fils, le mal ne peut siéger que dans la poignée. Le contact ne s'y fait pas. Démontez-la et assurez bien les pièces qui la composent en serrant suffisamment les vis que la trépidation a pu relâcher. (En route, n'ayant pas le loisir de démonter et remonter la poignée, on placerait simplement les deux fils du centre du guidon *sur une même borne* et l'on arrêterait alors les explosions non plus par l'allumage mais par la carburation qu'on rendrait à volonté bonne ou mauvaise.)

Toutes ces recherches, longues à expliquer, se font assez rapidement. D'ailleurs, le plus souvent, le défaut d'allumage réside dans la bougie ou dans le trembleur. Le mal est donc vite aperçu et réparé.

— 2° Les étincelles jaillissent normalement. Le tricycle ne part toujours pas. — Concluez que la carburation ne se fait pas ou se fait mal parce que l'essence est trop lourde ou ne se volatilise pas.

Cet incident se produit surtout en hiver. L'essence est évidemment moins volatile alors qu'en été et l'air qui est aspiré dans le réservoir-carburateur en ressort, pour pénétrer dans le cylindre, sans s'être suffisamment chargé de vapeur de pétrole.

Les remèdes qu'on préconise sont divers. Quelques-uns, qui ne doutent de rien, recommandent de placer sous le réservoir un tampon d'amiante imbibé d'essence afin de « réchauffer » le liquide. Je pense que ce remède dangereux ne doit être tenté qu'à la dernière extrémité, car il vaut toujours mieux retarder le risque, une fuite aidant, de faire sauter son réservoir.

Je préfère vider complètement le réservoir et y verser à nouveau de l'essence neuve à bonne température, c'est-à-dire enfermée dans un bidon logé d'ordinaire dans une pièce où il ne fasse pas froid. Je préfère également aider la carburation en versant par l'orifice de compression une gorgée ou deux d'*essence* ; le liquide s'y volatilise rapidement et, lorsque le piston fait son aspiration, la portion d'air se mélange instantanément aux vapeurs ainsi introduites, et quelques explosions sont alors obtenues. Parfois j'ai mélangé à une essence trop vieille un peu de *gazoline* (650°), à seule fin de mettre en route, et en ai eu de bons résultats. Les premières explosions obtenues et l'échappement se faisant partiellement à travers la masse du liquide, nous l'avons vu, l'essence est légèrement chauffée par les gaz expulsés et la carburation se poursuit régulièrement.

Je recommanderai, notamment pour l'hiver, de ne verser dans le réservoir-carburateur, à chaque sortie, que la quantité d'essence qu'on croit nécessaire pour le trajet.

*
* *

A lire ces explications, mes lecteurs pourraient penser qu'il faut bien de la patience et bien de la cuisine pour mettre en route un tricycle à pétrole ! Je les rassurerai en leur certifiant que, d'ordinaire, l'appareil se met en marche dès les premiers appels du pied. Mais nous devons examiner ici les situations difficiles qui peuvent survenir dans sa manœuvre, et nous voilà forcés de tomber d'incidents en accidents !

Divers autres petits inconvénients peuvent encore se produire lors du démarrage. Par exemple, le tricycle ne part qu'en ruant; souvent même, dès la première explosion, il semble qu'il veuille chercher à se défaire de son cavalier en le faisant passer par-dessus le guidon. En ce cas, la faute ne vient que de vous. Si le tricycle rue, c'est que vous avez omis de placer la manette d'allumage à son *minimum*, ainsi que vous le deviez; les explosions sont alors trop en avance sur la compression pour la faible vitesse que vous avez au départ.

Il se peut que vous éprouviez beaucoup de peine à ébranler le tricycle en pédalant. *Le plus souvent*, le mal provient du frein dont le talon frotte sur le tambour. Descendez et, à l'aide d'un tournevis ou d'une pièce métallique quelconque, écartez le talon ; ou mieux, réglez-le à nouveau. — Les autres causes de dureté dans le tricycle sont : l'oubli de dégommer les segments avant le départ; l'ouverture insuffisante du robinet de compression ; le déréglage ou même le grippage d'un roulement ou d'un coussinet à billes; la tension exagérée de la chaîne, etc.

Tous ces petits ennuis, je le répète à dessein, sont rares ; je ne les cite que pour éviter à mes lecteurs de se trouver surpris par l'un d'eux.

*
* *

En route. — Nous avons examiné, lors de notre première promenade d'essai, l'emploi des trois manettes.

D'une façon générale, il est difficile de donner des règles précises qui, par le jeu de ces trois manettes, résolvent toutes les difficultés qu'on peut rencontrer sur la route. L'habileté du motocycliste est un des facteurs importants dans la conduite d'un tricycle, comme dans celle de toute autre automobile d'ailleurs.

Un habile cavalier *sent* exactement les changements, souvent très fréquents, quelquefois rares, qu'il faut apporter à l'ouverture de l'entrée de l'air par exemple, selon que l'essence commence à baisser ou à s'appauvrir (les parties les plus volatiles de l'essence partant les premières); selon que le moteur marche depuis plus ou moins longtemps et que, par conséquent, l'essence est plus ou moins réchauffée par l'échappement, par conséquent plus ou moins volatile; selon que la marche se fait par la pluie ou par le soleil; selon qu'on passe en plaine ou sous des arbres, etc. En un mot, le bon chauffeur s'occupe constamment, en suivant les indications que lui donnent et son oreille et les vibrations spéciales du moteur, à être toujours *au point exact.*

En terrain plat et sec, la fermeture du robinet d'admission peut être presque complète et l'allumage porté à son maximum d'avance. L'allure, en ce cas, peut être même très rapide, car si le travail à produire est peu considérable, le moteur peut tourner rapidement sans demander beaucoup de gaz. Selon l'allure qu'on désire atteindre, on doit donc combiner le jeu des manettes de telle façon que la dépense d'essence soit aussi faible que possible. Il serait ridicule, par exemple, de chercher, en terrain plat, une accélération de l'allure par le robinet d'admission seul, en laissant l'allumage à son minimum. On dépenserait beaucoup d'essence et l'on roulerait sur place parce que l'allumage arriverait à chaque moment de la compression trop tard et ferait, en réalité, frein au moteur. C'est évidemment par le minimum possible de gaz en accord avec le maximum possible d'allumage qu'on doit, au contraire, chercher à marcher.

En descente douce, fermez presque totalement l'admission et, si le terrain est bon, la route sans obstacle, avancez l'allumage au maximum. La vitesse sera grande sans dépense.

En descente assez rapide, tournez la poignée sur l'*arrêt* afin que le moteur ne pousse plus, ayez soin de ne pas vous laisser gagner par la vitesse, et gardez les mains prêtes aux freins.

En descente dure, tournez la poignée sur l'*arrêt*, et descendez lentement la pente en serrant les freins par intervalle pour qu'ils ne s'échauffent pas.

Les côtes se montent aisément si l'on a soin de ne pas les attaquer avec une carburation défectueuse. Le point essentiel consiste donc à assurer mieux que jamais la parfaite carburation au moment où l'ascension va commencer. Les côtes de 3 à 7 o/o se montent généralement sans qu'on doive pédaler. Il suffit d'ouvrir graduellement le robinet d'admission et de ramener progressivement l'allumage au fur et à mesure du ralentissement du moteur. Les côtes plus dures, jusqu'à 12 o/o environ, exigent que le cavalier pédale, pour aider le moteur dans son travail et surtout *pour entretenir une allure moyenne du moteur* au-dessous de laquelle il s'arrêterait. D'ailleurs les conseils sur ce sujet sont difficiles à donner. L'expérience de chacun sera beaucoup plus utile en enseignements. Il ne peut être ici traité que des règles générales.

***

Dans le cas où une pièce quelconque viendrait à casser dont on ne possède pas le double, et que le moteur seul soit immobilisé, il faudrait se résigner à ramener le tricycle jusqu'à une gare voisine ou un endroit de secours quelconque. Pour ce faire, ayez soin de débrayer le moteur de son tricycle en retirant, par des pesées latérales, au moyen d'un tournevis, le petit pignon moteur. Les efforts de vos jambes ne s'appliqueront alors plus qu'à traîner un tricycle, fort lourd il est vrai, mais bien roulant, et non une mécanique pesante dont vous feriez, avec beaucoup de peine, fonctionner inutilement le moteur.

Les accidents les plus usuels sur la route proviennent d'un choc, d'un ressaut violent dans une ornière, un caniveau, ou un mauvais pavage. Si le tricycle s'arrête alors, généralement c'est qu'un fil s'est rompu ou que le trembleur s'est dévié. Quelquefois, mais assez rarement, le petit ressort de la soupape d'admission s'est détaché (cheval 1/4) et est tombé sur la route. Si vous n'aviez pas cette pièce de rechange, vous pourriez en fabriquer une avec un fil de fer mince; vous pourriez même suspendre simplement après la tige de la soupape un petit poids tel qu'une clé. L'essentiel, en effet, est que la soupape soit légèrement rappelée sur son siège après l'aspiration.

Les soupapes. — Les seules parties que le motocycliste soit appelé à vérifier de temps à autre dans son tricycle sont l'allumage et les soupapes. De l'allumage, nous avons parlé longuement. Les soupapes demandent quelques soins dont voici l'exposé :

Les soupapes ne ferment pas toujours bien, soit après un usage assez long, soit par suite d'un encrassement subit provoqué par un excès d'huile. On constate facilement leur fuite par le défaut de compression qu'elle provoque. En effet, si la soupape d'admission ne ferme pas bien, le piston remontant dans le cylindre chasse l'air par la fuite et l'on n'éprouve aucune peine à faire rouler le tricycle à la main, même en fermant le robinet de compression.

Pour roder les soupapes, il faut en premier lieu soit retirer les deux bouchons métalliques qui les recouvrent (cheval 1/4) soit démonter la tubulure et la cloche (cheval 3/4). Puis on verse sur chacune d'elles un peu de pétrole et on les tourne à la main en les prenant par la tige de façon à ce que la soupape appuye fortement sur son siège. Les surfaces ainsi en contact se polissent légèrement l'une sur l'autre et s'épousent intimement. C'est là un rodage « de route », c'est-à-dire un rodage fait rapidement.

Pour donner à ce travail, assez rare en somme, le soin qu'il mérite, puisque de sa bonne exécution dépend en grande partie la bonne marche du moteur, il faut démonter les ressorts des soupapes (ce qui est très facile pour les soupapes d'admission). Prenant ensuite chaque soupape à la main, on enduit ses bords d'un peu de potée d'émeri n° 000, (c'est-à-dire extrêmement fine), mouillée d'huile ou de pétrole, en ayant soin qu'aucun grain de poussière ne s'y mêle et ne vienne rayer le métal. On replace la soupape et, soit à la main (pour la soupape d'admis-

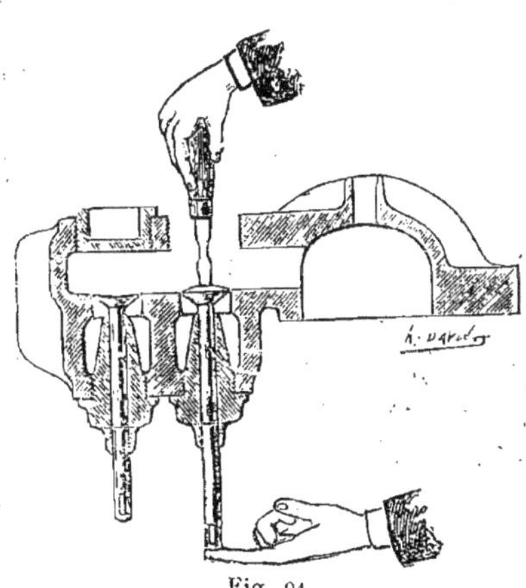

Fig. 94

sion), soit en s'aidant du tournevis (la soupape d'échappement porte sur la tête une fente *ad hoc*), on tourne lentement la soupape en l'appuyant sur son siège (voir la fig. 94). Ce va-et-vient doit durer quelques minutes, jusqu'à ce que les bords de la soupape, bien essuyés, apparaissent brillants et sans rayure aucune.

*
* *

Tels sont les rapides conseils, très succints évidemment, que je puis donner ici sur le tricycle de Dion et Bouton, sur cette machine d'apprentissage si facile que bien des femmes la montent et s'en tirent à leur honneur; sur cette petite mécanique si simple qui a donné un tel élan au progrès automobile !

CHAPITRE IV

A la suite du De Dion

Fig. 95. — TRICYCLE A PÉTROLE, AVEC MOTEUR DE DION-BOUTON 1 CHEVAL 3/4
à axe dans le pont (Modèle Rochet)

CHAPITRE IV

À la suite du de Dion

RAPIDEMENT la vogue du moteur de Dion s'étendit. C'était le seul moteur de petit poids, de puissance moyenne et de maniement simple qui fût encore né à l'automobile ; de toutes parts des essais d'imitation furent tentés... et vite abandonnés. Depuis près de trois années qu'on le contrefait, il n'a fait que gagner du chemin sur ses rivaux, et le voici arrivé à la consécration la plus flatteuse puisque tous les constructeurs de cycles qui se convertissent au motocycle demandent aujourd'hui leurs moteurs aux usines de Puteaux.

La progéniture du de Dion est considérable ; ce grand jouet a plus fait pour l'expansion de l'automobilisme que des moteurs plus imposants. Nous allons voir par quelles séries de combinaisons ingénieuses il a pu se plier à tous les services que le public entend lui demander.

Nous verrons également à la fin de ce chapitre quelques spécimens de fabrications qui ont su être fièrement personnelles ; qui ont, elles aussi, créé, et à qui leur originalité vaut au moins que nous souhaitions un avenir fructueux.

Fig. 96. — LE MÊME QUE PRÉCÉDEMMENT, vu d'arrière

On s'étonnera peut-être de ne me voir dire ici aucun mot d'instruments dont la réclame a porté le nom aux oreilles du public. J'ai eu le regret de constater, en les étudiant pour les décrire en cet ouvrage, que leur réclame avait devancé leur mise au point définitive et que je n'eusse pu traiter d'eux utilement pour mes lecteurs, peut-être, que si mon ouvrage fût paru un an plus tard.

A. — La Progéniture du de Dion

I. — LES TRICYCLES A AXE MOTEUR CACHÉ

Dès qu'il fut avéré qu'un petit moteur réellement « public » existait, les constructeurs de bicyclettes arrivèrent à la rescousse avec leur grande expérience de « l'instrument de route ». Il est incontestable que, sans l'acquit considérable que la vélocipédie apporta à l'automobilisme, nous n'aurions pas aujourd'hui le tricycle à pétrole aussi rapide et surtout aussi robuste.

Ainsi donc qu'on le pouvait prévoir, les usines de cycles produisirent bientôt de parfaits tricycles, d'autant mieux exécutés que la renommée de précision de ces usines était plus grande.

En général, elles adoptèrent, pour le support du moteur et de la transmission, un dispositif très cycliste (nous l'avions vu jadis adopté lors des derniers tricycles à moteur humain), celui dit de l'*axe dans le pont*. Entre beaucoup, j'ai choisi, pour représenter cette disposition, le tricycle que construisent les usines « Rochet » auxquelles il devient superflu de décerner des compliments. La figure 97 montre une coupe pratiquée dans le pont.

On le voit, le carter du différentiel est à trois compartiments séparés hermétiquement par deux plateaux métalliques à joints étanches, de telle sorte que le compar-

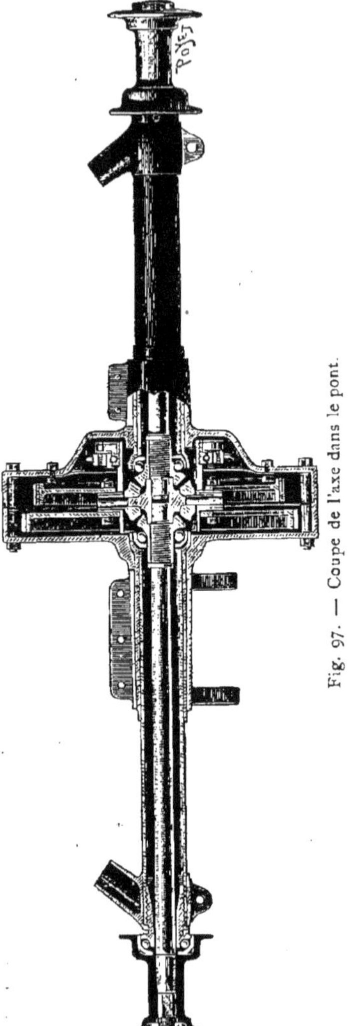

Fig. 97. — Coupe de l'axe dans le pont.

timent qui renferme le frein est complètement à l'abri de la graisse dont les autres compartiments doivent au contraire être remplis.

Ce tricycle présente encore une heureuse innovation dans son encliquetage de mise en marche. Cet organe indispensable n'est plus placé dans le pédalier, mais sur l'axe moteur, en sorte que la chaîne ne roule pas sur le pédalier quand le tricycle est en marche, et que ses chances de rupture et d'usure sont considérablement amoindries.

Je signalerai encore dans le tricycle Rochet la confection très pratique des moyeux, et que représente bien la coupe. Ce sont les moyeux mêmes qui logent les roulements extrêmes du pont, si bien que l'arbre arrière ne peut être faussé par un choc et que les roues restent constamment bien centrées.

II. — LES REMORQUES

Tous les mérites du tricycle à pétrole ne résistent pas, pour bien des personnes, au reproche d'égoïsme qu'elles lui font, d'être l'instrument d'une seule personne!

Ne les blâmons pas de ne trouver de plaisir ici-bas qu'en le partageant avec leur semblable, d'ailleurs de sexe opposé le plus souvent, et voyons ce que l'ingéniosité des constructeurs sut offrir aux couples.

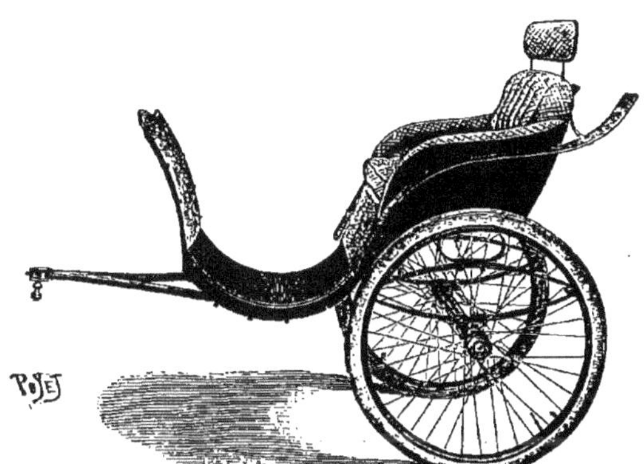

Fig. 98. — REMORQUE ALFRED BELVALLETTE

Le premier, M. Didier imagina d'atteler à son tricycle de 1 ch. 1/4 une sorte de léger fauteuil placé sur deux roues de bicyclette. Deux personnes de poids léger y avaient pris place. Le petit train put ainsi venir, dit-on, de Trouville à Paris en neuf heures.

Le bruit de cette innovation se répandit et bientôt, à l'envie, les *remorques* sortirent des ateliers de construction. La palme pour l'élégance et la légèreté de ces voiturettes fut remportée, ainsi qu'on pouvait s'en douter, par un carrossier parisien, M. Alfred Belvallette.

Le « remorquage » est-il pratique ? Quels agréments présente-t-il, et quels défauts ?

Les agréments de la voiturette-remorque sont, pour la personne ou les personnes qui s'y trouvent assises, le confortable complet. Le léger véhicule est suspendu à la fois par ressorts et par pneumatiques. S'il pleut, une couverture peut garantir les jambes; au besoin, une capote d'enfant peut préserver le haut du corps. Une chaufferette sera adjointe l'hiver ; un parasol, l'été.

Fig. 99. — Tricycle a Pétrole avec Voiturette-Remorque

Derrière la voiturette, une valise sera facilement suspendue, pour les excursions lointaines.

Au point de vue du cavalier, l'adjonction d'une voiturette ne constitue pas une charge à laquelle il est perpétuellement lié. Un simple écrou généralement attache la remorque au tricycle, et en cinq minutes le cavalier reconquiert son indépendance.

La grâce de ces voiturettes les a fait absoudre de quelques légers défauts ; et ce fut par elles que les femmes vinrent communément à l'automobile.

III. — LES QUADRICYCLES

Une autre solution fut presque en même temps essayée pour donner satisfaction aux couples, celle du quadricycle. Au lieu d'une seule roue directrice, on en plaçait deux réunies par un essieu brisé, entre lesquelles on installait un siège aussi confortable que possible. Si le siège était convenablement suspendu, la personne qui y prenait place avait ses aises. De son côté le cavalier ne regrettait pas de se sentir plus rapproché de la personne

Fig. 100. — QUADRICYCLE DE DION-BOUTON

qu'il avait choisie pour l'accompagner: il pouvait avec elle bavarder de près. Au point de vue de la direction de l'ensemble, il constatait volontiers que son véhicule était plus court que s'il eût remorqué une voiturette, qu'il fallait moins de préoccupations pour le conduire sans accident, que les voies étaient réduites à deux seulement et que par suite il lui était plus facile de se tirer à son honneur d'un chemin coupé par des ornières. Il s'applaudissait d'ailleurs de constater que la poussière du remous d'arrière, que l'odeur du moteur et les éclaboussures des roues n'atteignaient plus sa compagne.

La mode des quadricycles n'eut donc pas de peine à

s'imposer. Un seul défaut lui barrait la route : l'impossibilité pratique, lorsque le quadricycle était assemblé, de le scinder à nouveau pour rendre libre le cavalier en reconstituant le tricycle simple.

***

Un constructeur avisé, M. Chenard, imagina d'établir sur deux roues à essieu brisé, un fauteuil bien suspendu qu'on pût, au moyen de deux longerons, adapter à l'avant de tout tricycle, et dont on pût le séparer en

Fig. 101. — AVANT-TRAIN DÉMONTABLE CHENARD

quelques minutes. L'avant-train démontable Chenard est vite devenu le « classique » de ces petits véhicules.

L'avant-train démontable n'exige pas, pour être mis en place, de connaissances spéciales de la mécanique. C'est un jeu que de le monter sur son propre tricycle.

Il suffit en effet, en premier lieu, de retirer les petites pattes coudées A B et A'B' qui terminent les longerons et de les fixer, une fois pour toutes, à l'arrière du tricycle (fig. 102) extérieurement, au moyen, de chaque côté, de deux boulons. Puis on démonte le collier C que l'on voit fixé au dossier de l'avant-train et on le place, une fois pour toutes également, à la douille de direction du tricycle. Les petites pattes coudées et le collier demeurent donc immuablement sur le tricycle.

Quand on veut installer l'avant-train, on retire la roue directrice du tricycle ainsi que le garde-boue. On présente l'avant-train et, par les boulons A et A', on fixe solidement ses longerons sur les petites pattes. Deux boulons également réunissent au collier le dossier de l'avant-train en C et D (fig. 102).

Fig. 102. — Le Tricycle prêt a recevoir l'avant-train

Il ne s'agit plus que d'installer la direction. A cet effet, après s'être bien assuré qu'il n'y a aucun jeu dans la direction du tricycle, on fixe la pièce D (fig. 101) au bas de la fourche, selon l'inclinaison que donne la tige E. L'extrémité de cette tige sera maintenue par le boulon qui précédemment maintenait le garde boue. — Et c'est tout ; la voiture de madame est attelée (v.p. 199).

Pour le démontage, on procéderait inversement ; et, dix minutes après, monsieur pourrait de nouveau voyager seul.

Mais... car à cette opération si simple et si rapide, il

y a encore un mais, il arrive souvent que le cavalier qui possède un avant-train répugne à opérer fréquemment ce démontage. Il n'en a pas toujours le temps ; et puis, il se trouve à son aise, mieux que sur son tricycle, avec ces repose-pieds confortables ! D'autre part, il juge anormal, et quelque peu ridicule, de sortir pour ses affaires avec cet avant-train où les gamins lui demandent ironiquement à prendre place.

M. Chenard a été heureusement inspiré en combi-

Fig. 103. — QUADRICYCLE AVEC PLACE A L'AVANT-TRAIN TRANSFORMÉE EN AVANT-TRAIN PORTEUR

nant une attache spéciale pour la tôle qui protège les jambes dans l'avant-train et en permettant ainsi au cavalier de remplacer coussins, dossier et garde-jambes, instantanément par un léger petit coffre. Un avant-train pour deux personnes peut ainsi être transformé en un avant-train porteur qui peut recevoir jusqu'à cent kilos de marchandises.

Du coup, voici trouvé le petit véhicule pratique, de prix peu élevé, qu'ont réclamé si souvent les négociants pour leurs livraisons, les commis-voyageurs pour leurs échantillons, et en général toute personne qui doit se déplacer vite avec des bagages.

IV. — LES PETITES VOITURES

M. Noé Boyer est le créateur de deux petits véhicules, tous deux actionnés par un moteur de Dion et Bouton, qui dénotent en leur auteur un exact aperçu des améliorations que désire le public.

Il est incontestable que le tricycle, si bien garanti

Fig. 104. — LE TRI-VOITURETTE

soit-il par des garde-boue, n'est pas un instrument d'hiver. Il est incontestable également qu'il ne présente pas un confortable exagéré. M. Boyer a donc imaginé le « tri-voiturette », qui n'est autre qu'une petite voiture à trois roues, à une seule place, où la mise en marche se fait au pied comme dans le tricycle ordinaire, mais où l'on est *assis; suspendu* par des ressorts en C; et *protégé* de la boue par la caisse même de la voiture.

La direction s'y fait par un volant. Le freinage est obtenu par un levier à main et par une pédale. Les manettes sont à portée des mains. Tout l'ensemble est installé sur un châssis de tubes extra-rigide.

Mais le tri-voiturette est égoïste comme le tricycle. M. Boyer sait que le voyage est plus agréable, dans la vie et sur les routes, quand il se fait à deux. Pour deux, il a créé « l'automobilette », également actionnée par un moteur de Dion et Bouton, mais pourvue d'un appareil de changements de vitesses. Je n'ai pu contrôler encore la valeur de ce dernier.

L'automobilette est une véritable voiture-bijou, à deux places côte à côte, montée sur quatre roues, et qui, donnant une allure de 30 à l'heure en palier, peut néanmoins gravir toutes les rampes sans que le conducteur doive aucunement pédaler. La mise en train d'ailleurs ne s'y fait plus au pied, mais bien au volant.

Fig. 105. — L'Automobilette

Ajoutons que le refroidissement du moteur, par un changement de culasse approprié, ne se fait plus par ailettes, mais bien par eau. Le moteur ne s'échauffant plus, conserve, même dans les rampes les plus fortes son maximum de puissance.

Enfin la dépense d'entretien et de consommation de l'automobilette est, paraît-il, réduite au cinquième environ de celle des voitures de 4 et 6 chevaux.

V. — LES APPAREILS DE CHANGEMENTS DE VITESSES

Le tricycle de Dion a été conçu pour le transport d'une seule personne. Le modèle actuel de 1 cheval 3/4, avec rapport d'engrenages de 11 et 106 dents, fait l'ascension de côtes de 8 o/o en portant une personne de poids moyen, sans que cette personne soit contrainte de péda-

Fig. 106. — APPAREIL DE CHANGEMENTS DE VITESSES PLACÉ SUR UN TRICYCLE DE 1 CHEVAL 1/4

ler. C'est dire que, pratiquement, dans de telles conditions, il monte toutes les rampes.

Pour obtenir de lui le transport de poids relativement considérables au haut de rampes très dures, il est évident que le seul moyen consiste à laisser au moteur sa meilleure vitesse et à démultiplier sa transmission.

Malheureusement jusqu'ici les appareils construits (du moins ceux que j'ai expérimentés) présentent les inconvénients multiples d'être chers ; de n'avoir pas un embrayage progressif, ce qui donne à la transmission beaucoup de brutalité au moment des changements de vitesses; et d'exiger un montage minutieux.

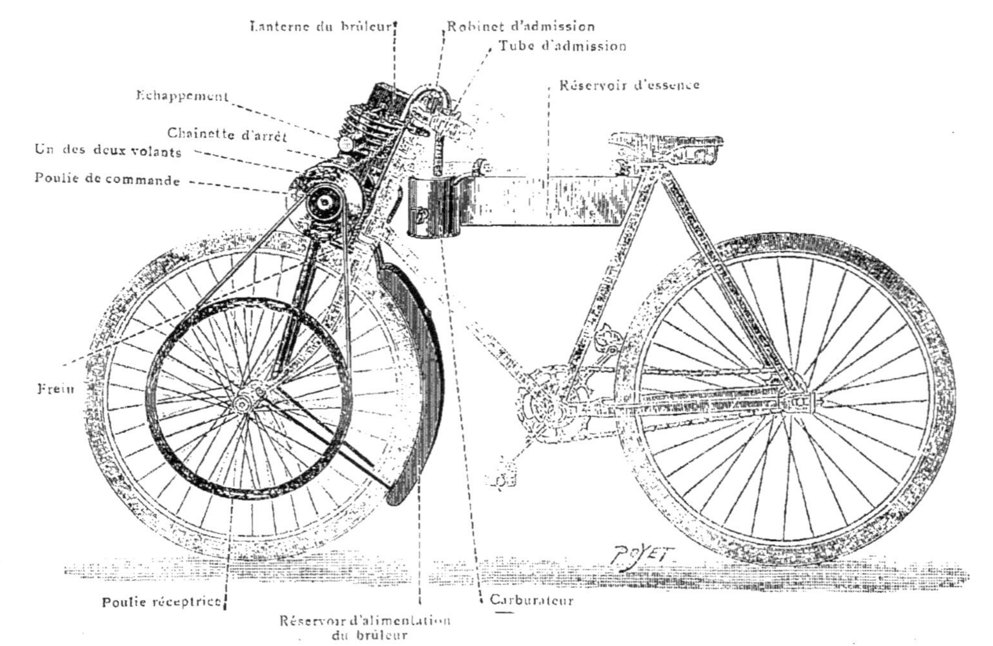

Fig. 107. — LA MOTOCYCLETTE (profil)

B. — Curiosités intéressantes

Tous les constructeurs de motocycles ou de voiturettes n'ont cependant pas adopté pour la traction de leurs véhicules le petit moteur de Dion. Il en est beaucoup qui ont essayé de faire preuve d'originalité en établissant un ensemble qui fût bien leur propre en tous ses détails. Tous n'y ont pas réussi ; aussi ne puis-je entreprendre la description de tous les systèmes qui récemment ont été conçus mais ne sont encore, au point de vue véritablement pratique, que des rêves irréalisés.

Je me contenterai d'indiquer les caractères principaux de trois engins nouveaux qui valent par leur originalité bien nette : la motocyclette, qu'on voit déjà circuler un peu partout ; le moteur Dawson, de M. Paris-Singer, qui nous servira à compléter par l'explication de son principe hardi notre étude sur les petits moteurs, et la voiturette de Riancey qui ne tardera pas à devenir une des jolies personnalités du monde automobile.

I. — LA MOTOCYCLETTE

La motocyclette est une bicyclette ordinaire que peuvent mouvoir à la fois les pieds et un minuscule moteur à pétrole placé au-dessus de la fourche. Les pieds actionnent la roue arrière; le moteur, celle d'avant. Les deux roues sont donc motrices ; mais elles ne travaillent ensemble que lors de l'ascension d'une côte très dure. En terrain plat ou en côte modérée, le travail du moteur suffit à enlever à bonne allure l'appareil ; les pieds du cavalier se reposent sur les pédales.

De même, la roue d'arrière pourrait parfois actionner seule l'appareil au cas où quelque avarie serait survenue au mécanisme. Le cycliste mettrait dans sa poche la courroie de transmission et pédalerait comme d'ordinaire, portant simplement sur son guidon un bagage un peu lourd, mais non un *impedimentum*.

Les deux figures 107 et 108 représentent la motocyclette vue de face et vue de profil. On voit en pointillé les parties non modifiées de la bicyclette commune, et en traits foncés les organes nouveaux qui lui sont ajoutés.

Le moteur est sensiblement vertical, à quatre temps et à refroidissement par ailettes. Sa position en coupe-vent facilite évidemment le refroidissement. Il tourne normalement à 1.200 tours et a la puissance de trois quarts de cheval. L'allumage se fait par un tube de platine porté à l'incandescence par un brûleur. La vitesse ordinaire en palier atteint 30 à 35 kilomètres à l'heure.

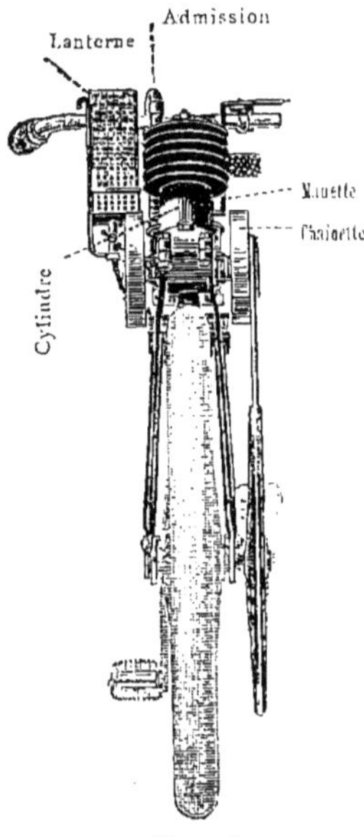

Fig. 108.
(LA MOTOCYCLETTE (face)

Voici quelques explications du fonctionnement de l'appareil : sous le tube horizontal du cadre, se trouve un réservoir allongé, de tôle, qui renferme deux litres d'essence, la quantité suffisante pour un parcours de 210 kilomètres. Ce réservoir communique directement avec un carburateur de forme ronde sur lequel nous apercevons un robinet de purge. Un petit tube ouvert à l'extérieur permet à l'air de pénétrer dans ce carburateur à chaque aspiration et de former avec les vapeurs d'essence un gaz d'une richesse quelconque.

Ce gaz, aspiré par le moteur, se dirige vers le cylindre par un tube muni d'un robinet que la main du cavalier peut fermer ou graduellement ou totalement.

Il y a donc possibilité d'admettre plus ou moins de gaz et par conséquent de varier la vitesse.

Cependant le gaz produit par le carburateur n'est pas exactement au *dosage* nécessaire pour qu'il soit le mieux explosible. Il est nécessaire qu'une prise d'air nouvelle soit ajoutée à la canalisation.

A cet effet, l'inventeur fait aboutir, un peu avant le robinet d'admission dont nous venons de parler, une petite dérivation d'air venu de l'extérieur et qu'un robinet placé à gauche du guidon ouvre et ferme de la quantité exacte que l'on désire. Le dispositif de ce robinet est ingénieusement conçu. L'extrémité de la manette qui le commande est terminée par une chaînette qui est reliée à la tige de la soupape d'échappement, en sorte qu'en même temps qu'on ferme l'entrée de l'air qui assure la bonne carburation, on empêche la soupape d'échappement de se fermer, et par conséquent on arrête net le moteur.

Le brûleur est alimenté par l'essence renfermée dans le réservoir situé à la partie basse de la machine et qui a la forme d'un garde-boue. La partie supérieure de ce réservoir est munie d'une valve de pneumatique par laquelle il suffit, au moyen d'une pompe, d'insuffler de l'air pour produire sur le liquide une pression qui le fait monter jusqu'au brûleur.

Le moteur seul pèse 10 kilogrammes; avec ses accessoires, 14. L'ensemble de l'appareil pèse 28 kilogrammes environ.

La facilité de remisage et d'entretien de la motocyclette, sa faculté de circuler sur les voies les plus étroites, sa consommation peu élevée sont des qualités de premier ordre.

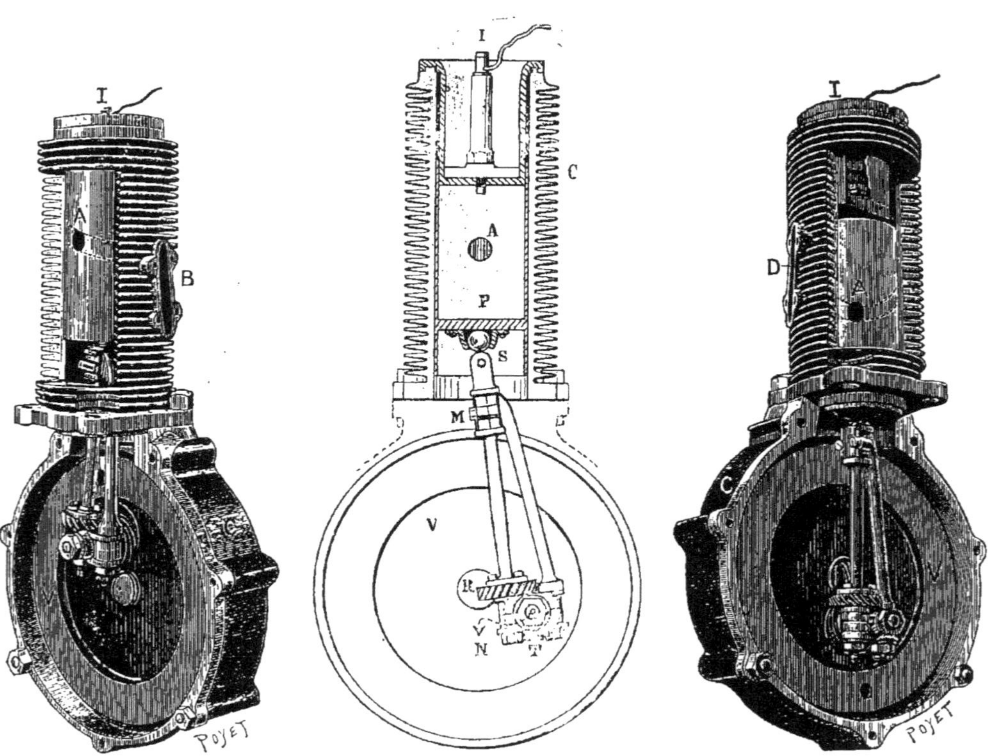

Fig. 109. — SCHÉMAS ET COUPE DU MOTEUR PARIS-SINGER

II. — LE MOTEUR PARIS-SINGER

Le moteur Paris-Singer se compose d'un cylindre vertical (fig. 109), garni d'ailettes, dans l'intérieur duquel va et vient un piston P, fort long, dont les parois peuvent atteindre le haut du cylindre en passant avec précision entre les parois de ce cylindre et celles d'une sorte de gros bouchon métallique qui ferme le haut du cylindre. Ce bouchon, qui est vissé dans la fonte, porte en son centre la bougie d'allumage I.

Si nous supposons qu'une certaine quantité de gaz explosif soit contenue dans la partie P du piston, nous voyons que, lorsque le piston remontera, cette quantité de gaz, qui ne peut fuir d'aucun côté, sera comprimée entre le fond du piston qui monte et le fond du bouchon qui reste immuable.

Si, la période de compression s'achevant, nous faisons jaillir l'étincelle au bout de la bougie, l'explosion se produit et le piston est projeté vers le bas du cylindre.

L'invention consiste dans la façon dont la distribution du gaz est obtenue. Le créateur de ce modèle a tout simplement percé dans la paroi de son piston deux trous (dont on ne voit ici que l'un d'eux, A). Il a calculé qu'en pratiquant d'autre part deux fentes dans son cylindre, l'une aboutissant au tuyau d'admission, l'autre au tuyau d'échappement, et qu'en promenant son piston tantôt devant telle fente, tantôt devant telle autre, il admettrait dans son piston devenu chambre d'explosion une quantité de gaz qu'il ferait travailler et qu'il expulserait ensuite. Les trous percés dans le piston se trouveraient, aux périodes de compression et de travail, masqués par les parois du cylindre ; ils seraient, au moment voulu, découverts par les fentes du cylindre.

Pour obtenir cet effet, il était indispensable que, non seulement le piston montât et descendît dans son cylindre, pour satisfaire aux exigences de la compression et du travail, mais qu'encore il *tournât sur lui-même* pour amener ses trous tantôt devant une fente, tantôt devant l'autre. Il n'y a donc pas de soupapes.

***

La manivelle se compose de deux pièces essentielles dont l'une ST sert à faire pivoter le piston sur lui-même ; et l'autre MN sert à transformer le mouvement alternatif en rotatif. Le point R est centre du volant V.

Cette partie ST de la manivelle est terminée en bas par une roue dentée T qui engrène dans un assemblage de rainures concentriques qui lui communiquent un mouvement uniforme de rotation. Le piston, qui est solidaire de cette pièce, tourne donc également sur lui-même constamment avec la même vitesse.

Le rapport entre cette roue dentée et les rainures qui la commandent a été calculé tel que, pour un tour complet du volant, le piston n'exécute qu'un demi-tour de rotation sur lui-même. Les quatre temps sont ainsi obtenus.

La seconde partie MN de la manivelle demeure, contrairement à sa voisine, constamment dans un plan parallèle à celui du volant. Elle est fixée d'une part à sa voisine par le collier M ; et de l'autre, au volant lui-même au point N. La longueur de la bielle est donc égale à la distance RN, et la course du piston est égale à deux fois cette distance.

On a fait à ce moteur, dès son apparition, de grands compliments et de grandes objections. L'absence de soupapes, son faible encombrement, son étanchéité rigoureuse contre la poussière, sa vitesse, forment le premier lot très bien fourni.

La difficulté du refroidissement a été objectée à ce moteur. On a fait observer que, dans le cas présent, la partie du moteur qui est le plus efficacement refroidie, celle qui porte les ailettes, le cylindre, n'est précisément pas la partie qui chauffe le plus. Le piston, qui n'est en somme ici qu'une chambre d'explosions mobile, un cylindre circulant dans un autre cylindre, est nécessairement porté à une température bien supérieure à celle du cylindre proprement dit. Or, qu'a-t-il pour se refroidir? Les parois garnies d'ailettes du cylindre. Parois avec lesquelles naturellement il ne fait pas corps, desquelles au contraire il est séparé tant par l'espace suffisant à la course du piston dans le cylindre que par la mince couche d'huile qui lubrifie les parois!

Un mauvais rendement a été également attribué à ce moteur. On a dit que, sans segments au piston, la compression ne pouvait être obtenue vigoureuse; qu'en un mot, après l'admission, lors du retour du piston vers le haut, le gaz fuyait entre le cylindre et le piston, que l'explosion par conséquent se produisait mal, le gaz n'ayant pas la compression voulue.

La première objection semble jusqu'ici avoir sa valeur.

Pour ce qui est de la seconde objection, les inventeurs répondent qu'on se fait généralement une fausse idée des conditions dans lesquelles doit se produire la compression dans un moteur à gaz. La compression, disent-ils, n'a pas besoin d'être prolongée; elle doit se faire seulement brusquement afin par elle de porter les gaz admis à une température élevée qui en facilite l'explosion. Or, ici, la marche du moteur étant toujours très rapide, le coup de piston sur les gaz arrive trop brusquement pour qu'ils aient le temps de fuir par l'issue qui pourrait leur être ouverte entre les parois du piston et celles du cylindre.

Cette théorie a sa valeur. Il semble évident que ce moteur doit bien fonctionner aux allures rapides.

* * *

C'est sur un de ces curieux moteurs que j'eus occasion d'apercevoir la première fois une ***bougie Reclus*** que je m'empresse de mentionner à cause de sa valeur.

Je la crois presque incassable, ce qui est mieux qu'un mérite, une vertu pour une bougie d'allumage! Elle est en effet si râblée, si ramassée sur elle-même, qu'on se demande quel coup de pied pourrait la briser.

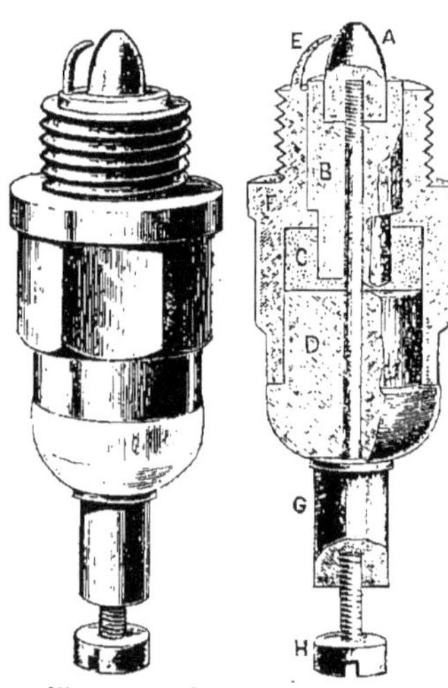

Fig. 110. — La bougie Reclus

A, obus d'allumage, en nickel pur; B, porcelaine de tête recevant l'obus; C, ciment spécial isolateur, cuit au four: D, porcelaine de culasse; E, pointe de nickel pur; F, douille d'acier à pans et filetée pour le vissage sur la culasse (au pas du de Dion); G, tige-borne recevant le fil de la bobine; H, vis de serrage du fil.

Elle a de plus, à mon avis, l'avantage d'assurer mieux que les bougies à double pointe, la régularité de l'étincelle par la constance de la distance dans laquelle doit jaillir cette étincelle. En effet, si bien réglées que soient les pointes d'une bougie, la chaleur des explosions ne les dilate pas moins, et les dilate irrégulièrement, si bien qu'une bougie bien ordonnée au départ ne l'est souvent plus après une demi-heure de marche, et la marche du moteur s'en ressent. La masse de nickel, le petit obus que renferme la bougie Reclus est évidemment soustraite à cet inconvénient. De plus le jaillissement de l'étincelle n'est-il pas facilité par la forme même de l'obus? N'est-ce pas là un nuage orageux chargé d'électricité, et ne voyez-vous pas près de lui la pointe aiguë du paratonnerre qui attire la foudre?

III. — VOITURETTE A AVANT-TRAIN MOTEUR ET DIRECTEUR

M. de Riancey a résolu de façon élégante et savante le problème difficile, mais de donnée si vraie, de la traction par le train d'avant directeur. Ce n'est pas ici le lieu de discuter les avantages précieux que présentent les roues directrices quand elles sont en sus motrices, pas plus que d'analyser l'ingéniosité de combinaisons qu'il faut déployer pour édifier sur ce principe un véhicule actionné par un moteur à pétrole.

Fig. 111. — La voiturette H. de Riancey

La toute petite voiture de M. de Riancey, qui ne pèse que 230 kilog., présente les particularités suivantes :

En premier lieu, tout le mécanisme est groupé à l'avant-train dans un carter étanche qui, à la fois, le protège complètement de la poussière et aide au graissage parfait du moindre organe. Il en résulte que l'arrière-train de la voiture, qui ne sert plus que de support, et que la caisse elle-même sont tout à fait indépendants de la voiture. C'est véritablement une voiture attelée à un cheval mécanique. Sur le pivot d'attelage, vous pourrez accrocher telle forme de voiture qu'il vous plaira. Le pivot permet à la voiture toutes les oscillations latérales qu'exige d'elle le sol, en sorte que, quel que soit l'obstacle qu'elle franchit, ses quatre roues sont toujours en contact avec le sol et que les voyageurs ne sentent pas les oscillations de l'avant-train.

En second lieu, le moteur commande directement les roues motrices sans intermédiaires de courroies ou de cônes, par de simples engrenages qui effectuent les changements de vitesses. L'embrayage ne s'en fait pas moins progressivement et très doucement, grâce à la combinaison ingénieuse de deux colliers métalliques qui serrent l'un sur l'autre.

En troisième lieu, l'unique levier que l'on voit horizontal sur la figure sert à la fois à diriger, à embrayer et débrayer, à faire les changements de vitesses, et à freiner. De simples déplacements du poignet exécutent ces manœuvres. Ce levier forme de plus bloc-système, c'est-à-dire qu'il est ainsi combiné qu'on ne peut changer de vitesse sans débrayer.

Les freins sont curieusement installés tous deux sur une jante spéciale qui fait saillie à l'intérieur des roues, tout près des pneumatiques. L'un, celui qui est mû par le levier, serre sur l'extérieur de ce grand diamètre; l'autre, mû au pied, presse sur l'intérieur. L'arrêt est presque instantané.

Le moteur est, on le voit, à l'avant, dans le courant d'air, horizontal, à deux cylindres à ailettes. L'allumage se fait à volonté par incandescence ou par étincelle électrique.

J'ai tenu à présenter à mes lecteurs cette jolie miniature de voiture pour leur signaler une des conceptions les plus originales et les plus saines de nos inventeurs. Il est si rare de rencontrer des esprits qui s'éloignent des chemins battus qu'on doit leur donner un coup de chapeau quand on les croise traçant leur propre sentier.

CHAPITRE V

La Voiturette Léon Bollée

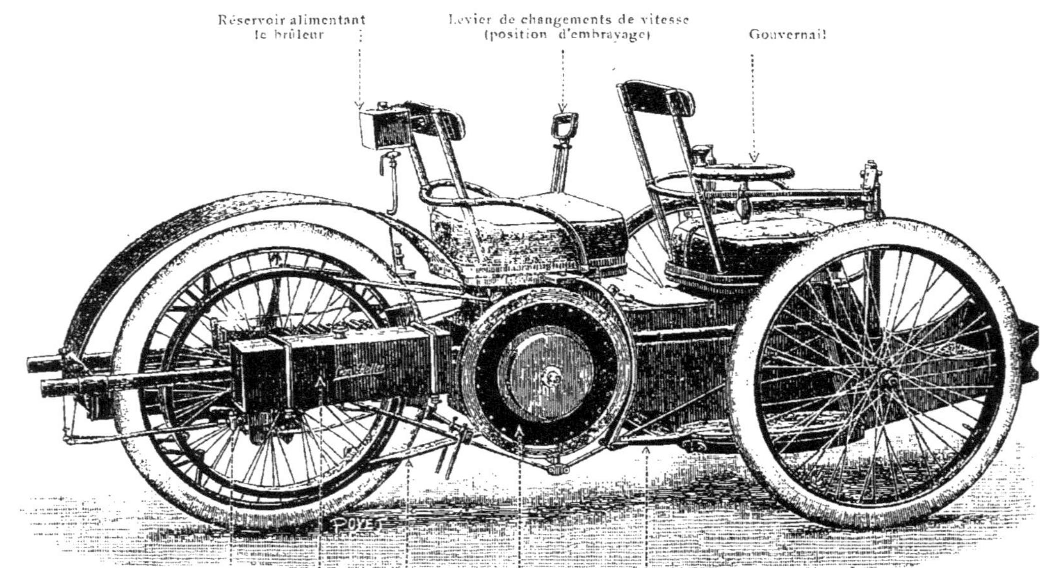

VOITURETTE LÉON BOLLÉE (VUE A DROITE)

Fig. 112

CHAPITRE V

La Voiturette Léon Bollée

Dans la famille des véhicules automoteurs légers, dans cette famille de sang mêlé, moitié vélocipèdes, moitié automobiles, le tricycle à pétrole peut être considéré comme l'enfant qui rappelle le plus les traits de son grand-père, l'austère vieux tricycle d'antan, voire même ceux de sa jeune et jolie mère, la bicyclette. Il a, de la branche vélocipède, cette caractéristique essentielle d'être mû par des pédales, de pouvoir avancer encore sur la route si même son moteur mécanique est annihilé. Le moteur musculaire non seulement met en marche, non seulement encourage dans les passages difficiles son coadjuteur à pétrole, mais au besoin le supplante.

La voiturette Léon Bollée, fille vigoureuse, a pris les traits plus accentués de l'autre branche. Elle n'est pas encore une voiture automobile, à vrai dire, mais on sent déjà la charpente robuste de sa solide mère ; elle est *voiturette*.

Le voyageur ne pouvant plus en aucune façon donner aide musculaire au moteur mécanique, voici modifiés tous les dispositifs que nous avons étudiés jusqu'ici.

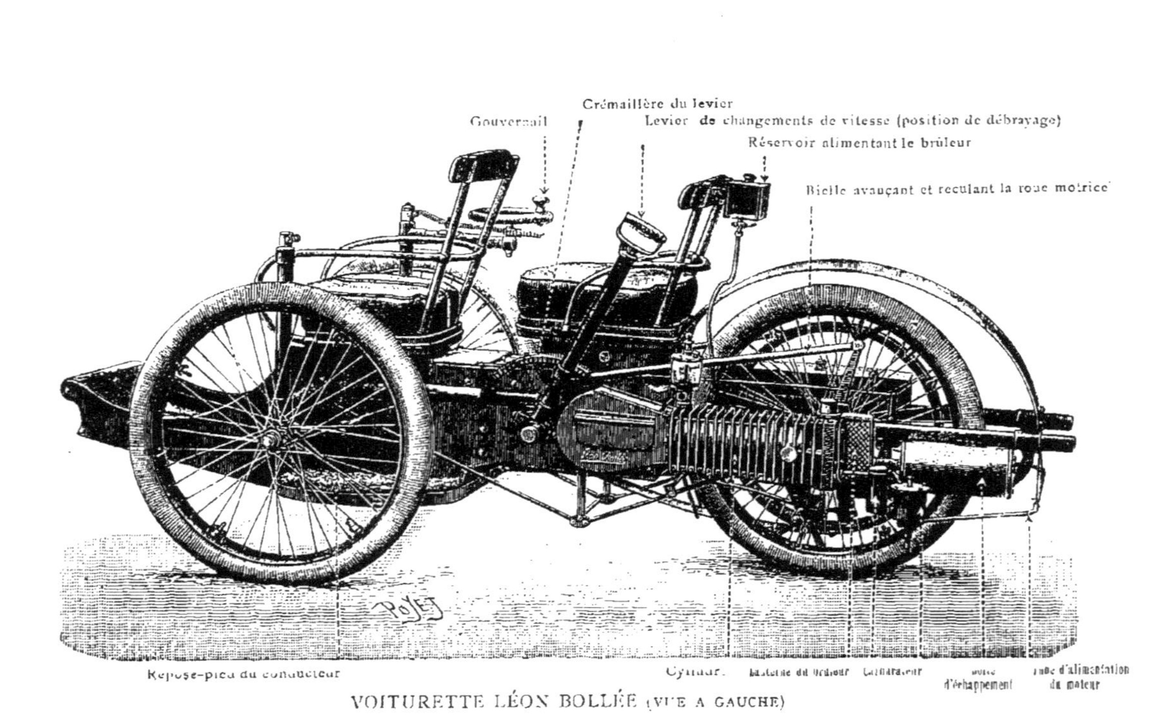

VOITURETTE LÉON BOLLÉE (VUE A GAUCHE)

Fig. 113

Au lieu d'un petit moteur à allures constamment variables, et variables par nécessité puisqu'il est solidaire du tricycle dont les allures varient elles-mêmes constamment de par le terrain ou les encombrements de la voie; au lieu d'un moteur que la masse seule du tricycle préserve de l'affolement, d'un moteur qui, relié inexorablement à son véhicule, tourne d'autant moins vite que la côte à gravir est plus rude, nous trouvons un moteur sage, muni d'un régulateur automatique qui le maintient à une allure déterminée, calculée d'avance par le constructeur comme celle de son meilleur rendement; un moteur qui, par conséquent, si les conditions de carburation et de graissage demeurent identiques, fournit toujours, qu'on l'applique à *faire de la force* (dans une côte) ou à *faire de la vitesse* (en palier ou en descente), le même travail.

Les conséquences de ce principe fondamental, mes lecteurs vont les tirer eux-mêmes et en trouver immédiatement l'application dans le nouveau type qui est offert à notre étude :

— En premier lieu, le moteur fonctionnant toujours à un même régime, comment changerions-nous les vitesses de notre véhicule s'il était relié à lui d'une façon indissoluble par une roue dentée d'un diamètre fixe par exemple ? Il faut donc que le moteur attaque, selon l'allure que désire le voyageur, tantôt une petite roue dentée, tantôt une plus grande, tantôt une plus grande encore, toutes trois calées sur un même arbre qui actionne la voiturette, afin que trois vitesses différentes puissent être imprimées au *véhicule*, 8 k., 16 k., 24 k. à l'heure par exemple, au choix, alors que le *moteur* conserve toujours uniformément l'allure qui lui est propre. Un appareil de changements de vitesse ou de démultiplications est donc indispensable.

— En second lieu, le mode d'allumage du mélange explosif ne doit-il pas être modifié ? Avons-nous besoin ici (en supposant bien entendu que le régulateur nous le permette), de précipiter l'allure du moteur? Pour obtenir plus de vitesse? A quoi bon, puisqu'il nous suffit de passer d'une roue dentée petite à une roue dentée plus grande pour accroître l'allure ?

Au cas où la vitesse maxima obtenue de par la multiplication ne nous suffirait pas et où nous voudrions l'obtenir par l'affolement du moteur, n'oublions pas que les pièces de notre moteur sont d'une résistance calculée pour une vitesse de tours déterminée, que son graissage, son refroidissement, son carburateur même ont une valeur fixée à l'avance pour un travail bien connu, et qu'il y aurait, à précipiter l'allure du moteur, une imprudence assez dangereuse (admissible dans une très faible mesure, nous le verrons plus tard) dont les résultats sont en somme mauvais. Par conséquent, l'allumage du mélange se fera ici par tube incandescent.

— En troisième lieu, le moteur ayant ici une puissance très appréciable : 2, 3 et 4 chevaux; ayant par conséquent une aspiration de gaz et une compression bien plus considérables que le moteur du tricycle; la peine de le mettre en route étant assez sensible (1), ne pensez-vous pas que nous aurions intérêt à ce que le moteur ne s'arrêtât jamais en cours de route? L'inventeur pensa comme nous et dota sa voiturette d'un système de débrayage et d'embrayage qui est d'ailleurs une des « trouvailles » les plus heureuses de son système, ainsi que nous le verrons prochainement. Il en résulte donc que, non seulement le moteur peut continuer à tourner à son régime normal tout en actionnant la voiturette à des vitesses différentes (par les change-

(1) J'entends par le mot *peine* surtout l'ennui qu'il y aurait à descendre continuellement de voiturette pour tourner à la manivelle et relancer le moteur puisque les moteurs de voitures et de voiturettes ne peuvent être lancés au pied comme le de Dion. — L'effort musculaire est en tout cas pratiquement insignifiant.

ments de multiplication), mais il peut continuer à tourner à son régime normal alors même que la voiturette est complètement arrêtée (par le débrayage).

Cette petite discussion des principes fondamentaux de la nouvelle classe de véhicules que nous abordons maintenant rendra plus clairs les détails de disposition de la voiturette que nous allons étudier.

I. — DISPOSITIONS GÉNÉRALES

La voiturette Léon Bollée est un tricycle puisqu'elle repose sur trois roues ; elle est en quelque sorte un tricycle ordinaire retourné, deux roues servant de direction à l'avant, une seule formant train moteur à l'arrière. Ce véhicule mesure 2 m. 50 de longueur; l'écartement de ses roues est assez faible pour lui permettre de passer par une porte de 1 m. 20. Son poids total, en ordre de route, c'est-à-dire prêt à fonctionner, est de 190 kilos environ. Il peut porter une, deux ou même trois personnes, ou, en outre du conducteur, des bagages pour un poids équivalent à deux personnes. Il emporte une provision d'essence suffisante pour franchir 120 kilomètres sans ravitaillement. Bref, il se présente, on le voit dès l'abord, comme un instrument peu encombrant, très maniable, applicable à presque toutes les nécessités de locomotion (fig. 100 et 101).

La vitesse de la voiturette Bollée s'est trop souvent affirmée pour que j'aie à faire ressortir cette précieuse qualité. Après un départ fulgurant dans « Paris-Marseille », que la tempête et peut-être un essai d'allumage électrique arrêtèrent bientôt, elle gagna toutes les courses anglaises où elle parut, puis en 1897 nos deux courses françaises « Paris-Dieppe » et « Paris-Trouville », enfin, en 1898, le *Critérium des Motocycles*, etc.

Sa rapidité facile provient évidemment de sa simplicité d'organes et de sa structure vélocipédique. Si, en effet, elle a, oserai-je dire, l'âme d'une voiture automobile, elle a toute l'ossature et toute les articulations d'une bicyclette. Elle forme par là, à elle seule, une classe bien nette. Sa charpente est toute faite de tubes étirés qui portent des brides ou des colliers sur et dans esquels ses organes sont montés. Ses roulements sont à billes. Ses roues sont à rayons tangents et à pneumatiques.

Nulle carrosserie ne rappelle la voiture. Une tôlerie ingénieuse recouvre le cœur du mécanisme, et, sur la tôlerie, deux coussins à ressorts munis de dossiers attendent les voyageurs, l'un à l'avant, qui n'a d'autre fonction que de regarder le paysage et d'autre devoir que d'être joli, si c'est une dame ; l'autre, à l'arrière, qui conduit.

***

Si vous le voulez bien, faisons d'abord ensemble le tour d'une voiturette Bollée à deux places. Les figures ci-avant la représentent vue de droite et vue de gauche.

Remarquons d'abord que, topographiquement, la voiturette se pourrait diviser en trois régions : la *région d'avant*, celle de la direction. Les deux roues pivotent ensemble sous l'impulsion que le conducteur leur donne, à l'aide d'un volant horizontal garni de bois qu'il tient de la main droite ; la *région du centre*, celle de la transmission et des changements de vitesse, sur laquelle le conducteur est assis et qu'il commande tant de la main gauche par un levier unique qui produit toutes les manœuvres, que du pied droit par une pédale qui fait frein sur le volant ; la *région d'arrière*, celle du moteur et de ses annexes, à droite avec le réservoir dont le tube d'alimentation conduit au carburateur (situé à gauche) l'essence qui, mêlée à l'air atmosphérique, formera le gaz explosif qu'allumera le brûleur dans la chambre d'explosions du moteur.

Les trois régions sont ainsi bien distinctes les unes des autres. Nous les étudierons en détail.

***

Notre étude va ainsi porter sur l'examen d'organes nouveaux : 1° un moteur horizontal et pourvu d'un régulateur — 2° une transmission par engrenages et courroie combinés — 3° un carburateur par pulvérisation, distinct du réservoir d'essence — 4° un allumage par tube incandescent.

II. — L'ANATOMIE DE LA BOLLÉE

Retirons les coussins, coussins à ressorts, et placés, nous l'avons noté, directement sur les enveloppes de tôle qui garantissent partiellement le mécanisme de la poussière et de la boue. Déboulonnons ces deux grandes boîtes, l'une à l'avant, l'autre à l'arrière et voici la machine déshabillée. L'opération est si simple que j'ai cru inutile d'en faire des croquis.

Fig. 114

La figure 114 représente donc l'ensemble du mécanisme de la voiture vu de l'arrière et d'en haut. Le train d'arrière, au premier plan ; le train d'avant dans le fond, au second plan.

Les os de la voiture se composent, on le voit, de deux longerons parallèles, en tubes d'acier étirés à froid, tubes semblables à ceux qu'emploient les constructeurs de cycles, mais évidemment de parois plus fortes et de section plus grande. Ces deux longerons sont réunis à angles droits, c'est-à-dire perpendiculairement : à l'avant, par une longue traverse, de tube également, et qui les dépasse de chaque côté ; à l'arrière, ainsi qu'au centre, par de petites traverses aussi en tubes. Tout le châssis se compose donc d'un long rectangle horizontal que des tirants, placés en dessous, maintiennent indéformable.

C'est une particularité de la voiturette Bollée en tant que voiture, que tous ses organes soient ainsi installés sur un châssis, directement, sans ressorts. De place en place, des oreilles et des brides sont brasées sur ce cadre ; on démonterait et remonterait le tout avec une simple clef anglaise.

* * *

La région avant est celle de la direction. La figure 115 en indique clairement le dispositif.

Le châssis de tube porte, à chaque extrémité de la

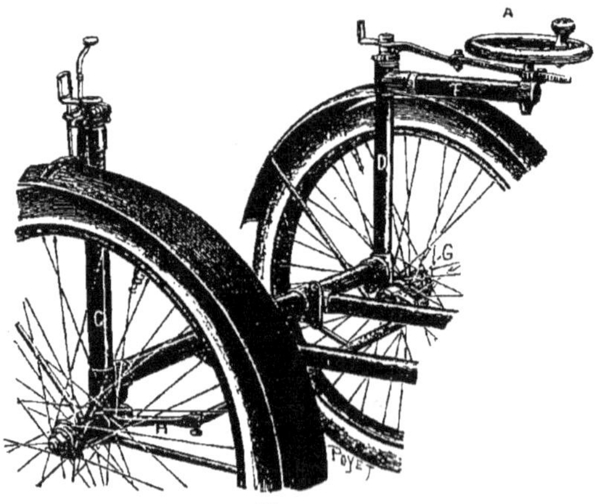

Fig. 115

grande traverse d'avant, une douille à billes, tout à fait comparable à la direction d'une bicyclette et que nous représentent les deux lettres C et D. — Cette douille est terminée en haut par une tête sur laquelle est monté, au lieu d'un guidon, un bras métallique, articulé au milieu comme un coude, et terminé par une crémaillère. Un gouvernail en bois, monté sur une avance en tube, et porteur sur son axe d'un petit pignon, engrène sur cette crémaillère, et, selon que le gouvernail est tourné dans un sens ou dans un autre, repousse ou amène le bras métallique.

La douille, qui fait corps avec ce bras, tourne également dans ce même sens ou dans cet autre; la roue, montée elle-même sur la partie inférieure de la douille, en suit aussi tous les mouvements. Par conséquent, si nous tournons le gouvernail de gauche à droite. nous attirons le bras vers nous et faisons tourner à droite la roue ; inversement, en tournant le gouvernail de droite à gauche, nous repousserions le bras et tournerions à gauche.

Comment le gouvernail dont nous venons de voir l'effet sur la roue de droite de la voiturette, peut-il commander en même temps la roue de gauche et faire que les deux roues se déplacent d'une même quantité et en même temps ? Par la simple liaison d'une barre rigide qui, par les petits bras G et H sur lesquels elle s'articule, maintient les deux roues dans un écartement constant, c'est-à-dire, par conséquent, transmet à la roue de gauche les moindres déplacements que subit la roue de droite de par le gouvernail.

Cette direction est simple, fort douce et très sûre. L'adhérence du train d'avant est presque infaillible même sur les terrains les plus glissants, car les deux roues se consolident mutuellement et le dérapage de l'une est instantanément corrigé par l'adhérence de sa camarade.

Les trois petites figures schématiques n° 116 indiquent les trois positions principales dans lesquelles peuvent se trouver les roues pour une direction extrême donnée. On remarquera les positions différentes que prennent la barre de jonction des roues et les petits bras que réunit cette barre, selon que le gouvernail guide sur la ligne droite ou sur la gauche ou sur la droite.

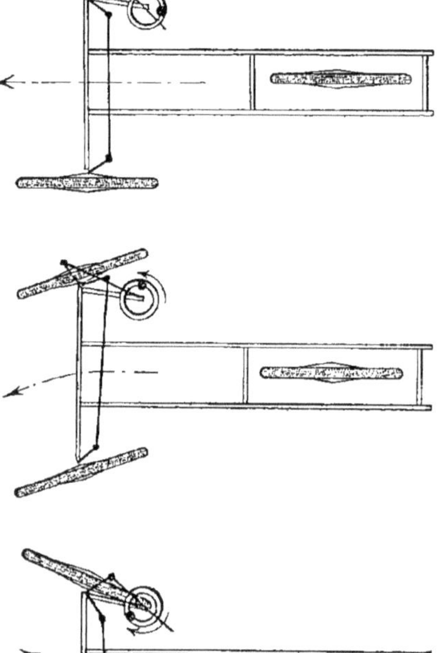

Fig. 116

*
* *

La *région arrière* est celle du moteur. Nous nous reporterons à la figure 114 pour en comprendre déjà, un peu *grosso modo*, le mécanisme.

Sur la droite du châssis, en A, se trouve le réservoir d'essence. Dévissons le bouchon qui le ferme, plaçons dans l'ouverture ainsi découverte un entonnoir, et versons-y quelques litres d'essence. Refermons.

Au-dessous du réservoir, en B, voici un robinet placé sur un long tube C qui contourne la voiturette à l'arrière et que maintiennent deux longues pattes. Ce tube conduit jusqu'au carburateur D l'essence qui y descend par la pesanteur, le niveau du réservoir étant sensiblement supérieur à celui du carburateur. A l'arrêt complet de la voiturette, pendant le remisage, par exemple, nous fermerons ce robinet B. Inutile, en effet, d'alimenter le carburateur puisqu'il ne consomme pas ; une fuite pourrait se produire, imperceptible, et goutte à goutte le liquide disparaîtrait. Qui sait si, répandu sur le sol en nappe, il ne pourrait, au jaillissement d'une étincelle venue du soulier ferré d'un croquant, au contact d'une allumette ou d'une cigarette étourdiment jetée à terre, causer un incendie redoutable ? Donc, au garage, fermons ce robinet d'alimentation.

Pour mettre en marche, ouvrons-le. L'essence descend en D. Nous verrons comment, maintenue à un niveau constant par un flotteur, elle est aspirée gorgée par gorgée par le cylindre, pulvérisée et mélangée à l'air atmosphérique par ce carburateur ; comment le mélange explosif ainsi obtenu pénètre par le tube E dans la chambre d'explosions (située au-dessous de F, couvercle de la soupape d'admission).

Le mélange aspiré dans le cylindre horizontal, à ailettes, G, est comprimé au retour du piston et enflammé non plus par une étincelle électrique, comme dans le moteur de Dion et Bouton, mais par le contact de ce mélange avec un tube de platine que chauffe continuellement au rouge un brûleur protégé du vent par une cage perforée N, et alimenté par un petit réservoir accroché au dossier du siège du conducteur (voir figures 112 et 113). Ce réservoir se déverse dans le tube M qui amène l'essence en suivant par-dessous le châssis de la voiturette.

L'explosion produite, la période motrice terminée (3e temps du cycle à 4 temps, voir *Partie Théorique*), le piston refoule les gaz brûlés. La soupape d'échappement, invisible ici, s'ouvre, et les gaz se détendent dans la boîte K, puis passent dans l'atmosphère. Je rappellerai en passant que c'est sur la soupape d'échappement que le régulateur du moteur produit son effet lorsque la vitesse tend à dépasser la normale; il empêche la soupape de s'ouvrir, produit ainsi tout un cycle sans période motrice et par conséquent oblige le moteur à continuer à marcher par la réserve d'énergie qu'a emmagasinée son volant, c'est-à-dire en somme à « user sa force » et à ralentir, expression vulgaire qui traduit bien, je crois, l'effet de l'intervention du régulateur.

Les boules du régulateur de la Bollée sont placées dans le volant même du moteur (à droite, près du réservoir A), invisibles ici. Leur action est transmise à la soupape d'échappement (verticalement au-dessous de F) par des tringles que nous étudierons plus loin et qui passent le long du cylindre.

En H enfin, un bon graisseur, plein d'huile épaisse spéciale, lubrifie le piston chaque fois qu'il passe sous lui.

La bielle et la manivelle du piston, invisibles également ici, sont enfermées dans un carter étanche. Le graissage se fait ainsi en grande partie par barbotage.

III. — LA TRANSMISSION

Le moteur est donc ainsi en marche. L'essence arrive régulièrement, les explosions se succèdent, le volant tourne, le régulateur agit en temps opportun. Remarquons immédiatement que, en conformité des observations que nous avons faites ensemble précédemment, le moteur tourne ici tout en laissant immobile la voiture. Par conséquent la roue motrice d'arrière demeure encore stationnaire. Comment va-t-elle se mouvoir ?

La bielle du moteur fait tourner l'arbre sur lequel elle est fixée, arbre à l'autre bout duquel est calé le volant, arbre que nous appellerons *principal* ou *primaire*. Cet arbre porte trois pignons fixés sur lui dans une position immuable et qui, par conséquent, tournent constamment avec lui.

Parallèlement à cet arbre primaire, un arbre *secondaire* dont la figure 114 montre à gauche une extrémité qui dépasse (au-dessus de H), porte à la fois trois roues dentées que le levier L peut déplacer longitudinalement, et un tambour J qui tourne toujours avec lui, mais ne peut se mouvoir sur l'arbre ni à droite ni à gauche. Ce tambour reste constamment dans le même plan vertical qu'un tambour plus grand faisant corps avec la roue motrice et qu'on voit près de A.

L'arbre primaire tourne donc avec ses pignons en position immuable. Nous avons eu soin, mettant en marche le moteur, de faire qu'aucune des trois roues dentées de l'arbre secondaire ne fût en prise avec l'un de ces pignons ; par conséquent, l'arbre secondaire demeure immobile.

Mais donnons un tour de poignet au levier L. Nous amenons ainsi le train d'engrenages mobiles de l'arbre secondaire en face des engrenages de l'arbre primaire. Deux d'entre eux entrent en prise. Aussitôt le train secondaire, et par conséquent le tambour J, se mettent en route. Si nous avons passé sur le petit tambour de l'arbre secondaire une courroie qui l'unisse au tambour de la roue motrice, et que cette courroie soit suffisamment tendue pour ne pas patiner, voici la roue motrice en marche et la voiturette portée en avant d'autant plus rapidement que le rapport entre les engrenages en prise est plus grand.

La tension de la courroie varie ici selon le désir du conducteur. Nous allons voir l'ingéniosité de ce levier L qui permet au conducteur non seulement de produire les trois changements de vitesse nécessaires, mais aussi de tendre ou détendre la courroie de transmission (en reculant ou en avançant la roue motrice), par conséquent de débrayer ou d'embrayer à la fois par les engrenages et par la courroie; et encore de freiner (en appuyant le tambour de la roue motrice sur un sabot fixé au châssis).

Cette pièce curieuse mérite une explication très détaillée. Elle fait partie de la *troisième région* de la voiturette Bollée, celle de la transmission.

La commande des changements de vitesse, l'embrayage, le débrayage et aussi le freinage se font donc par le seul levier L qui se trouve sous la main gauche du conducteur. Cette pièce est un des organes nettement originaux de la voiturette Bollée. Elle vaut par sa simplicité, qualité la plus rare et la plus précieuse d'un organe destiné à toutes les inexpériences du public.

Ce levier est articulé, dans son ensemble, d'avant en arrière, et réciproquement. Il suffit de pousser le levier en avant pour que la courroie soit tendue et que, par suite, l'embrayage soit produit. En le tirant vers l'arrière (position de la figure 117), la courroie se détend et vient reposer sur le fond de la fourchette F qui lui sert de guide. Si nous tirons ce levier tout à fait à nous, la roue motrice se rapproche davantage encore des engrenages, et la grande poulie T, qui est montée sur elle au moyen de brides plates en forme de V, vient frictionner contre le patin R monté immobile sur le châssis. Le moteur peut continuer à tourner, les engrenages de l'arbre secondaire peuvent même rester

Fig. 117

en prise avec ceux de l'arbre moteur ou primaire, la roue motrice n'en est pas moins calée par ce sabot. La courroie C glisse sur la petite poulie P et sur la grande T auxquelles la tension seule la faisait adhérer, et le véhicule peu à peu s'arrête. Le freinage est ainsi obtenu.

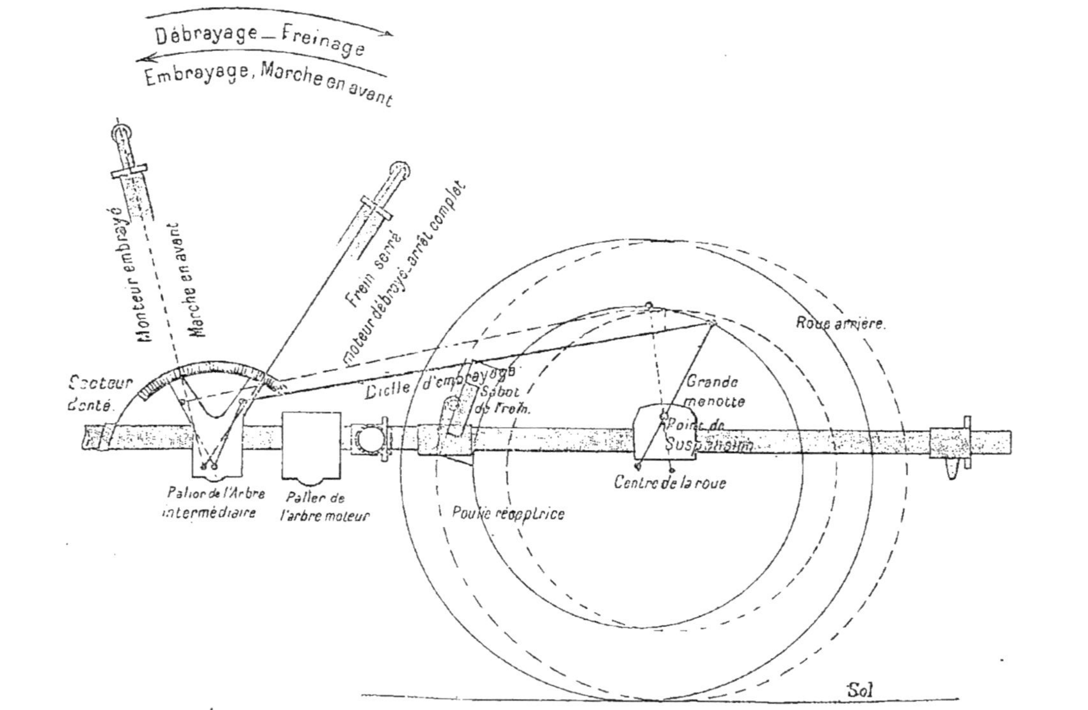

Fig. 118. — SCHÉMA DE L'EMBRAYAGE ET DU FREINAGE DANS LA VOITURETTE LÉON BOLLÉE

***

Comment le levier est-il disposé pour obtenir le déplacement de la roue motrice, et comment cette roue est-elle elle-même montée pour qu'il lui soit possible de se déplacer?

L'axe secondaire — qui, nous l'avons vu, porte les engrenages mobiles et la petite poulie ou petit tambour — sert, à son extrémité gauche, de support au levier. La partie inférieure de ce levier forme collier monté sur l'axe, et l'on conçoit que rien ne soit plus simple que de déplacer le levier autour de cet axe fixe qui sert de centre à une circonférence dont le levier lui-même serait le rayon. Le levier n'a d'ailleurs pas besoin ici d'un si long parcours; il suffit qu'il puisse se déplacer de quelques centimètres pour que tous les effets désirés soient produits.

Fig. 119

Pour rendre son maniement plus pratique, pour éviter au conducteur la peine de faire un effort constant sur le levier afin de maintenir en tension la courroie de transmission, l'inventeur a installé sur le châssis de la voiturette un secteur denté S (fig. 119), dans lequel viennent s'accrocher, à la place où on le désire, trois petites dents que porte lui-même le levier vers le quart de sa hauteur.

Ce dispositif du secteur nécessite, mes lecteurs l'ont déjà compris, une nouvelle articulation du levier en sa partie inférieure. En effet, si le levier était purement et simplement monté sur l'axe, il se déplacerait bien parallèlement à la voiturette, mais comment obtiendrions-nous que les dents qu'il porte entrent dans la dentelure du secteur ou en sortent? Il faut donc, de toute obligation, que le levier puisse être par nous *écarté* du secteur, afin que les dents se *dégagent*, et qu'ensuite, l'ayant attiré ou repoussé en une autre position, soit pour débrayer un peu, soit pour embrayer davantage, il soit *ramené* contre le secteur afin que les dents se reprennent en cet autre point choisi.

Ce déplacement latéral n'est certainement pas considérable, puisque les dents n'ont que quelques millimètres d'épaisseur et qu'il suffit exactement qu'elles se dégagent du secteur pour que la liberté des mouvements soit rendue au levier, mais enfin faut-il qu'il y ait articulation.

A cet effet, la partie basse du levier est munie d'une chape (qu'indique la fig. 119) et qui vient s'articuler sur la douille enfilée sur l'axe secondaire. Un ressort R appuie continuellement le levier contre le secteur, c'est-à-dire force les dents du levier à être toujours en prise avec celles du secteur.

En résumé, par conséquent, pour changer de place le levier, il faut préalablement repousser de côté le levier afin de dégager ses dents de celles du secteur, puis mouvoir le levier soit vers l'avant, soit vers l'arrière. Il n'y a là aucune difficulté, le mouvement se faisant d'instinct dès qu'on en a pris quelque peu l'habitude.

La place nouvelle du levier étant choisie, le ressort

rappelle le levier, et les dents le maintiennent dans la position sans même que le conducteur ait besoin de garder la main sur la poignée (1).

Les mouvements du levier se transmettent à la roue très simplement. La douille montée sur l'axe secondaire porte, brasé sur elle, un bras A (fig. 119) qui se termine à une menotte M au bas de laquelle est montée la roue motrice.

Avant d'entrer dans les détails, observons bien que le levier L et le bras A, montés d'une façon rigide sur la même pièce, sont solidaires dans leurs mouvements, c'est-à-dire que déplacer L, fût-ce d'une quantité très minime, équivaut à déplacer A de la même quantité. Le bras A et la grande menotte de la roue étant réunis par une même bielle rigide B, déplacer A équivaut à déplacer la menotte elle-même. Par conséquent, déplacer le levier, c'est exactement déplacer la menotte qui porte la roue.

Levier et menotte se déplacent de la même valeur et dans le même sens; dans la figure 117 par exemple, le levier étant au débrayage (amené vers l'arrière), la menotte M est également chassée vers l'arrière.

La roue motrice n'est en effet pas montée directement sur le châssis de la voiturette. La figure 120 montre que son axe est sensiblement *au-dessous* des longerons. La roue est montée en réalité sur deux menottes M et *m*, l'une dite *grande menotte*, l'autre dite *petite menotte*, dont le point d'articulation est situé *au-dessus* des longerons, à l'endroit où sont dessinés, de chaque côté, une tête de boulon.

En somme, la roue est suspendue à l'extrémité d'un

(1) La partie de la figure 119 qui forme au-dessus de la bielle une sorte de cheminée recourbée, est un graisseur. On le voit au même endroit dans la figure 117, ainsi que deux autres, un troisième restant caché. Ces quatre graisseurs servent, deux par deux, à lubrifier les paliers d'extrémité frottante de l'arbre moteur et de l'arbre secondaire.

levier. La grande branche du levier est M proprement dit; la petite branche est la partie située au-dessous de l'articulation ; voici pour la droite. A gauche, la roue est suspendue à l'extrémité de la petite branche *m* du levier, dont la grande branche n'existe pas, car elle serait superflue, les déplacements de M et de *m* ne pouvant qu'être parallèles.

Ici encore je ferai une observation. Ainsi qu'il est

Fig 120

facile de le constater dans tous les leviers du premier genre, ceux qui sont formés par exemple d'une barre ayant un point d'appui qui détermine dans cette barre deux branches égales ou inégales, les deux branches ne se dirigent jamais dans le même sens; lorsque l'une est poussée vers la droite, l'autre est fatalement poussée vers la gauche, et réciproquement..C'est là l'explication des mouvements, tout d'abord singuliers, de la roue motrice qui va d'arrière en avant lorsque nous amenons le levier d'avant en arrière (débrayage) et fait l'inverse lorsque nous repoussons le levier (embrayage).

En effet, la roue motrice est montée, nous venons de le voir, sur la petite branche d'un levier du premier genre dont nous déplaçons la grande branche. La roue fait par conséquent l'inverse des mouvements que nous *semblons* en réalité lui commander.

Il n'y a là d'ailleurs rien de déconcertant pour le conducteur. Rien n'est plus instinctif que de pousser le levier L vers l'avant, lorsqu'on veut aller de l'avant, ou de le ramener vers soi lorsqu'on veut retenir. C'est même le geste naturel de l'homme qui conduit une voiture attelée.

***

Le levier de la voiturette Bollée a l'énorme avantage de permettre au conducteur de proportionner la tension de la courroie à l'adhérence qu'il juge nécessaire pour un effort donné. Dans un démarrage en terrain mou, montueux, le travail demandé au moteur serait peut-être excessif si l'embrayage se faisait nettement comme dans la plupart des voitures où, quoi qu'en disent les constructeurs, l'embrayage *est* ou *n'est pas*, sans adoucissement.

Ici, le moteur paraissant, je suppose, ne devoir pas pouvoir enlever la voiturette dans une circonstance difficile, ramenez légèrement à vous le levier; la courroie se détend un peu, le moteur reprend. Repoussez le levier légèrement; aussitôt la courroie se retend quelque peu; elle patine deux ou trois tours sur les poulies, mais le démarrage se fait progressivement, et voilà la voiturette tirée d'affaire !...

Plus loin, la route est bonne, la vitesse s'affirme. Pourquoi laisser tant de tension à la courroie ? Allégez l'allure du moteur en donnant moins de raide à la transmission, et votre allure s'accroît encore !

La science du levier est donc une des qualités essentielles du propriétaire d'une voiturette Bollée. C'est là un excellent organe dont les habiles tirent le meilleur rendement.

*
* *

Le curieux levier de la voiturette Bollée ne sert pas seulement à séparer le moteur de la roue motrice en détendant la courroie et faisant frein, ou à les lier en la tendant; rôle important que nous venons d'étudier.

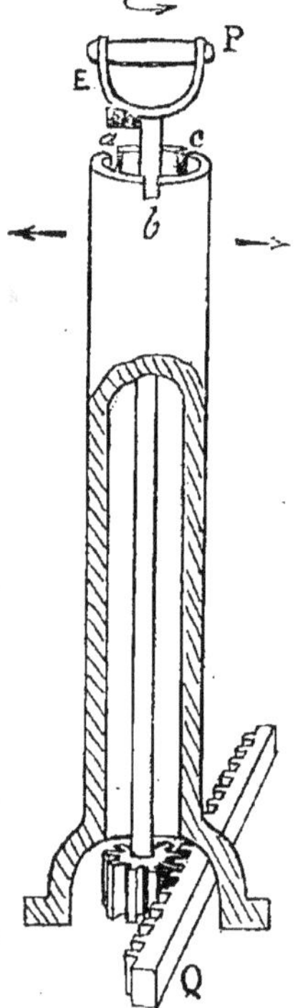

Fig. 121. — SCHÉMA

Il a encore les fonctions délicates de modificateur des vitesses, c'est-à-dire qu'il fait, selon les besoins, varier les diamètres des engrenages commandants (placés sur l'arbre moteur ou primaire) et des engrenages commandés (placés sur l'arbre intermédiaire ou secondaire), et par conséquent varier les allures.

Nous l'avons vu se déplaçant latéralement à la voiturette pour produire les premiers effets. Examinons-le pivotant sur lui-même pour produire les seconds.

Le levier est un tube traversé en son centre par un axe dont l'extrémité supérieure est terminée par la poignée P (fig. 121) et dont l'extrémité inférieure aboutit à un petit pignon. Poignée, axe et pignon sont donc une seule et même pièce. Quand nous tournerons la poignée, nous tournerons de la même quantité le pignon.

Trois encoches, *a*, *b*, *c*, pratiquées dans la partie supérieure du levier et destinées à recevoir alternativement un ergot E que porte le bas de la poignée, nous permettront d'abandonner cette poignée dans la position exacte où nous l'aurons placée. Pour la changer d'encoche, c'est-à-dire pour changer la prise de tels

Fig 122

engrenages déterminés, il nous suffira de tirer légèrement sur la poignée pour sortir l'ergot de l'encoche; de la tourner en une nouvelle position, et d'enfoncer derechef l'ergot dans l'encoche qui correspond à la vitesse choisie.

Ainsi que nous l'avons déjà vu, l'arbre *principal* du moteur (qui est mû directement par la manivelle du moteur) ne peut se déplacer latéralement, glisser dans ses paliers; il ne peut que tourner sur lui-même avec, bien entendu, les roues dentées qui sont clavetées ou soudées sur lui.

Tout au contraire, l'arbre *secondaire*, non seulement tourne sur lui-même lorsque l'un de ses engrenages est en prise avec l'un de ceux de l'arbre moteur, mais il peut encore se déplacer latéralement de façon à amener en face des engrenages de l'arbre moteur une des trois roues dentées qu'il porte (fig. 122).

L'arbre intermédiaire se déplace donc latéralement avec tout ce qui est fixé sur lui. Par conséquent, la poulie motrice P, à laquelle il sert d'axe, n'est pas *fixée* sur lui; il est impossible, en effet, que cette poulie se déplace latéralement, puisque, pour le passage de la courroie, elle doit rester toujours dans le même plan que la poulie réceptrice que porte la roue arrière. L'arbre intermédiaire est donc, dans sa traversée de la paroi de la poulie à frottement doux, mais muni d'un *toc* qui lui permet de toujours l'entraîner dans sa rotation. Lorsqu'il tourne sur lui-même, il entraîne la poulie; lorsqu'il se déplace latéralement, tout en continuant de tourner, il glisse dans le centre de la poulie et ne la change pas de place, tout en continuant à la faire tourner. Ces mouvements sont d'ailleurs bien indiqués par le schéma ci-contre (fig. 123).

Comment se déplace cet arbre intermédiaire? De la façon la plus simple du monde. Une de ses extrémites porte une crémaillère Q (fig. 121) qui reste constamment en prise avec le petit pignon de l'axe central du levier et qui obéit par suite à tous ses mouvements. On le comprend sans explications autres, et je n'insiste pas.

La petite vitesse est obtenue (fig. 122) lorsque la plus petite roue dentée de l'arbre moteur A est en prise avec la plus grande de l'arbre intermédiaire A'. Inversement, la plus grande allure procède de l'emprise de la plus grande roue de l'arbre primaire C avec la plus

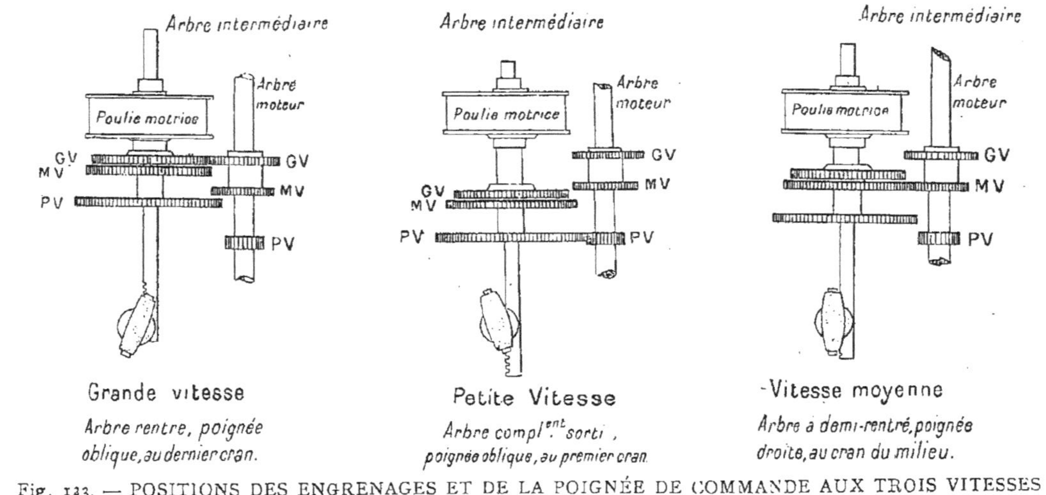

Fig. 123. — POSITIONS DES ENGRENAGES ET DE LA POIGNÉE DE COMMANDE AUX TROIS VITESSES DANS LA VOITURETTE LÉON BOLLÉE

petite de l'arbre secondaire C'. La vitesse moyenne est obtenue par l'engrenage de deux roues de diamètres un peu différents BB'.

Ces trois groupes d'engrenages correspondent — étant tenu compte du nombre de tours du moteur, des diamètres des poulies motrice et réceptrice, et du diamètre de la roue arrière — à des vitesses de 8, 16 et 24 kilomètres à l'heure, bien suffisantes pour la généralité des cas. Cependant les constructeurs livrent également des « Bollée » dont les vitesses, par suite de l'augmentation du diamètre de la poulie motrice ou de la diminution du diamètre de la poulie réceptrice, fournissent 10, 20 et 30 à l'heure. Les machines de course à une place sont même montées avec 12, 24 et 36, vitesses qui, lorsqu'on emploie l'accélérateur, dont nous verrons plus loin l'usage, peuvent monter jusqu'à 50.

Tous ces engrenages sont enfermés dans une boîte métallique hermétique qui les soustrait à la poussière et permet un graissage abondant. Ils sont d'ailleurs très aisément visitables. Il suffit d'ouvrir une petite porte située dans la tôlerie.

***

En résumé, voici les principales manœuvres auxquelles donne lieu ce levier unique :

Le moteur étant mis en marche, la voiture restant arrêtée, le conducteur, après s'être assuré que l'ergot est dans l'encoche de la plus petite vitesse, écarte légèrement de son corps le levier afin de dégager des dents du secteur le peigne et, le maintenant toujours écarté, il amène ce levier vers l'avant pour tendre la courroie.

La tension voulue étant obtenue, la voiture démarre. Le conducteur laisse alors le levier revenir vers lui, le peigne reprend le secteur, et le levier reste en la place qui lui est assignée.

En règle générale, on ne doit démarrer qu'à la plus petite vitesse; c'est d'ailleurs obligatoire sur un terrain meuble où les roues enfoncent, ou dans une côte. En partant en ce cas à la vitesse moyenne ou à la grande vitesse, on demanderait au moteur un effort excessif et on le *calerait*, c'est-à-dire qu'on l'arrêterait net. Il faudrait le remettre en route.

En très bon terrain ou en légère pente, on peut partir à la deuxième ou même à la troisième vitesse. Mais les débutants feront bien de s'abstenir d'en essayer.

Le levier doit normalement être attaqué par la main les *ongles en dessous*, le bourrelet de la poignée étant bien installé à fond de la paume (fig. 124). C'est en cette position qu'on lève le plus facilement la poignée pour changer l'ergot de place et qu'on la tourne le plus commodément de droite et de gauche pour monter à une vitesse supérieure. C'est en cette position encore qu'on serre aisément le frein en ramenant en arrière le levier.

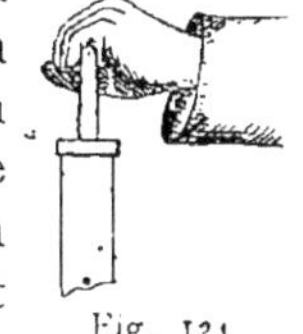
Fig. 124

La main ne doit attaquer la poignée *ongles en dessus* que pour faire passer le levier à une vitesse inférieure à celle qu'a la voiture à ce moment. Le conducteur soulève alors la poignée et tourne la main *de gauche à droite* (fig. 125). L'ergot tombe dans le premier cran qu'il rencontre. C'est la vitesse inférieure.

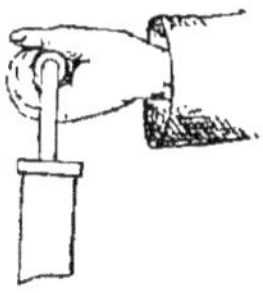

Fig. 125

De la bonne position de la main dépend donc l'infaillibilité des manœuvres exécutées. Bien placée, la main n'exécutera pas un mouvement contraire à celui que lui commande le cerveau, car *elle ne pourrait l'exécuter*.

Avant de changer de vitesse, il faut expressément débrayer. La main a donc : 1° à écarter le levier; 2° à le tirer en arrière toujours écarté; 3° à tourner la poignée, le levier étant toujours écarté; 4° à pousser le levier en avant (toujours écarté); 5° à laisser le levier reprendre sa place sur le secteur.

Opérations longues à expliquer et cependant bien simples à exécuter. Quelques heures de maniement font de la manœuvre du levier une simple question instinctive. Avec un peu d'habitude, on ne pense pas plus au levier de la voiturette qu'au guidon de sa bicyclette.

Disons enfin que les changements de vitesse doivent être toujours faits rapidement afin que les dents changent franchement de prise sans faire un bruit désagréable qui en annonce l'entrechoc; et remarquons également que le conducteur ne peut passer brusquement d'une vitesse extrême (la petite), sans passer par la moyenne. Mais il peut faire la manœuvre si rapidement, lorsqu'il en a l'habitude, que l'on ne s'aperçoit pas de la petite station qu'il a faite.

IV. — LE MOTEUR

Le moteur de la voiturette Bollée est horizontal. Il fonctionne à quatre temps comme tous les types communément employés en locomotion sur route. Nous allons en étudier rapidement le principe en suivant la figure schématique n° 126.

Le gaz, formé dans le carburateur (en l'espèce, le carburateur Phénix de la maison Panhard et Levassor) par le mélange de l'air et de l'essence aspirés ensemble par le piston, pénètre dans le cylindre par la soupape d'admission *a*. Nous n'avons pas de différence fondamentale à signaler entre cette soupape et celle du tricycle à pétrole que nous avons précédemment étudiée ; le ressort, faible, exactement assez puissant pour rappeler la soupape sur son siège dès que l'aspiration qui l'a soulevée est terminée, le ressort est placé au-dessus de la soupape, comme dans le de Dion d'un cheval 3/4.

Le gaz pénètre donc dans le cylindre tant que le piston s'éloigne, tant qu'il y a aspiration, tant que la soupape demeure ouverte (*1er temps*).

A bout de course, le piston n'aspirant plus, la soupape se ferme d'elle-même. La cylindrée est faite. Le piston revient vers le fond du cylindre, refoulant le gaz, le comprimant dans la chambre d'explosions A que termine un tube de platine constamment maintenu au rouge par un brûleur extérieur R (*2e temps*).

Ce tube de platine (qui n'a pas pu mettre le feu au gaz lors de son admission, nous verrons plus loin pourquoi) le fait exploser dès que la compression pousse en lui une partie de ce gaz, et voici le piston violemment projeté en avant (*3e temps — période motrice*).

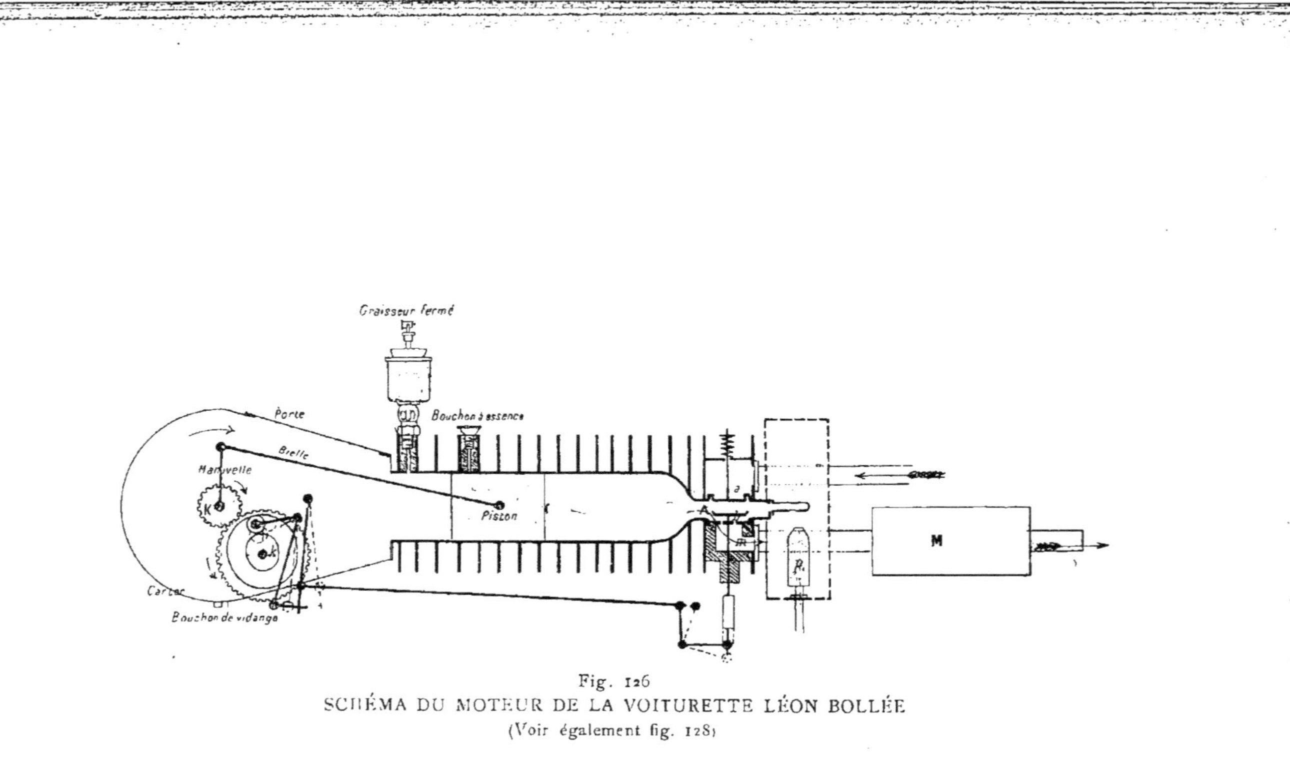

Fig. 126
SCHÉMA DU MOTEUR DE LA VOITURETTE LÉON BOLLÉE
(Voir également fig. 128)

Remarquons bien ici le sens exact dans lequel tourne l'arbre moteur, celui sur lequel est calée la manivelle. Il tourne dans un sens tel qu'il semblerait *a priori* que la voiturette dût marcher à reculons. N'oublions pas que la transmission de ce mouvement se fait à la voiturette par des engrenages à intermédiaires et que deux engrenages en prise extérieurement tournent dans un sens différent l'un de l'autre. L'arbre moteur doit donc tourner d'avant en arrière pour que la voiture avance d'arrière en avant.

Le piston, violemment projeté, est donc parvenu au bout de sa course, produisant par ses intermédiaires un travail utile sur la roue motrice. Il revient maintenant en arrière. La soupape d'échappement du gaz brûlé va s'ouvrir (*4e temps*) pour vider le cylindre et lui permettre d'aspirer du mélange neuf.

Comment s'ouvrira cette soupape ?

La soupape d'échappement *b* est située exactement au-dessous de celle d'admission. Elle ne porte pas sur sa tige, comme celle du de Dion, un fort ressort qui la rappelle. Sa tige repose sur une pièce-poussoir que meut le moteur, lors du 4e temps, par la succession de tringles et de leviers que montre la figure ; tringles et leviers que nous étudierons avec plus de détails et qui sont, disons-le tout de suite, beaucoup plus simples qu'ils ne le paraissent à première vue.

Le moteur ne meut ces leviers que lors du quatrième temps. En effet l'arbre moteur qui porte, nous l'avons vu, trois pignons de tailles différentes pour produire trois vitesses différentes, actionne *par le plus petit* de ces pignons K, par celui de la petite vitesse par conséquent, une roue dentée de *diamètre double*, portant un excentrique. Ce petit pignon, calé sur l'arbre moteur, a donc, retenons ceci, deux rôles à jouer dans la marche du véhicule : sur sa face antérieure il prend, quand le conducteur le désire, engrenage avec l'arbre intermédiaire pour produire la petite vitesse; sur sa face postérieure, il engrène *constamment* avec la roue dentée à excentrique. Ces deux fonctions sont bien distinctes, puisque l'une est occasionnelle et concerne la voiturette proprement dite, et l'autre est constante et concerne le moteur proprement dit.

La roue dentée à excentrique, de diamètre double de celui de ce petit pignon, ne fait donc qu'un demi-tour lorsque l'arbre moteur en fait un complet. Or, pendant quatre temps de va et vient du piston, l'arbre moteur fait deux tours complets. C'est dire que la roue dentée à excentrique n'en fait qu'un seul; c'est dire que le galet qu'elle renferme et qui est lié au levier d'ouverture de la soupape d'échappement, n'est déplacé que pendant un seul temps (le 4e) de la position qu'il occupe pendant les trois autres.

La soupape ainsi ouverte brusquement, le gaz s'échappe en *m* par la boîte M, et le cycle recommence.

Le piston n'a pas besoin d'être démontré; il est analogue à celui que nous avons déjà examiné. Ses segments sont au nombre de quatre.

La manivelle est équilibrée par un contrepoids de forme spéciale qui corrige les à-coups que l'éloignement du volant pourrait occasionner à l'arbre principal (fig. 140).

Le tout baigne dans l'huile que renferme un carter dont l'ouverture est située à la partie supérieure, en forme de petite porte glissant dans deux rainures.

V. — LE CARBURATEUR PHÉNIX

La figure 127 montre la position qu'occupe, dans la Bollée, le carburateur J par rapport au réservoir d'essence M. Le carburateur est sensiblement à un niveau inférieur.

L'essence y descend donc par simple effet de pesanteur en coulant par le tube qui joint les deux organes l'un à l'autre. Deux robinets sont situés sous le réservoir; l'un qui est *purgeur*, c'est-à-dire permet au conducteur de vider de temps à autre complètement le réservoir afin de le débarrasser des impuretés qui peuvent y être tombées, ou simplement d'une vieille essence alourdie qui se prête mal à la carburation; l'autre qui est *alimenteur*, c'est-à-dire donne ou refuse au carburateur, et par suite au moteur, son alimentation d'essence, selon qu'il est ouvert ou fermé.

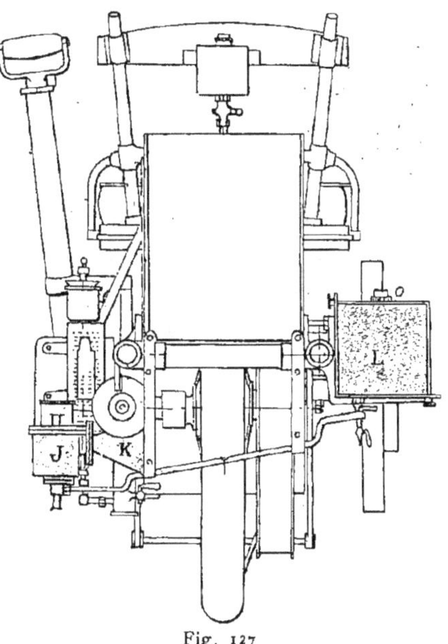

Fig. 127

Le carburateur est donc ici, contrairement au dispositif que nous avons étudié dans le tricycle de Dion, distinct entièrement du réservoir d'essence.

Le carburateur « Phénix » est représenté sous sa forme extérieure exacte par la figure 128. Il mérite une description détaillée, car il est un des meilleurs carburateurs existants et contribue à donner à la marque célèbre " Panhard " toute la valeur qui lui est reconnue dans le monde de l'automobile. Il se compose, comme on le voit, de trois pièces principales M N O, la première qui est un récipient où l'essence est maintenue à un niveau constant; la seconde, une chambre d'arrivée pour l'air; et la troisième, une pièce où l'essence, pulvérisée par le dispositif que nous allons voir, se mélange à l'air pour former le gaz qu'aspire le moteur.

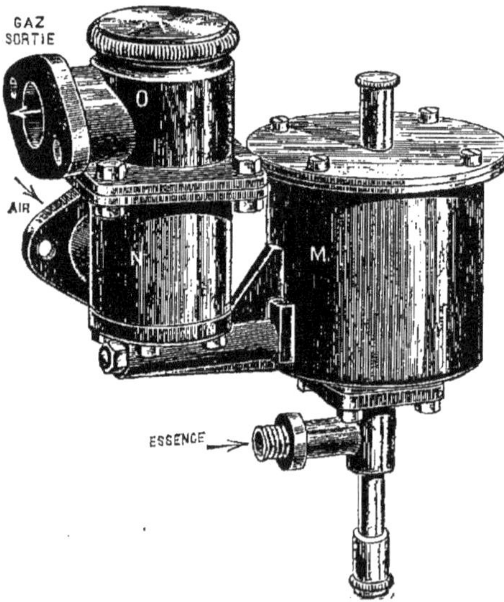

Fig. 128

L'appareil est peu volumineux puisque son encombrement n'est guère que de 15 centimètres de hauteur, 15 centimètres de largeur et 12 centimètres d'épaisseur.

La figure 129 nous montre une coupe de ce carburateur.

Le tube amenant l'essence est vissé sur le canal A. En vertu du principe connu des vases communiquants, qu'arriverait-il logiquement au moment où nous ouvririons le robinet d'alimentation? L'essence tendrait à prendre dans le carburateur le niveau qu'elle a dans le

Fig. 129. — COUPE DU CARBURATEUR PHÉNIX

réservoir, si bien qu'elle entrerait de A en B, remplirait complètement la cavité du réservoir M, passerait en F, monterait en G, remplirait la cavité S et, cherchant toujours à prendre son niveau, monterait jusqu'au raccord J. Le carburateur serait immédiatement noyé d'essence, rempli complètement.

On pourrait évidemment placer sur la voiturette, ou sur une voiture, le carburateur de telle façon que la différence de son niveau avec celui du réservoir fût très faible, exactement suffisant pour son alimentation. Mais, outre qu'il y aurait, avec ce dispositif, des complications souvent insurmontables pour l'installation exacte du carburateur, le problème ne serait pas résolu, attendu que rien n'est moins constant que le niveau de l'essence dans le réservoir, de par les trépidations et les chocs de la route, de par surtout la consommation qui le fait progressivement baisser à chaque instant.

Or, la constance du niveau dans le carburateur est ici une question capitale. L'essence ne pénétrant dans le moteur que par aspiration, et les aspirations successives ayant toujours la même valeur, il est de toute nécessité que l'essence ne se trouve pas tantôt à un point, tantôt à un autre; de façon à ce que l'aspiration lui fasse parcourir un chemin de longueur toujours la même, c'est-à-dire, en un mot, que l'aspiration enlève toujours exactement la même quantité d'essence. La marche régulière du moteur ne peut être obtenue qu'à ce prix, on le conçoit, le rendement ne pouvant que varier avec une nourriture variable.

Le premier problème qui se posait à l'esprit du constructeur était ainsi la régularisation du niveau d'essence dans le carburateur. Il y parvint de la façon la plus simple.

L'essence pénètre donc par A. Elle monte dans le carburateur par la simple différence des niveaux, nous l'avons vu. Elle remplit par conséquent le conduit vertical qu'elle rencontre tout aussitôt et traverse une toile métallique très fine qui retient les petites saletés qui peuvent venir du réservoir. La partie basse de ce conduit est fermée par un bouchon vissé, pour la purge lorsque besoin en est.

Ayant traversé la toile métallique, le liquide pénètre dans la grande chambre M du carburateur par une entrée étroite B, de forme conique, dans laquelle une tige pleine, dont l'extrémité est conique également, peut s'insérer exactement de façon à former bouchon (voir figure annexe). On comprend que, pour obtenir un niveau constant dans la chambre M, il suffise que le bouchon métallique se lève et s'abaisse toujours à propos, qu'il laisse entrer un peu d'essence quand il en manque un peu, ou qu'il ferme l'entrée lorsque le niveau va être dépassé.

Pour atteindre cet effet, il suffisait d'obtenir qu'une pièce, influencée par le niveau lui-même, commandât ces variations d'effet de la tige d'obturation.

Un flotteur C, en métal, creux bien entendu, de forme circulaire, nage dans l'essence. La tige centrale le traverse. Comment obtenons-nous que les mouvements du flotteur et ceux de la tige soient inverses, c'est-à-dire que la tige descende boucher l'entrée de l'essence précisément par le seul fait que le flotteur monte, et réciproquement ? Tout simplement par le jeu des deux petits leviers D fixés au plafond de la chambre, et dont les grandes branches reposent sur le flotteur alors que les petites sont engagées en E dans une pièce ronde à gorge qui fait corps avec la tige centrale.

La tendance naturelle de ces petits leviers, à cause de leurs petites masses D, est de prendre la verticale, autrement dit de reposer constamment sur le flotteur et d'en suivre continuellement les mouvements. L'essence vient-elle à manquer au carburateur, le niveau a-t-il baissé par conséquent ? Le flotteur descend, les petits leviers font monter la pièce E jusqu'au plafond (ainsi que l'indique la figure principale) et le liquide pénètre en B.

L'essence est-elle trop abondante ? Le flotteur monte (voir figure annexe), passe de la position que représente le pointillé à celle qu'indique le trait; la pièce E descend, et l'entrée du liquide est bouchée.

*
* *

Par cette régulation du niveau d'essence, qu'a obtenu le constructeur ? Ceci : l'essence, pénétrant par le conduit F, arrive dans l'ajutage G, de section très petite, et s'y maintient (toujours par suite du principe des vases communiquants) au même niveau que dans la chambre M. Il s'ensuit donc que l'essence ne monte dans la fine pièce verticale G que jusqu'à un point déterminé et qu'elle ne le dépasse jamais, du moins si une autre force que la pesanteur n'intervient pas. Obtenir l'essence toujours au même niveau dans l'ajutage, tel est le seul rôle du flotteur.

L'essence est ainsi en attente. Le moteur, lancé, fait trois temps : il comprime, il travaille, il chasse. Le cylindre est vide. Voici le quatrième temps : il aspire.

Un vide brusque se produit dans le cylindre, une dépression presque instantanée du côté du moteur, qui équivaut à une pression égale exercée sur l'essence dans la chambre M, et qui fait par conséquent fortement gicler l'essence contre un champignon strié H, pendu au plafond de la chambre O.

On peut en effet comparer la situation de l'essence dans ce carburateur à celle de l'aiguille d'une balance. Tant que la pression est la même en avant et en arrière d'elle, c'est-à-dire dans la chambre N et dans la chambre M, elle reste invariablement dans l'ajutage au niveau qu'impose le flotteur. Au repos, ou lorsque la soupape d'admission est fermée, la pression des deux côtés est celle de l'atmosphère ; il y a équilibre. Dès l'aspiration, l'équilibre est rompu ; la pression est subitement très affaiblie autour de l'ajutage ; par conséquent la balance chavire et la pression dans la chambre M pousse violemment l'essence hors de l'ajutage.

J'ai insisté tout particulièrement sur ce point afin que la projection automatique de l'essence fût bien saisie.

L'essence, projetée vivement contre le champignon H, est divisée, vaporisée si l'on préfère, absolument comme par un vaporisateur de toilette. Ce n'est plus tout à fait un liquide, c'est un brouillard, une collection de gouttelettes infiniment petites qui immédiatement se transforment en vapeur. Essayez de voir le temps qu'il faut à une goutte d'essence minérale pour disparaître à vos yeux, c'est-à-dire pour se vaporiser ! Vous n'arriverez jamais à maintenir une gouttelette d'essence au bout d'une aiguille par exemple, parce que la volatilisation se produit presque instantanément.

Donc, aussitôt que le moteur aspire, la vaporisation d'une quantité d'essence, toujours la même, se produit. C'est là le premier des deux éléments constitutifs du gaz que doit absorber le moteur. — Il nous manque encore l'air.

***

L'air pénètre dans le carburateur Phénix par la cavité S, passe (suivant les flèches) au-dessous de la petite chambre circulaire qui entoure l'ajutage, et monte verticalement, et par conséquent parallèlement à cet ajutage. Quelle force le fait monter ? Toujours celle qui résulte de l'aspiration du moteur.

M. Bollée a muni le carburateur d'un cône d'aspiration qui permet à la fois de régler la dose d'air qui doit être admise selon les variations de tension et d'hygrométrie de l'atmosphère, et d'empêcher le bruit de sifflement que produit l'aspiration. Le cône est à cet effet fermé par une plaque de tôle fixe, percée de quatre trous, devant laquelle en pivote une seconde, percée de mêmes trous et commandée par une tige L dont la figure 129 ne montre que l'amorce et que la figure 130 indique en totalité.

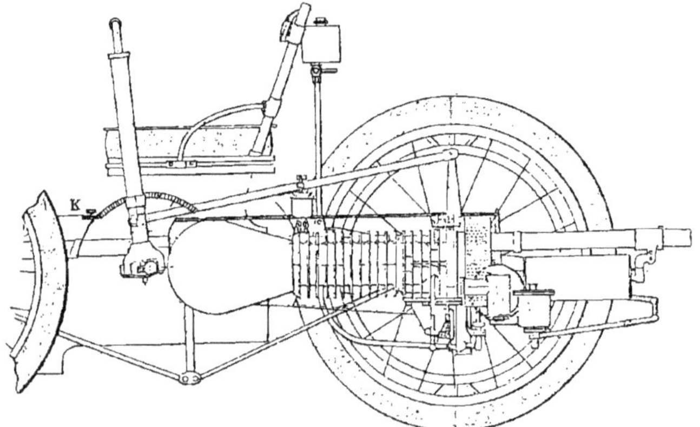

En K, extrémité de la tige à portée de la main du conducteur, pour le réglage de l'entrée de l'air dans le carburateur

Fig. 130

L'air pénètre donc dans cet entonnoir, et de là dans le carburateur, en quantité plus ou moins grande selon que les trous des deux plaques coïncident plus ou moins.

Une lame de cuir découpé, supprimée à dessein sur la gravure 129 afin de ne pas la compliquer, empêche la poussière de pénétrer dans l'appareil et sert de clapet pour atténuer le bruit.

La commande de l'entrée de l'air est obtenue à volonté par le cavalier sans qu'il descende de son siège. Une longue tige parvient jusqu'à lui qui fait manœuvrer la plaque mobile (fig. 130) et qu'il peut, au moyen d'une vis de serrage, maintenir en la position qu'il a jugée bonne.

***

Ainsi donc, la quantité d'essence admise dans chaque cylindrée a été réglée d'avance par le constructeur en proportionnant à la puissance du moteur l'effet du flotteur et les dimensions de l'ajutage et du champignon.

La quantité d'air admis dans chaque cylindrée est au contraire toujours réglée par le conducteur. C'est, nous l'avons vu, la bonne ou mauvaise proportion de ces deux éléments dans le mélange qui le rend bien, ou mal, ou pas du tout explosif.

L'aspiration produit en résumé dans le carburateur une dépression subite. L'essence et l'air, happés, accourent ensemble. L'essence jaillit, se pulvérise, se volatilise ; l'air, qui arrive parallèlement à l'ajutage, balaye en même temps toute la vapeur qu'il rencontre ; et, mélangés intimement, les deux gaz pénètrent en J dans le cylindre. Ils vont y exploser au contact du tube incandescent.

VI. — L'ALLUMAGE DANS LA BOLLÉE

Si nous continuons notre inspection du moteur Bollée en allant de droite à gauche (fig. 113), la pièce principale que nous rencontrons après le carburateur est *la lanterne*.

La lanterne est une boîte de fer, en deux pièces, percée de multiples petits trous. Je l'ai trop de fois déjà figurée en son entier pour que je la représente à nouveau. Elle n'est d'ailleurs pas un organe essentiel en elle-même. Elle n'est que le protecteur des deux pièces fondamentales de l'allumage du mélange explosif, du tube de platine et de son brûleur.

Si nous retirons la partie supérieure de la lanterne, partie qui coulisse dans les rainures verticales que porte la figure 131, nous apercevons, fixé au fond de la chambre d'explosions (fond du cylindre) par un écrou creux C, un doit de métal A au-dessous duquel s'ouvre la fente d'un brûleur B. — La partie de tube échancré que montre la gravure est l'extrémité du tube d'admission venant du carburateur et amenant le gaz à la chambre d'explosion.

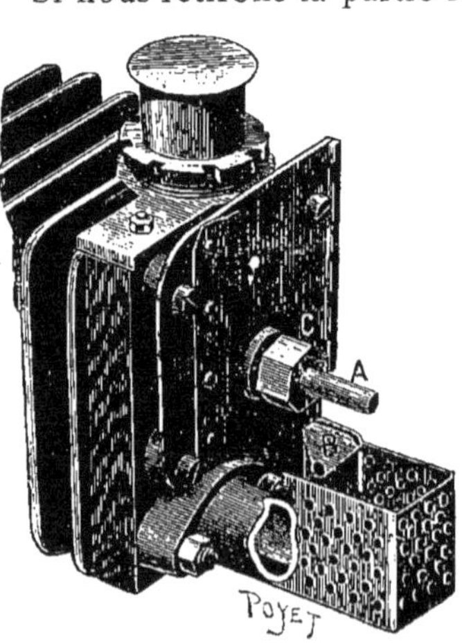

Fig. 131

Mes lecteurs, se reportant à la *Partie théorique* de cette étude, devinent déjà comment l'allumage va s'effectuer. Le tube A est maintenu au rouge par le brûleur B ; le gaz est aspiré par le piston (1er temps), puis refoulé (2e temps). Au moment où, refoulé, le gaz pénètre en partie dans le tube incandescent, l'explosion se produit et le piston est violemment projeté en avant.

Cette théorie demande quelques explications que vont nous donner suffisamment les figures simples qui suivent.

Supposons (fig. 132) le fond d'un cylindre C au centre duquel nous avons brasé une sorte de téton M, perforé d'un trou gros comme un fort crayon et qui fait que le cylindre communique par là librement avec l'extérieur. Ce téton du cylindre porte des filets sur lesquels nous pourrons visser un écrou M (fig. 133) dans lequel nous aurons introduit une ampoule de platine N, bien appuyée contre lui à l'aide d'une rondelle d'amiante O qui assure l'étanchéité.

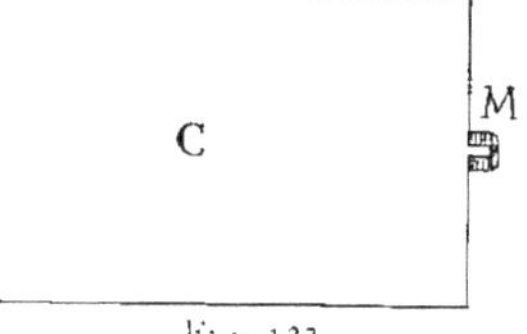

Fig. 132

Le platine est une substance chère. Mais il a des qualités uniques, très précieuses ici et qui lui ont toujours donné la supériorité sur les autres substances moins onéreuses qui ont été essayées à sa place. Il ne se déforme pas au feu ; il ne s'oxyde pas, ce qui est essentiel pour un bon allumage et pour la durée du tube lui-même ; il ne se brise pas facilement ; enfin, il présente la particularité, lorsqu'il a été chauffé au rouge, de rester incandescent au contact des hydrocarbures, qualité toute personnelle qui, on le conçoit, aide puissamment le brûleur à le maintenir à la température nécessaire.

M
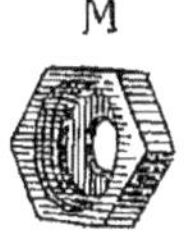
N
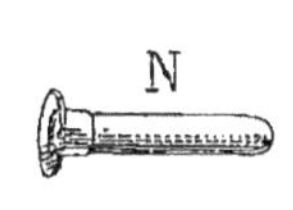
O

Fig. 133

Vissons donc sur le téton du cylindre l'écrou portant son tube (fig. 134). Voici le cylindre sans communication avec l'extérieur ; il est désormais muni d'un prolongement métallique, et son fond extrême est le fond même du doigt de platine N.

Si maintenant nous tournons le volant du moteur, si par suite nous produisons un mouvement de va-et-vient du piston, une aspiration se produit. Le gaz, soulevant la soupape d'admission, est aspiré par le piston. Il emplit la chambre d'explosion. Mais, le plus souvent, aucune explosion ne se produit à ce moment. Le gaz est attiré en sens inverse de la direction du tube incandescent et, généralement, c'est seulement au retour du piston, lorsque la compression en fait pénétrer une partie dans le tube, que l'explosion a lieu.

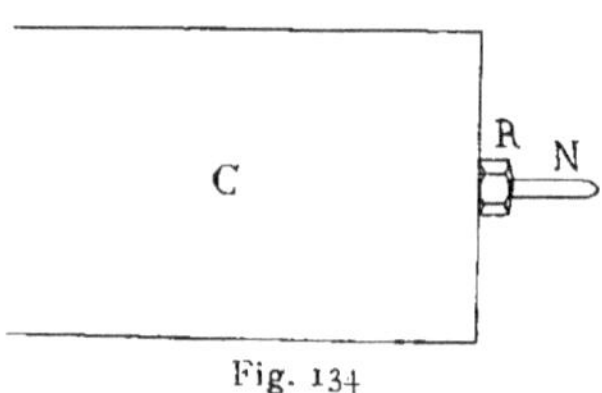

Fig. 134

Cette *presque* certitude de non-explosion avant la compression est établie par le fait que la compression est utile pour faire pénétrer le gaz dans le tube, et surtout parce que la compression est nécessaire pour porter le gaz à une température élevée qui en facilite singulièrement l'allumage.

Toutefois il n'est pas rare qu'*au moment de la mise en marche*, une explosion se produise avant le temps voulu ; elle se produit un peu avant la compression, et le piston, au lieu de revenir en arrière, est projeté en avant. Il en résulte un brusque choc en sens inverse de la marche qu'on cherche à imprimer au moteur, et qui peut, si l'on n'y prend garde, faire que la manivelle de mise en route vienne vous heurter violemment un membre.

Il n'y a là aucun danger sérieux ; il est nécessaire seulement d'adopter, pour mettre en marche le moteur, une position qui laisse librement la manivelle de mise en route revenir en arrière si une contre-explosion se produit. Il n'y a là, d'ailleurs non plus rien de particulier à la voiturette Bollée ; le phénomène de la contre-explosion se produit avec tous les moteurs à pétrole possibles. Nous l'avons vue et signalée dans le tricycle de Dion également. Elle résulte toujours d'une avance d'allumage. C'est toujours un inconvénient anodin. Les chevaux ruent parfois ; on les utilise néanmoins, en se garant de leurs pieds.

* * *

Mais revenons à notre cheval mécanique. Le moteur a aspiré ; il a comprimé ; une partie du gaz, se trouvant subitement au contact d'un métal porté au rouge, a explosé, a fait exploser toute la cylindrée, et le piston a été chassé en avant. Nous voici au 4e temps. Il revient en arrière et expulse le gaz brûlé (fig. 135). Le gaz brûlé est figuré par de petits points.

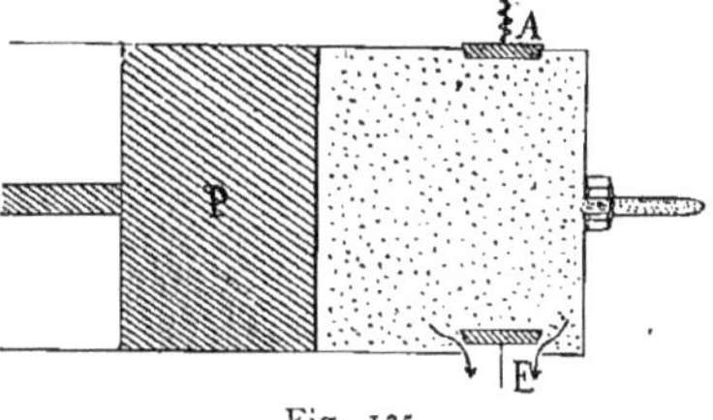

Fig. 135

La soupape d'échappement E s'ouvre, commandée mécaniquement comme toujours par un dispositif que nous étudierons un peu plus loin, et les gaz filent.

S'en vont-ils tous dehors ? Evidemment non. Il en reste une certaine quantité dans la chambre d'explosion, comme toujours, dans le de Dion comme dans le Bollée, et cette petite quantité, mélangée à la quantité beaucoup plus grande de gaz neufs qui va arriver, contribuera par sa chaleur à aider l'explosion de l'ensemble.

Mais il reste encore des gaz brûlés dans le tube de platine lui-même. Ceux-là, on conçoit que le piston n'ait pas d'action sur eux pour les chasser.

Aussi lorsque, l'échappement terminé, la soupape d'admission s'ouvre (fig. 136), laissant entrer le gaz neuf (figuré ici par de petites bulles), le cylindre se remplit-il de mélange frais, tandis que l'ampoule reste pleine de mélange vieux. Le mélange neuf ne peut donc pas pénétrer dans le tube, puisque la place est déjà occupée. Aucune explosion ne saurait par suite se produire pendant la durée de l'admission.

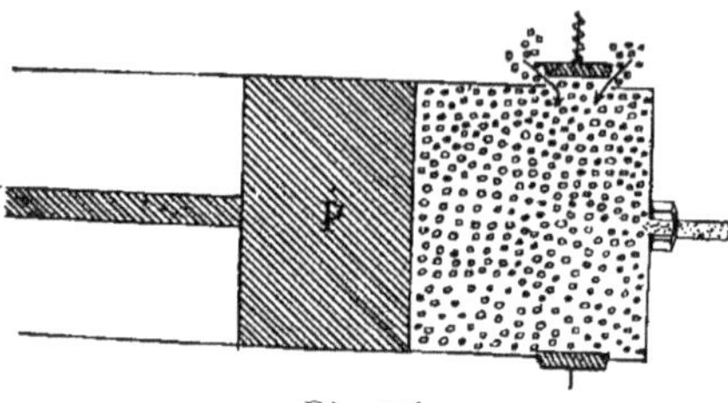

Fig. 136

Remarquons seulement que le piston ne comprimant pas (puisqu'il fait exactement le contraire d'une compression — il aspire), les gaz vieux tendent à reprendre une tension plus faible, et une partie sort du tube pour se mélanger au contenu du cylindre. Le tube se dégorge un peu et fait de la place (fig. 137).

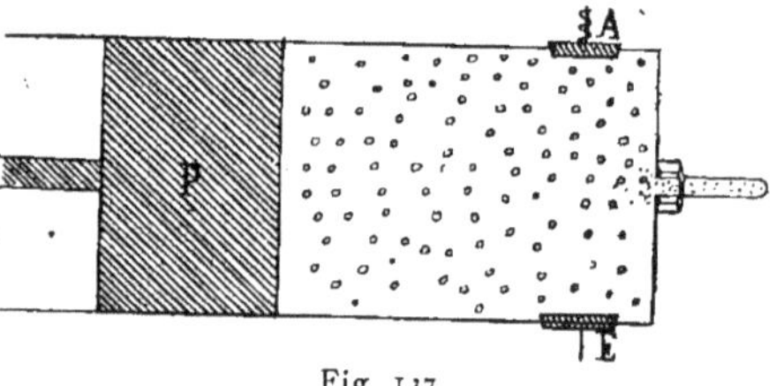

Fig. 137

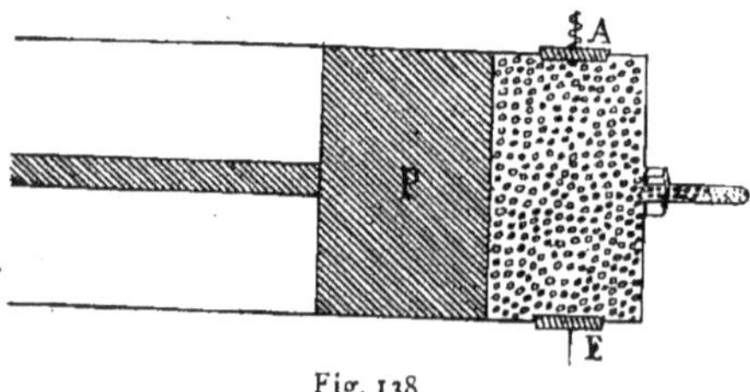

Fig. 138

Qui va occuper cette place ? Précisément une partie du mélange neuf dès que le piston va faire retour en arrière et comprimer le gaz (fig. 138). Le mélange vieux est refoulé tout au fond du tube ; le mélange neuf est en partie admis dans le tube, juste assez pour que l'explosion se produise. Et le cycle recommence.

En somme, les gaz vieux, renfermés dans le tube de platine, servent d'écran aux gaz neufs contre l'incandescence de ce tube, lorsque ces gaz neufs arrivent dans le cylindre.

***

L'incandescence du tube est, on le conçoit, une question indispensable à l'allumage. Le brûleur doit donc être de très bonne qualité, et le problème est beaucoup plus compliqué qu'on ne le suppose tout d'abord.

Nous avons vu, lorsque nous avons examiné l'ensemble de la voiturette Bollée, que, derrière le siège du conducteur, se trouve un petit réservoir à essence. C'est de là que part le liquide pour arriver au brûleur. La différence de niveau est donc assez grande pour que l'essence arrive à l'appareil avec une pression sensible, et y monte, par conséquent, très aisément.

Quelques conducteurs adaptent sur ce petit réservoir une poire de caoutchouc qui leur sert à faire pression sur le liquide et à augmenter par suite sa vigueur d'arrivée dans le brûleur; mais c'est là un expédient nullement indispensable. Un brûleur bien entretenu doit fonctionner normalement par simple différence de niveau.

L'essence arrive donc de son réservoir spécial, jusqu'au brûleur, par un tube métallique M (fig. 139). Peu avant que le tube ne se redresse verticalement pour diriger la flamme vers le tube à chauffer, N, l'essence pénètre dans un récipient B qu'on nomme *cloche à air* ou quelquefois *nourrice*, et qui n'a d'autre effet que d'emmagasiner une certaine quantité d'essence afin que la trépidation ou les chocs de la route soient par elle sans effet sur la colonne d'essence qui monte au brûleur.

On comprend qu'une brusque réaction sur l'essence cheminant vers le brûleur aurait pour effet soit de le noyer, soit de le priver d'alimentation — dans les deux cas, de l'éteindre. La cloche à air est munie d'un purgeur O qui permet de la vider pour nettoyage.

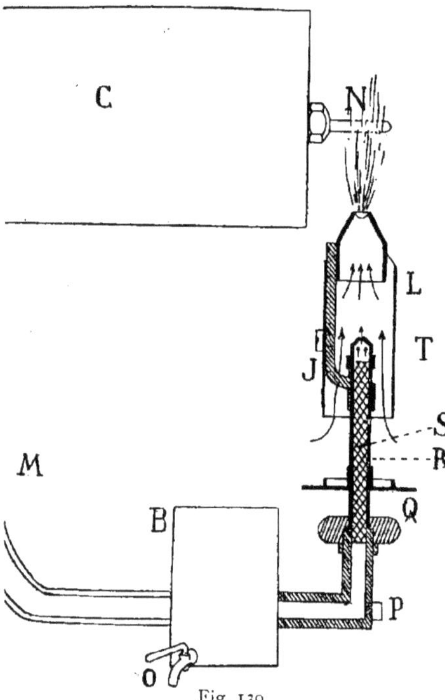

Fig. 139

Le tube se courbe et monte vertical. Une vis de purge se trouve en P. En Q, un écrou unit le tube amenant l'essence, à un tube R qui lui fait directement suite et qui renferme une mèche S. Ce tube porte-mèche est terminé à sa partie supérieure par un trou extrêmement mince. L'essence y pénètre et, comme les parois qui l'entourent sont extrêmement chaudes, se volatilise. Un jet de gaz se produit. Gaz comparable, si vous le voulez, à celui qui s'échappe d'un bec de gaz de ville.

Avez-vous remarqué, si vous employez le gaz pour les usages domestiques, que le même gaz vous donne, à volonté, soit de l'éclairage, soit de la chaleur?

Précisons. Dans l'un et l'autre cas, il y a production de lumière et production de chaleur, les appareils humains étant toujours imparfaits. Mais avez-vous remarqué combien un réchaud à gaz donne moins de lumière qu'un « papillon » par exemple, mais combien plus il donne de chaleur ?

La différence provient uniquement de la quantité d'air atmosphérique que l'appareil admet dans le gaz. Les réchauds, par exemple, portent sur leur tube d'arrivée de gaz une petite fente par où s'engouffre l'air. La flamme bleuit et la chaleur augmente. Mettez le doigt sur cette fente ; la flamme blanchit, devient plus éclatante, et la chaleur diminue.

Il faut donc admettre de l'air dans le gaz pour que la chaleur soit considérable. Notre brûleur ne manque pas à la règle. Le tube R porte une pièce coudée J qui ne sert qu'à maintenir autour de l'extrémité de la mèche un chapeau circulaire T, sous les bords duquel pénètre l'air selon les deux grandes flèches qu'indique le dessin.

L'air se mélange ainsi au gaz produit par ce véritable *bec de Bunsen* et le mélange s'échappe par l'extrémité L, par la fente que représente mieux la figure 131.

Pour mettre en marche le brûleur, il suffit de prendre un *goupillon* en fils d'amiante qu'on imbibe d'essence, et qu'on allume. On place le bout en feu sur la petite plate-forme qui se trouve au-dessus de Q, de façon à porter le bec intérieur du brûleur à une température suffisante pour que la production du gaz ait lieu.

Dès que le bec s'allume, avec une sorte de léger sifflement caractéristique, la chaleur qu'il dégage suffit à le maintenir en marche. D'ailleurs la lanterne qui le protège contre les coups de vent, contre la pluie et contre la boue, le coiffe en sus d'un troisième chapeau métallique (invisible ici) qui reste constamment au rouge et qui, au cas improbable d'une interruption momentanée dans l'arrivée d'essence, le rallume automatiquement par son voisinage.

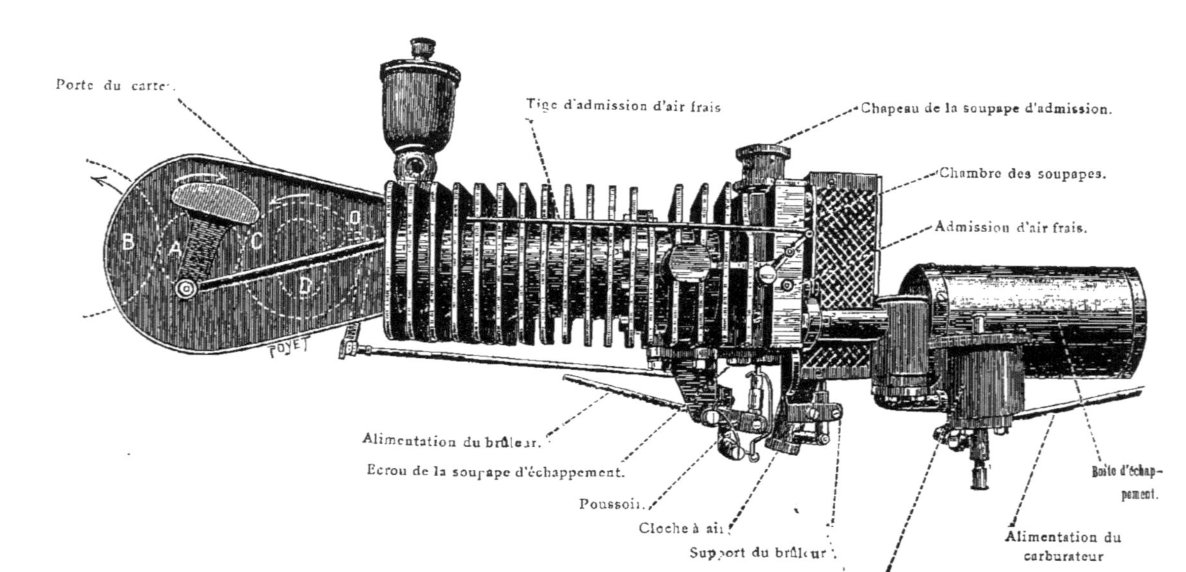

Fig. 140. — VUE GENERALE DU MOTEUR DE LA VOITURETTE LÉON BOLLÉE

VII. — LES SOUPAPES ET LA RÉGULATION

Exactement derrière la lanterne qui renferme le brûleur, nous voyons sur le moteur une partie rectangulaire (fig. 140), terminée en haut par un chapeau métallique, et qui renferme la *chambre des soupapes*.

La soupape d'admission est située à la partie supérieure ; la soupape d'échappement est directement au-dessous d'elle. Démontons-les.

La soupape d'admission est fermée par un chapeau métallique (A de la fig. 141) qui s'enfonce dans la cavité

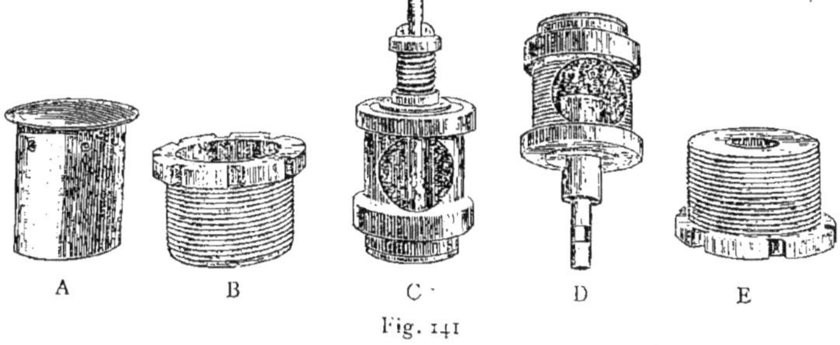

Fig. 141

d'un gros écrou B (même figure) et protège le clapet contre la poussière ou les impuretés.

Le chapeau retiré, nous apercevons l'extrémité de la tige de la soupape munie de son ressort et de la clavette qui tient en place ce ressort.

Mais il nous est impossible d'extraire immédiatement cette soupape. En effet, le gros écrou dont nous venons de parler bloque sur ses appuis la pièce dans laquelle monte et descend la tige de soupape et avec laquelle en somme la soupape ne fait qu'un seul et même organe.

Dévissons cet écrou au moyen de la clé spéciale qui s'agrafe dans les encoches que l'on voit sur ses bords.

Il nous vient à la main une pièce robuste C (fig. 141), pièce de support de la soupape, que sa tige traverse de part en part.

Cette pièce creuse est percée sur un côté d'une large ouverture de forme sensiblement ronde, qui s'abouche avec le conduit amenant le gaz. Il importe donc, lorsqu'on remonte la soupape, de veiller à ce que cette ouverture soit en bonne place, c'est-à-dire bouche à bouche avec le tube d'arrivée. La figure 142 fera bien comprendre que, si l'on tournait l'ouverture de la pièce face à l'extérieur de la chambre des soupapes au lieu de la tourner face à l'intérieur, comme elle doit être, le tube d'admission serait bouché par le dos de la pièce, et que l'aspiration ne se ferait pas.

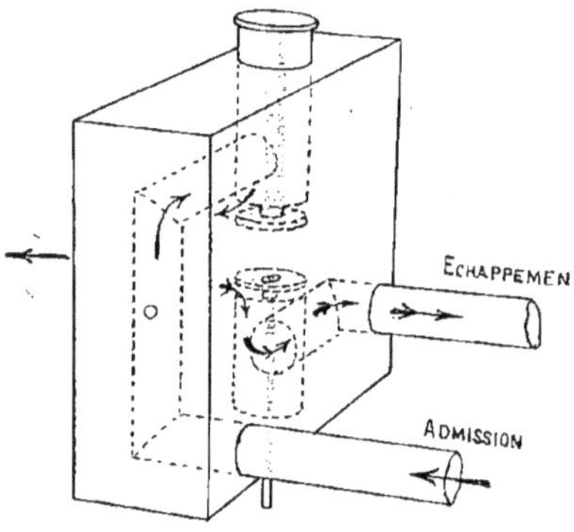

Fig. 142. — CHEMIN DES GAZ

La pièce creuse qui sert de support à la soupape possède un plafond d'où descend une colonne dans laquelle passe la tige de la soupape. Le plancher de cette pièce est formé par la soupape même. Il importe en effet que le haut de la pièce creuse soit fermé à l'air atmosphérique car, au moment de l'aspiration, le moteur, au lieu d'aspirer du mélange, aspirerait simplement de l'air.

Le ressort à boudin qui tient fermée la soupape d'admission est analogue à tous ceux que nous rencontrerons dans les soupapes de ce genre. Il a exactement la force nécessaire, sans plus, pour ramener la soupape sur son siège dès que l'aspiration est terminée.

Le nettoyage de ce clapet et son rodage sont, on le

voit, des plus simples. Retirer le chapeau, retirer l'écrou et tirer à soi la pièce creuse qui porte la soupape est l'affaire de quelques secondes.

La soupape d'échappement est exactement semblable à celle d'admission. Elle est placée dans une position inverse, c'est-à-dire que la soupape est en haut et que la tige est dirigée vers le bas. La pièce D (fig. 141) montre la pièce creuse avec sa colonne (non représentée, car

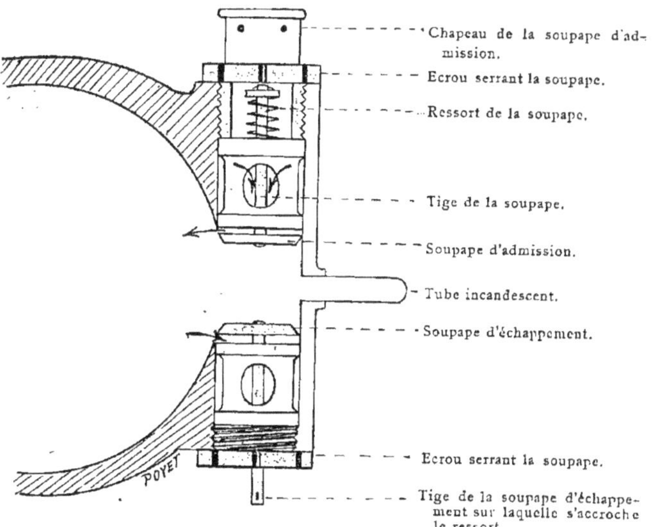

Fig. 143. — SCHÉMA DES SOUPAPES

elle se trouve dans l'ombre, dans le creux) et que traverse la tige. La pièce E est l'écrou qui maintient en place la pièce creuse renfermant la soupape.

La tige de la soupape d'échappement ne porte aucun ressort à boudin. Comment est-elle actionnée ? Mes lecteurs savent que, semblable à toute soupape d'échappement, elle s'ouvre mécaniquement. C'est le moteur qui, au commencement du 4ᵉ temps de son cycle (échappement), l'ouvre lui-même.

*
* *

La figure 144 donne un croquis très net des mouvements que produit le moteur pour ouvrir cette soupape en temps utile.

L'arbre principal du moteur (celui qu'actionne directement la bielle du moteur) porte, nous l'avons observé

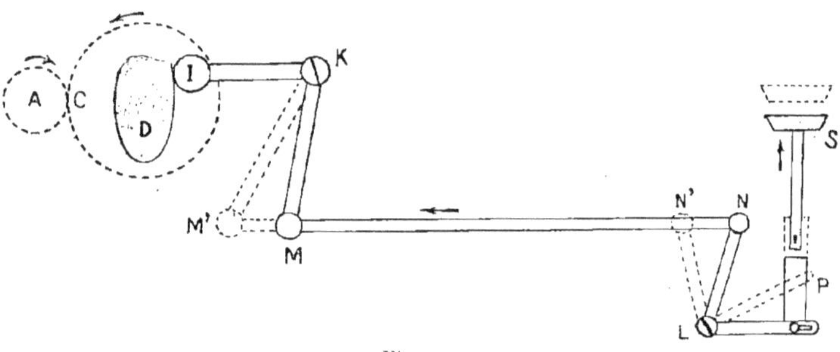

Fig. 144

déjà, un petit pignon A, qui, d'une part, *à volonté* du conducteur, engrène avec une roue dentée B (fig. 140) pour produire la plus petite vitesse du véhicule, et, d'autre part, *continuellement* engrène avec une roue dentée C, de taille *double* de la sienne. Tout point de C ne fait, par conséquent qu'un seul tour, tandis que tout point de A en fait deux.

Cette roue C porte en son centre un excentrique D dont la partie saillante vient, tous les deux tours de A, c'est-à-dire tous les quatre temps, repousser un galet (fig. 144) qui frictionne sur lui. Ce galet est une des extrémités d'un levier IKM, articulé sur K point fixe, de telle sorte qu'au passage de la partie excentrée, le point I monte et que KM prend la position pointillée KM'.

Une tige MN réunit ce premier levier à un second qui lui est analogue, NLP, situé à proximité de la tige de la soupape à ouvrir. Dès lors, si M prend, au passage de l'excentrique, la position M', N prend immédiatement la position N', et la branche qui va de L (point fixe) au point P, prend la position représentée en pointillé.

Le *poussoir* est une pièce pleine, au haut de laquelle une petite couronne permet au bas de la soupape de s'appuyer. Donc S et P ne sont pas liés ensemble, mais simplement reposent l'un sur l'autre.

Je n'ai pas à insister pour faire comprendre que désormais, chaque fois que la partie excentrée D viendra frapper le galet I, le poussoir vivement élevé en l'air donnera un choc à la tige de la soupape, qui s'ouvrira.

Je prie mes lecteurs de se reporter à la figure 140 pour voir les pièces de cette commande telles qu'elles sont. Ils remarqueront que la soupape d'échappement est ramenée sur son siège par un fort ressort à boudin terminé par un crochet qui pénètre dans un trou que porte sa tige dans le bas, et que le poussoir est ramené en sa position par un ressort, à boudin également, qui lui est propre.

Ces deux pièces, poussoir et tige de soupape, sont donc complètement distinctes l'une de l'autre. Cette distinction est utile pour que l'ouverture soit faite brusquement, par choc, comme il convient.

La figure 142 indique schématiquement de quelle façon les soupapes s'abouchent avec les tubes d'entrée ou de sortie des gaz. On voit que, contrairement à ce qu'on pourrait en croire à première vue, la soupape d'admission n'est pas celle qui est le plus rapprochée du tube d'admission (1). Le tube qui amène le gaz explosif fait

(1) Dans les récents moteurs Bollée, la soupape d'admission remplace en bas celle d'échappement. La soupape d'échappement avec toute sa commande est reportée sur le dessus, sans autre changement. — Cette légère modification rend mieux accessibles les soupapes.

un coude pour aller rejoindre l'ouverture de la pièce creuse (le gaz neuf est représenté par les flèches simples ; le gaz expulsé, par les flèches doubles).

Sur le côté de la chambre des soupapes, est quelquefois percé un trou (fig. 140), qui communique avec l'air extérieur et avec le tube d'arrivée du gaz. Ce dispositif n'est guère employé que sur les moteurs de 4 chevaux. Une patte articulée, commandée par une tige représentée rompue à son extrémité mais en réalité se continuant jusqu'à portée du conducteur, ferme ou ouvre plus ou moins, selon les besoins, cette prise d'air supplémentaire.

Par là, le conducteur peut admettre dans le mélange, avant qu'il ne soit entré dans le cylindre, un peu d'air frais qui corrige la richesse en gaz souvent trop grande du mélange formé dans le carburateur. C'est un moyen de dosage supplémentaire qui n'est de mise, je le répète, que sur les moteurs d'une puissance relativement élevée.

***

Nous venons de voir par quel mécanisme la soupape d'échappement est ouverte tous les quatre temps par le moteur lui-même. Il nous reste à étudier dans le moteur un organe important qui va modifier quelque peu le dispositif d'échappement que nous venons d'étudier.

En effet, si la soupape d'échappement s'ouvrait *toujours* régulièrement lorsque son temps est venu ; si, en un mot, le cycle s'effectuait normalement sans interruption, le moteur gagnerait à chaque tour de plus en plus de vitesse, jusqu'au moment où l'échauffement exagéré que produirait cette furie, le travail excessif qu'elle imposerait à chaque organe, amènerait soit le calage du piston dans le cylindre, soit la rupture d'une pièce.

Il est donc de toute nécessité que le moteur soit pourvu d'un appareil de régulation.

Quelques lecteurs se demanderont sans doute pourquoi, si le régulateur est obligatoire pour le Bollée, il ne l'est pas pour le de Dion. Ils réfléchiront avec moi que les cas de ces deux moteurs diffèrent sur deux points essentiels :

En premier lieu, et c'est là la distinction capitale, le de Dion est toujours et immuablement solidaire de l'appareil qu'il actionne. Non seulement *la masse* que représentent le tricycle proprement dit et le cavalier, forme pour le moteur un volant énorme, disproportionné avec lui et sur lequel, par conséquent, son accélération ne peut avoir d'effet que progressivement et lentement, mais *le tricycle lui-même* est le régulateur inexorable du moteur : lorsque les roues du tricycle sont calées, le moteur ne peut fonctionner ; lorsqu'elles tournent lentement, le moteur fonctionne lentement, etc. Il est évident que les allures des roues sont obtenues par celles du moteur, et l'inverse n'en est pas moins tangible.

Il en résulte que, dans le de Dion, l'emballement du moteur n'est pas possible parce qu'il supposerait l'emballement du tricycle, circonstance irréalisable car le moteur est inapte (de par sa nature, de par sa capacité, de par sa course de piston, etc.), à fournir le travail considérable que demanderait le transport du tricycle et du cavalier à une vitesse de 70 kilomètres à l'heure par exemple.

Seul, détaché du tricycle, le moteur peut évidemment, si l'on avance beaucoup l'allumage, prendre une allure qui correspondrait à 70 kilomètres à l'heure ; mais lié au tricycle, il ne le peut pas, sa constitution lui imposant un maximum qu'il ne saurait dépasser.

En second lieu, l'allumage et l'admission de gaz, réglables tous deux par le conducteur dans le moteur de

Dion, sont les deux rênes qu'a en mains le cavalier pour maîtriser sa bête. Si, en avançant le temps d'allumage, on peut accélérer la marche, en le retardant, on peut la ralentir. Si, en laissant absorber au cylindre le maximum de gaz, on obtient le maximum de travail du moteur, en ne permettant l'admission que du minimum de nourriture, on n'obtient que le minimum de puissance. Les deux manettes d'allumage et d'admission font donc obéir au doigt le moteur.

Toute différente est la situation du moteur Bollée. Nous avons vu que les changements d'allure du véhicule qu'actionne ce moteur, ne se font pas, comme dans le tricycle de Dion, par les changements d'allure du moteur lui-même. Ici, le constructeur s'est proposé de donner à son moteur un régime. Il l'a établi pour fonctionner à un nombre de tours bien déterminé, nombre qu'il a jugé être le meilleur pour le rendement de l'appareil. Les changements d'allure se font donc uniquement par les changements de diamètre des roues dentées qui transmettent le mouvement du moteur à la roue motrice.

Il importe donc, pour que deux engrenages en prise donnent bien toujours une même vitesse, que le moteur ait toujours une allure régulière et connue d'avance. Donc il faut un régulateur. Nous avons vu de plus que le moteur de la Bollée est tout à fait isolé du mécanisme de transmission, soit lorsqu'on le met en route, soit lorsqu'on passe d'un engrenage à un autre pour changer de vitesse.

Dès lors, débrayé, que fera le moteur ? Il sera dans le cas d'un de Dion isolé de son tricycle. Il prendra une vitesse folle, consommant exagérément et inutilement, usant ses organes, quelquefois les brisant, le plus souvent clôturant net son emballement par un calage ! Donc il faut un régulateur.

Encore pourrions-nous éviter cet accident grave de

prise de mors aux dents, par les deux rênes que possède le de Dion et dont je parlais plus haut. Mais ici elles nous manquent toutes les deux !

Le temps d'allumage, nous ne pouvons le modifier, puisque l'allumage se fait par un tube incandescent et toujours à la même période de compression du gaz. L'absorption de gaz par le moteur, nous ne pouvons pas davantage la régler selon nos besoins instantanés. Nous ne pouvons, ici, régler qu'une seule fonction : l'absorption d'un gaz plus ou moins dilué d'air, fonction très importante au point de vue du rendement du moteur, fonction qui a certainement son effet sur l'allure du moteur, mais qui ne peut avoir d'effet de ralentissement qu'à la suite de très nombreuses aspirations. Ce serait d'ailleurs un singulier moyen d'arrêter un cheval qui va trop vite que de lui lier progressivement les pieds. Il est plus simple de tirer sur la bride, surtout lorsqu'on sait que son effet est infaillible.

Donc nous pouvons conclure de ces quelques observations, justes pour tout véhicule où le moteur est à volonté isolable du train propulseur, qu'il faut, de toute nécessité, un régulateur à un moteur débrayable et dont la prise de gaz et le temps d'allumage ne sont pas modifiables très rapidement.

La régulation est donc, en ce cas, un mal nécessaire. Je dis un mal, parce que la régulation, aux effets bienfaisants certes, ne s'obtient pas sans un nombre respectable de pièces assez compliquées et oblige le constructeur à s'éloigner de l'idéal de simplicité qu'il doit toujours poursuivre. Mais c'est là un petit mal qui est remède à de plus grands maux. Examinons-le.

***

En réalité, le levier I K M n'est pas lié à la tige T qui commande l'ouverture de la soupape. La tige T est fixée (fig.145) à une sorte de couteau R ; et le levier IKL, formant pièce distincte, est terminé par un crochet S. Lorsque le galet I est repoussé par l'excentrique, et que la branche K L prend la position indiquée en pointillé, le crochet S vient buter sur le couteau R et le fait reculer, lui fait prendre une position parallèle à celle que L occupe en pointillé.

La tige d'ouverture de la soupape, la tige T, avance dans le sens de la flèche, et la soupape s'ouvre. Ces mouvements se font brusquement, on le conçoit, et très rapidement. En réalité même, le couteau R repose continuellement sur la partie coudée S. Je les ai séparés dans la gravure pour que l'on comprît bien qu'ils forment deux pièces distinctes.

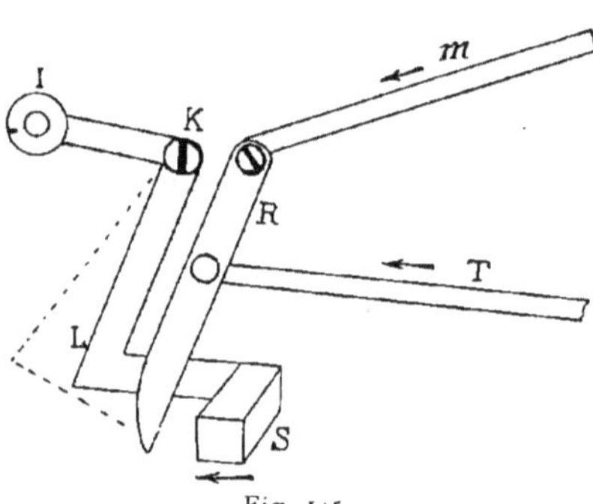

Fig. 145

Jusqu'ici donc aucun changement notable n'est intervenu dans notre mode d'ouverture de la soupape d'échappement. Nous avons simplement fait deux pièces d'une seule; mais comme ces deux pièces se commandent constamment, nous ne voyons pas bien quelle modification essentielle s'est produite.

La voici. La pièce R, portant la tige de transmission T, n'est pas immuablement fixée de telle façon que toujours le couteau porte sur le crochet S. Elle s'articule à l'extrémité d'un arbre *m*, qui, sous l'influence du régulateur, ainsi que nous allons le voir, se déplace de telle façon que R puisse sortir du crochet S et se trouver tout à coup en dehors de lui.

Admettons, si vous voulez, que R fasse saillie sur le

papier d'une hauteur un peu supérieure à l'épaisseur de S, la pièce I K L restant toujours dans le plan où elle se trouve. Qu'arrive-t-il? Le galet O continue à être chassé par l'excentrique tous les quatre temps; la branche L continue à prendre la position pointillée et S à s'avancer selon la flèche. Mais c'est peine inutile pour S. Le crochet manœuvre dans le vide, puisque le couteau R se trouve en dehors de lui !

Le couteau R n'étant pas tiré en arrière, la tige T ne bouge pas, et la soupape demeure fermée. Les gaz ne s'échappent donc pas. Et le cycle se passe dès lors ainsi : le cylindre, rempli de gaz brûlés, ne peut en aspirer de neufs, 1er temps; il comprime des gaz brûlés, 2e temps; aucune explosion ne se produit, 3e temps, donc aucun travail. L'allure du moteur ralentit jusqu'à ce que, devenue normale, elle permette au régulateur de laisser les ressorts de rappel ramener la tige *m* en arrière, et avec elle le couteau R reprendre contact avec le crochet S, par conséquent amener l'ouverture de la soupape d'échappement (4e temps).

***

Nous allons examiner maintenant comment ce déplacement latéral du couteau R porte-tige est obtenu proportionnellement avec la vitesse.

On sait — nous l'avons d'ailleurs noté dans la première partie de ce volume — qu'une quantité quelconque de matière, animée d'un mouvement circulaire, subit une poussée allant du centre à la circonférence et d'autant plus énergique que la vitesse de rotation est plus grande. En d'autres termes, le corps qui décrit une circonférence tend d'autant plus à s'éloigner du centre de cette circonférence qu'il tourne plus vite.

Mes lecteurs prévoient déjà comment, en appliquant ce principe de physique élémentaire, il est possible de combiner un régulateur. Il suffira de monter sur l'arbre principal du moteur une petite masse de métal fixée au bout d'un ressort par exemple, pour que cette masse s'éloigne d'autant plus de l'arbre que l'arbre la fera tourner plus vite. Si, par un dispositif quelconque, les déplacements de cette masse peuvent être transmis à la tige qui porte le couteau R, ce couteau se déplacera proportionnellement à la vitesse du moteur et, lorsqu'il sera réglé à point, il se déplacera exactement de la quantité nécessaire pour que le crochet S le manque lors d'une accélération et par là assure au moteur sa régularité de marche.

Le moteur Bollée est modéré, comme la plupart des moteurs, par un régulateur à deux masses. Ces deux petites pièces B B (fig. 145) sont renfermées dans la boîte ronde nickelée que l'on voit au centre du volant (1) et qu'on nomme quelquefois la « casserole » à cause de sa forme spéciale. Cette gravure représente donc le régulateur mis à nu ; les vis qui tiennent en place la boîte ont été enlevées ; on voit les six petits trous dans lesquels elles sont fixées. Un trou plus large, A, permet de retirer (lorsque besoin peut en être, pour le remplacement d'un ressort par exemple) la tige de transmission qui se trouve derrière le régulateur et que nous allons voir tout à l'heure (D, fig. 147). — Remarquons bien le sens de rotation du volant, indiqué par la flèche.

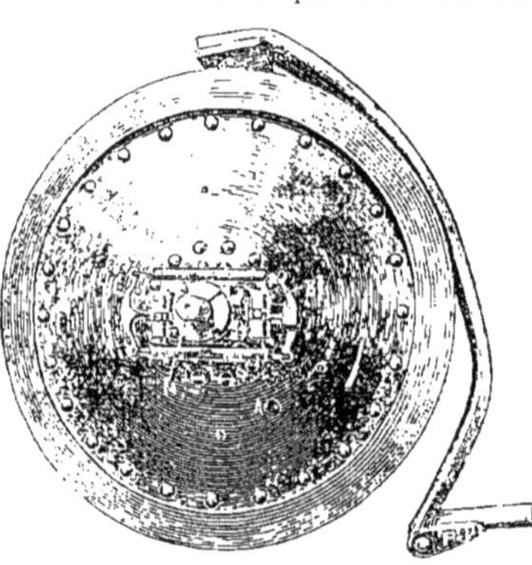

Fig. 146

(1) Voir les figures d'ensemble de la voiturette.

Les deux masses B sont donc montées, à égale distance l'une et l'autre, autour de l'extrémité de l'arbre principal M (1). Elles portent un levier (B O J, fig. 147) qui traverse l'épaisseur du volant afin de transmettre leur mouvement au mécanisme spécial qui est situé derrière lui. Ces branches de levier peuvent s'éloigner du centre avec les masses qu'elles portent; la figure 146 laisse voir à droite près de B l'entaille noire dans laquelle peut se mouvoir la branche en s'éloignant du centre.

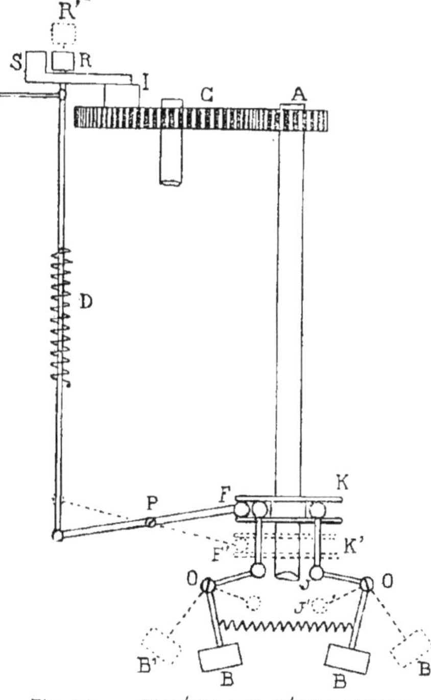

Fig. 147. — SCHÉMA DU RÉGULATEUR

Chacune de ces masses porte sur son côté un crochet double, de telle sorte qu'un double ressort à boudin peut réunir parallèlement les deux masses et empêcher qu'elles ne s'éloignent anormalement du centre. La dureté de ces deux ressorts a été nécessairement calculée exactement par le cons-

(1) Les encoches que l'on voit à l'extrémité de l'arbre (fig. 146) servent, quant aux deux petites carrées qui sont diamétralement opposées, au démontage du volant; la troisième, en forme de V, à la prise de la manivelle détachable de mise en marche.

tructeur; de plus leur tension peut encore être réglée par lui à l'aide des petites vis que l'on aperçoit sur les masses et qui permettent d'éloigner les porte-ressorts.

La partie du régulateur que j'appellerai *extérieure* se compose donc uniquement de deux masses de cuivre qui tournent autour de l'arbre principal et qui sont montées chacune sur une branche de levier, mobile selon le rayon du volant.

Comment le déplacement de ces masses est-il transmis au couteau R? — La figure schématique 147 nous est nécessaire. Elle représente l'ensemble du régulateur vu d'en haut.

Les masses B sont montées sur la première branche d'un levier dont l'articulation est au point fixe O, si bien que, lorsqu'elles passent en B', la seconde branche de ce levier prend la position pointillée de J en J'. Cette seconde branche est liée elle-même à une tige dont l'extrémité s'engage dans la gorge d'une pièce ronde K montée sur l'arbre principal A, tournant avec lui en même temps que les masses B, mais pouvant se déplacer sur lui, si bien que lorsque B passe en B', la pièce ronde K, tirée par les leviers, passe en K'.

Si, dans cette gorge, nous plaçons l'extrémité F d'un levier articulé au point fixe P, la tige D, qui porte à son extrémité le couteau R, prend la position qu'indique le pointillé en F', et R passe en R'. En cette position, il est hors de l'atteinte du crochet S. La roue C (double de A) a beau chasser par son excentrique le galet I, la pièce L (figure 145) manque à tous les coups la pièce qui porte la tige d'ouverture de la soupape. Donc la soupape ne s'ouvre pas.

Elle ne s'ouvre pas tant que la force centrifuge est supérieure à la force de rappel des ressorts qui réunissent les masses B, et du ressort D qui tend à ramener en sa position la tige qui porte le couteau. Dès que la force centrifuge est inférieure, ramenée à la normale par le ralentissement du moteur, R' revient à R et les deux pièces s'accrochent de nouveau pour l'ouverture régulière de la porte de sortie des gaz brûlés.

*
* *

Il nous reste à examiner un dernier organe dépendant du régulateur, qui n'en est pas une partie essentielle, mais simplement un accessoire souvent ajouté aux voiturettes Bollée, l'accélérateur-retardateur (fig. 148).

Souvent, à la gauche du siège du conducteur et derrière, on aperçoit une petite plaque demi-ronde, perforée et nickelée, dans les trous de laquelle peut se

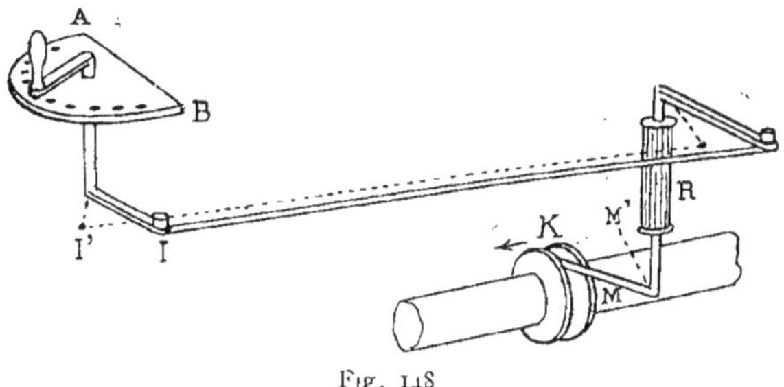

Fig. 148

fixer en un point quelconque une manette horizontale. C'est là la tête de ce petit organe d'accélération ou de ralentissement du moteur.

Quel est son effet ? Il tend ou détend les ressorts du régulateur.

Il oppose une nouvelle résistance à la force centrifuge et par conséquent donne de l'accélération au moteur. Ou bien il oppose une nouvelle résistance aux ressorts qui luttent contre la force centrifuge, et par conséquent permet aux masses de s'éloigner plus facilement du centre, de soustraire plus souvent le couteau à la pièce qui l'attaque, par suite d'amener la marche du moteur au-dessous de sa vitesse habituelle.

La manette et le levier (à gauche) sont d'une seule pièce jusqu'en I. De même le levier à double coude (à droite) est d'un seul morceau. Une tringle rigide réunit ces deux leviers. Lorsque nous poussons la manette vers A, le point I passe en I', et la patte M, engagée dans la gorge de la pièce ronde K, passe vers M', c'est-à-dire que K est amené dans la direction de la position K' (fig. 147) que tendent à lui faire prendre les masses de cuivre et que, par suite, le déplacement du couteau est beaucoup facilité. Le régulateur intervient donc plus souvent que de coutume dans la marche du moteur qui, explosant moins souvent (parce qu'il expulse plus rarement), ralentit et a moins de puissance.

Inversement, si nous poussons la manette vers B (fig. 148), nous déplaçons K vers le sens qu'indique la flèche, c'est-à-dire que nous rendons plus grand le travail qu'auront à faire les masses pour amener K en K', en la position où le couteau se dérobe. Pour que les masses acquièrent la puissance nécessaire pour faire ce travail excessif, il faudra que la force centrifuge les éloigne du centre avec une vigueur inaccoutumée; autrement dit, il faudra que le moteur prenne plus de vitesse.

En R sont placées plusieurs petites lamelles d'acier, prises en haut et en bas dans le levier de droite, et qui forment ressort de rappel à l'ensemble par la torsion qu'on leur imprime dans un sens ou dans un autre.

Il va sans dire que l'accélération ou le ralentissement du moteur, qu'on obtient immédiatement par cet artifice, qu'on obtiendrait aussi facilement, mais d'une façon continue, et par suite plus gênante en général, par la tension ou la détension des ressorts à boudin des masses, n'est pas indéfini. Il serait préférable, meilleur pour le rendement et pour la santé du moteur, qu'on ne le poussât jamais au delà des limites moyennes de vitesse que son constructeur lui a données en connaissance de cause.

Mais il faut compter, n'est ce pas, avec les caprices du propriétaire d'une voiturette, qui, en beau terrain, n'est pas fâché de s'offrir une allure de course !

De même, il est pratique, lors d'un arrêt un peu prolongé, d'amener le moteur, sinon à l'arrêt, du moins à une vitesse suffisamment petite pour que la trépidation et la dépense soient réduites à leur minimun.

VIII. — LE GRAISSEUR ET LA BOITE D'ÉCHAPPEMENT

Nous allons examiner rapidement encore deux accessoires qui n'ont pas besoin de longs commentaires pour être compris.

Le graisseur qu'on aperçoit sur le cylindre (fig 140) n'est pas, on le comprend, une particularité du système. L'essentiel est que son débit soit régulier. Les graisseurs les plus communément employés sont ceux de la maison Henry, qui s'en est fait une spécialité. La vue extérieure est représentée par la gravure droite de la figure 149. C'est un récipient en verre, monté sur pièces de cuivre. Une cuvette permet de verser l'huile pour le remplir. Il suffit de la dévisser jusqu'à ce que les trous A A de la cuvette coïncident avec ceux du récipient. On revisse la cuvette lorsque le récipient est plein.

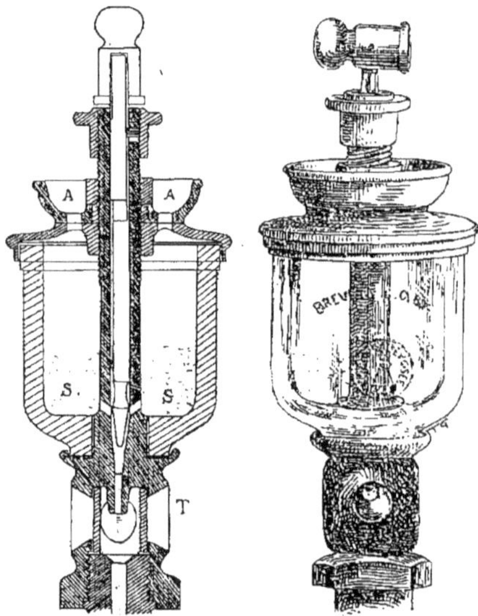

Fig 149

L'huile descend par les trous S S dans un canal qui va à la pièce à graisser, canal qu'une tige conique peut boucher ou ouvrir selon que la pièce articulée qui surmonte le graisseur laisse tomber cette tige dans son fond (vue à gauche), ou l'élève un peu (vue à droite).

Goutte à goutte l'huile tombe par le canal. On contrôle si son débit se fait bien en regardant au viseur T, qui est une échancrure dans le cuivre fermée par un verre.

***

La boîte d'échappement du moteur Bollée (fig. 150) se compose d'un tube central A, dans lequel arrive directement le gaz venant du moteur après son expulsion. Le gaz sort à une tension si grande que, si on le laissait se détendre directement dans l'atmosphère, il produirait le bruit d'un coup de pistolet à chaque ouverture de la soupape d'échappement. Il faut donc que nous le détendions avant de le laisser s'enfuir à l'air.

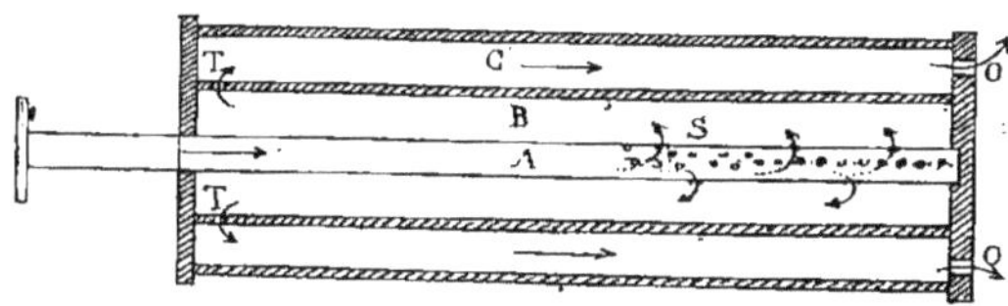

Fig. 150

Pour y arriver, nous lui faisons parcourir un chemin aussi long que possible, avec des coudes en chicane. Le tube A où il arrive directement est fermé à son extrémité ; mais il est percé sur les côtés de nombreux trous par où il s'échappe dans une boîte B, fermée partout sauf en T T. Le gaz fuit, déjà très détendu, dans une seconde boîte C qui ne lui donne sortie qu'à son extrémité, en O O.

On le voit, ce dispositif d'échappement est très comparable à celui qui est adopté pour le moteur de Dion et Bouton.

IX. — LE MANIEMENT DE LA BOLLÉE

La voiturette Bollée exige évidemment plus de soins que le tricycle de Dion. Ce sont tous deux des instruments relativement très simples; mais, nous l'avons vu, la Bollée possède des fonctions que son petit camarade ignore, et qui ne vont pas sans quelques organes supplémentaires à surveiller.

*
* *

L'Armement. — Pour mettre en route une Bollée, comme pour mettre en route toute autre voiture automobile, il suffit d'un peu de logique.

La voiturette étant sortie de sa remise, assurez-vous, avant de procéder à son lancement, que le moteur est débrayé, c'est-à-dire que la voiture ne peut subitement partir sans conducteur au cas où vous lanceriez le moteur. Le levier doit donc être ramené en arrière.

L'essence. — Emplissons d'essence le grand réservoir qui alimentera le carburateur et par suite le moteur; emplissons également le petit réservoir qui nourrira le brûleur.

Graissage. — Le graisseur du cylindre doit être visité le premier. On l'emplit, puis on vérifie son débit. A cet effet, on soulève la tige centrale et, par le viseur, on regarde si les gouttes tombent régulièrement.

Le débit du graisseur varie avec l'état du moteur, les conditions de marche et la qualité de l'huile; la moyenne à adopter est cependant d'environ 15 gouttes à la minute.

Si le débit était incorrect, il conviendrait de régler le graisseur soit en vissant (pour diminuer), soit en dévissant (pour augmenter) l'écrou moleté sur lequel repose le bouton supérieur du graisseur.

Le carter de la bielle du moteur doit être visité ensuite. On avance le levier afin de pouvoir dégager la porte qui ferme à coulisses le haut du carter, et on examine le contenu de cette boîte hermétique.

Si l'huile est claire, si aucune vis ou goupille n'est desserrée ou tombée, tout va bien. Graissez seulement très abondamment la tête de bielle à coups de burette en l'amenant en haut du carter. Puis refermez la porte. Ramenez le levier à sa position de débrayage.

Si l'huile est noirâtre, épaisse, dévissez le petit bouchon qui se trouve sous le carter ; l'huile file comme un sirop. Laissez tomber la dernière goutte. Replacez le bouchon et serrez-le fortement pour déjouer le travail de la trépidation. Puis versez de l'huile fraîche dans le carter jusqu'au point où la tête de bielle en tournant effleure seulement son niveau.

Les organes de transmission seront visités en troisième lieu. Pour les atteindre, vous soulèverez le plancher du siège d'arrière de la voiturette. Regardez si les goupilles, les vis, les axes sont bien en place. Graissez largement à la burette les roues dentées de l'arbre principal, la came et son galet; déplacez sur l'arbre intermédiaire les roues dentées mobiles, arrosez-les d'huile ainsi que la partie de l'arbre qui passe dans la poulie de commande de la courroie. Refermez le plancher.

En quatrième lieu, continuez à passer en revue, du bec de votre burette, les principales parties mobiles de la machine tout en vérifiant si aucune pièce n'a bougé, si aucun écrou ne demande un coup de clé, etc. Graissez la partie vélocipédique de la voiturette comme vous graisseriez une bicyclette, les moyeux avant (1), les cuvettes des pivots de direction, les articulations de la bielle de direction, de la crémaillère, de l'axe du volant

(1) Les nouveaux modèles ont les moyeux avant garnis de graisseurs à graisse consistante comme celui d'arrière.

de direction, la partie supérieure du levier d'embrayage, les articulations de la commande de l'échappement, les articulations de la bielle d'embrayage et des menottes, le régulateur, la gorge et les pièces quelle commande, etc., en un mot toutes les surfaces frottantes.

En cinquième lieu, quittez votre burette et passons à l'inspection des graisseurs à graisse consistante qui sont au nombre de cinq : un au moyeu arrière, un à l'arbre intermédiaire (au bout de la crémaillère), deux pour les paliers de l'arbre principal, un pour le palier de l'arbre intermédiaire (côté du volant).

Pour remplir ces graisseurs, on les saisit par la partie moletée et on les dévisse ; on emplit de graisse le godet à l'aide d'un couteau ou d'un tournevis plat et on revisse le chapeau. Le vissage et le dévissage sont-ils trop durs ? On pousse à la main ou à l'aide d'un tournevis la rondelle arrière sur laquelle appuie le ressort à boudin.

Et maintenant, mettons en marche le moteur.

***

La mise en marche. — N'allumez pas le brûleur tout d'abord. En effet, je vous conseillerai de vous livrer au préalable à deux opérations qui, le plus souvent très courtes, peuvent parfois demander un certain temps pendant lequel le brûleur fonctionnerait inutilement et pourrait même être un danger.

Compression. — L'armement de la voiturette étant terminé, assurez-vous tout d'abord que le moteur proprement dit est en état de fonctionner. Vérifiez si la compression est bonne.

Pour en avoir une indication certaine, emmanchez la *manivelle de lancement* sur l'extrémité de l'arbre moteur, côté volant, de façon à ce que le cran de la manivelle vienne bien mordre le cran de l'écrou fixé sur cet arbre. Saisissez le bouton de cette manivelle et tournez de droite à gauche (fig. 151). Vous sentez bientôt une résistance élastique, analogue à celle que vous opposerait un ressort : vous êtes à la période de compression du moteur. Ne la franchissez pas. Cessez de faire effort sur la manivelle ; elle doit revenir en arrière sous l'effort du gaz, comprimé dans le cylindre et qui reprend la tension atmosphérique.

Si la compression n'existe pas, ou bien si elle est manifestement trop faible, d'où vient le mal? Le bon sens le dit : d'une fuite.

Dégommez d'abord les segments à l'aide de la burette

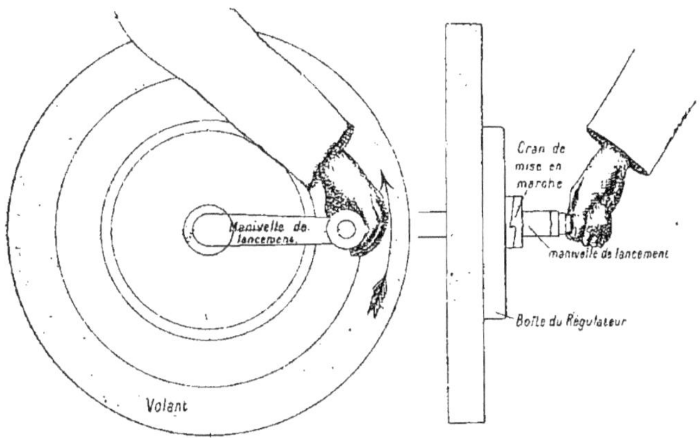

Fig. 151

à essence. (Vous pouvez prendre de l'essence au purgeur du réservoir du moteur.) Ayez soin de faire tourner le moteur à la main sinon un cycle complet, du moins pendant deux temps, afin que le piston passe sous votre burette et que l'essence puisse dissoudre les huiles cuites qui collent les segments au piston, leur retirent de l'élasticité et causent probablement la fuite dont nous nous plaignons. Il suffit strictement que l'essence atteigne les segments; il est mieux que le nettoyage soit plus complet et que le piston ait son va-et-vient complet.

Tournez donc le moteur à l'aide de la manivelle; pour n'avoir pas à vaincre le peu de compression qui reste, enlevez le bouchon de la soupape d'admission et, de la main droite, appuyez sur la tige du clapet. La compression est rendue impossible, et vous tournez sans peine de la main gauche. Vous pouvez d'ailleurs placer sur la tige, sans inconvénient, un objet un peu lourd, comme un marteau, une pièce de bois, etc., de façon à garder une main libre pour tenir en place la burette.

Si, le dégommage fini, le bouchon solidement revissé, la compression n'est pas améliorée, concluons que la fuite provient d'une soupape. Une petite saleté imperceptible empêche le clapet de porter sur son siège hermétiquement, et le gaz fuit lorsque le piston tend à le comprimer. Souvent, il suffit de tapoter à la main les tiges des soupapes pour les soulever de leur siège et les y laisser retomber, ou de les faire tourner sur place, bien appuyées sur leur siège, afin que les deux surfaces en contact s'épousent.

La compression ne se produit-elle pas néanmoins? Démontez les soupapes et rodez-les à l'émeri. (Ne vous trompez pas, lors du montage, dans le sens de direction que doit avoir l'ouverture des boîtes de soupapes.)

La compression manque-t-elle toujours? Cherchons ailleurs la fuite. Penchez l'oreille vers le tube de platine. Entendez-vous un léger sifflement lorsque le temps de compression arrive? C'est là le mal. L'air s'enfuit ou bien par-dessous l'écrou qui serre le tube sur le bout du moteur, ou bien par le tube lui-même qui est percé.

Dans le premier cas, donnez un tour de clé à l'écrou; mieux, défaites-le, replacez une rondelle d'amiante dans son fond et resserrez à bloc.

Dans le second cas, changez le tube de platine ; il n'y a aucun remède à cette perforation.

Si, toute cette gamme parcourue, la compression n'est pas encore obtenue, voyez si un des écrous qui maintiennent la culasse du moteur sur le cylindre ne s'est pas desserré. L'air pourrait fuir par là.

Il va sans dire que, non seulement toutes ces recherches sont, neuf fois sur dix, tout à fait superflues, car, après dégommage des segments, la compression est bonne, mais que, si elles ne suffisaient pas, le défaut du moteur serait soit sa vieillesse, soit une simple usure des segments. Il faudrait, dans le premier cas, non pas revendre votre outil à un bon ami confiant, mais le renvoyer à l'usine, afin qu'on remplace ses membres malades ; dans le second cas, il faudrait démonter le piston, demander quatre segments à l'usine et les faire replacer par un mécanicien adroit.

***

Mais nous admettrons, n'est-ce pas, que, dès la manivelle de lancement placée, nous avons constaté une excellente compression. C'est, d'ailleurs, le cas le plus commun. Notre moteur est donc tout disposé à consommer. Examinons si les consommations ne vont pas lui manquer.

Le carburateur. — Ouvrons le robinet d'alimentation ; dévissons le petit bouchon qui recouvre le haut de la tige du flotteur du carburateur ; dévissons aussi le chapeau porte-champignon du carburateur proprement dit.

Ceci fait, tirons un peu la tige du flotteur, de façon à laisser l'essence arriver très librement au carburateur. Au bout de quelques instants, le liquide doit sourdre avec certaine force par l'ajutage de la chambre de mélange. Laissons-la couler dans cette chambre jusqu'à ce que le fond soit recouvert d'une couche de quelques millimètres, couche qui aidera la carburation des premières portions d'air aspirées lors de la mise en route.

Enfin, donnant de petits coups de doigt sur l'extrémité de la tige du flotteur, assurons-nous que le flotteur fonctionne bien, ce que nous constatons aux déplacements rapides de la tige sous notre poussée. Revissons alors le bouchon porte-champignon; revissons aussi le petit bouchon qui couvre la tige du flotteur.

Il se peut cependant que tout ne se passe pas ainsi pour le mieux du monde dans le meilleur des carburateurs. L'essence ne sourd pas dans l'ajutage, ou sourd peu. Le mal est un engorgement et un engorgement qui peut exister non pas dans le carburateur mais dans le réservoir ou dans sa canalisation.

Procédez par ordre. L'engorgement a toutes chances d'exister dans le carburateur. Le passage d'un petit fil métallique par le trou de l'ajutage suffit le plus souvent à le dégorger.

Si l'essence n'arrive toujours pas, voyez si la tige ne coince pas, si le flotteur est bien libre. Au besoin, fermez le robinet d'alimentation, démontez le couvercle supérieur de la chambre du flotteur, sortez son contenu que vous nettoierez et examinerez avec soin. Une saleté interposée dans une articulation ou un guidage quelconque, une éraflure sur la tige du flotteur, peuvent empêcher le fonctionnement.

Vérifiez, avant de faire le remontage, si les leviers sont bien en place. Même, avant de remonter les pièces, ouvrez à nouveau le robinet d'alimentation pour observer si le niveau s'élève assez rapidement dans la chambre du flotteur. Si le niveau monte vite, l'engorgement réside donc bien dans le carburateur, et le nettoyage auquel vous venez de procéder doit vous tirer d'embarras. Si le niveau ne monte que très lentement, démontez les boulons qui tiennent le fond de la chambre du flotteur; il se peut en effet que la toile métallique filtrante, placée entre l'arrivée d'essence et le siège de la tige du flotteur, soit obstruée. Nettoyez cette toile. Replacez le tout.

Mais l'essence ne gicle toujours pas à l'ajutage ! Frappez avec le manche d'un outil le long de la canalisation, depuis le carburateur jusqu'au réservoir. Introduisez un fil métallique rigide par le trou inférieur du petit robinet purgeur. Soufflez fortement par le petit trou du bouchon du réservoir (trou qui permet à l'air d'entrer dans le réservoir au fur et à mesure que l'essence s'épuise. L'obstruction de ce simple petit trou empêche l'arrivée de l'essence au carburateur).

*
* *

... Tout est enfin en état. Le moteur comprime. L'essence arrive régulièrement. Procédons maintenant à l'allumage.

L'allumage. — Ouvrez en grand le robinet d'alimentation, puis soulevez la porte de la lanterne. Si le brûleur se trouve dans de bonnes conditions, un jet d'essence jaillira avec force de l'intérieur et viendra se briser sur le tube de platine. Refermez l'alimentation et faisons l'allumage.

Dans la boîte à outils, prenez le protège-tube, sorte de gaine que nous monterons autour du tube pour le préserver d'un choc ou d'une éraflure (fig. 152).

Prenez ensuite le goupillon, fil de fer tordu et garni à l'extrémité de fils d'amiante, et, en le présentant sous le petit robinet purgeur du grand réservoir, imbibez-le d'essence. Introduisez-le au fond de la lanterne d'allumage ; approchez alors une allumette et laissez flamber le goupillon pendant deux ou trois minutes. Nous avons vu, en effet, dans des pages précédentes, que le brûleur devait être chauffé préalablement avant l'arrivée de l'essence, afin que le liquide se vaporise dès son passage dans le bec. Ouvrez alors peu à peu le robinet d'alimentation et retirez le goupillon avant qu'il ne soit éteint. S'il s'éteint avant que vous ne le retiriez, réimbibez-le d'essence (en ayant bien soin qu'il ne porte *aucune* flammèche rouge lorsque vous le représenterez sous le robinet du réservoir) et rallumez-le. Lorsque vous le retirez du fond du brûleur, encore en flammes, présentez-le au bec du brûleur : l'allumage doit alors se produire en haut du brûleur, sous forme d'une flamme bleue fixe qui produit un sifflement spécial.

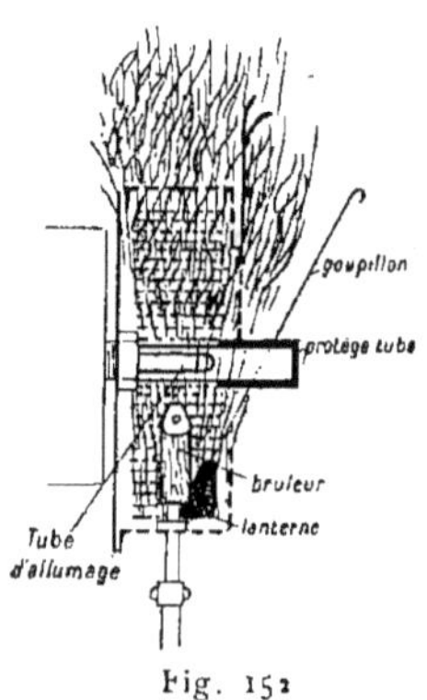

Fig. 152

Enlevez le protège-tube. Le tube à nu est alors en contact avec la flamme très chaude du brûleur, flamme dont l'intensité croît bientôt jusqu'à un maximum déterminé, et le tube rougit lentement. Refermez la lanterne. L'allumage est terminé.

Avant de mettre en marche cependant, patientez quelques minutes encore. Le tube n'est jamais trop chauffé, jamais trop rouge, rappelez-vous-le.

*
* *

La mise en marche. — La mise en marche n'offre pas de difficultés réelles. Elle n'exige qu'un petit tour de main que l'expérience donnera mieux que tous les conseils.

Ouvrez le graisseur du cylindre en soulevant un peu le bouton afin d'augmenter le débit pendant quelques instants. Puis, fermez partiellement à la main l'entrée d'air du carburateur en agissant sur la plaque perforée qui ferme le cône de prise d'air, ceci afin que la carburation se fasse au début plus facile.

Engagez alors la manivelle de lancement sur le bout de l'arbre moteur. Saisissez-la avec l'extrémité des doigts en n'engageant pas trop le pouce et tournez (de droite à gauche) rapidement et vigoureusement, de façon à passer sans arrêt la période de compression. Ayez soin de vous placer de telle façon que, si une explosion en sens contraire se produisait, la manivelle ne puisse vous heurter. La position qu'indique la gravure 153 est la plus favorable ; le conducteur appuie la main gauche sur le siège d'arrière et prend ainsi point d'appui pour l'effort qu'il a à faire.

Fig. 153

Dans le cas où, malgré la vigueur que vous déployez et la rapidité de votre mouvement, une explosion se produirait à contre sens, ne vous effrayez pas, tenez la manivelle fortement appuyée contre la paume de la main, les doigts prêts à s'ouvrir au moindre choc. La manivelle revient alors en arrière ; reprenez-la et recommencez.

Mais tout à coup une explosion se produit, puis deux, puis une succession. — Le moteur part. Tirez à vous la manivelle et placez-la dans le coffre à outils.

Aussitôt, réglez l'admission de l'air, ouvrez-la lentement jusqu'à ce que, la vitesse du moteur augmentant, vous sentiez qu'il fonctionne régulièrement, plusieurs explosions consécutives étant toujours ou presque toujours séparées par un temps de silence dû à l'intervention du régulateur.

Vous vous rendrez facilement compte de la puissance qu'a votre moteur en plaçant un pied sur la pédale de droite (celle dont le cuir enserre le volant), en vous soulevant de terre sur ce seul point d'appui, les bras portant sur les deux dossiers des sièges. Vous opposez ainsi au moteur (puisque vous faites friction énergique sur son volant) une résistance d'autant plus grande que vous êtes plus lourd et que vous appuyez le pied plus près du volant. Vous trouverez, avec un peu d'expérience, un point de cette pédale où votre poids personnel fait que le moteur, après avoir ralenti, donne une explosion à chaque tour et continue à tourner, point extrême au delà duquel il s'arrêterait, mais dont la connaissance vous est utile pour savoir si le moteur « donne bien sa force ». Une personne de 75 kilogs peut placer le pied environ au milieu de la pédale sans caler le moteur.

Profitez des quelques instants qui doivent toujours séparer la mise en marche du moteur de la mise en marche de la voiturette ; profitez du temps où le moteur s'échauffe et prend bien son allure normale, pour faire le paquetage de vos outils, changer de gants, donner un dernier coup d'œil à tout l'ensemble, et prier la dame qui vous accompagne de prendre place à l'avant.

...Pardon, je vous vois tout guilleret de votre succès, prêt à enfourcher votre siège d'humeur très galante..... Voulez-vous? Parlons un peu d'abord de ce que vous auriez dû faire si, malgré toute votre bonne volonté pour mettre en route votre moteur, malgré une excellente compression, une parfaite disposition du carburateur et un impeccable allumage, votre moteur têtu s'était refusé à tout départ?

Car qui connaîtra jamais à fond la mauvaise humeur d'un moteur à pétrole?

Il se peut que le moteur se mette mal en route, ou même pas du tout.

Généralement le malaise provient de la carburation, si parfaite qu'on ait pu la croire. Agissez à la fois sur la tige du carburateur et sur la prise d'air, en tâtonnant; au besoin, changez l'essence qui peut-être est vieille ou de mauvaise qualité; même, à l'aide du goupillon, imbibé comme nous l'avons vu, réchauffez l'admission en passant la flamme le long du carburateur et du tube d'admission.

L'échappement peut vous donner des indications sur le fonctionnement du moteur. Des gaz blanchâtres, déposant sur la main de la vapeur d'eau, indiquent un excès d'essence. (Appuyer sur la tige du carburateur; ouvrir l'air en grand; approcher une allumette de l'échappement afin d'obtenir une explosion, une suppression brusque de gaz par conséquent.)

Des gaz noirâtres, puants, déposant sur la main de l'huile, indiquent un excès d'huile dans le cylindre. — (Fermer le graisseur, vider en partie le carter.)

Une forte odeur d'essence à l'échappement indique une combustion incomplète provenant généralement de manque d'air ou de défaut d'allumage.

Dans bien des cas, la mauvaise marche du moteur résulte simplement du déréglage de la soupape d'échappement qui se soulève trop ou pas assez, ou ne ferme pas. Le poussoir est muni d'un contre-écrou qui permet de le hausser ou de l'abaisser de façon à ce qu'il vienne exactement en temps voulu heurter la tige de soupape. De même, si un ressort d'échappement était amolli, ne rappelant pas assez promptement la soupape sur son siège, il faudrait le changer immédiatement.

***

Mais vous voici impatient de partir. La pratique vous enseignera les mille petits riens dont je ne puis vous parler ici. Enjambez votre siège et, le corps légèrement penché en avant, les pieds appuyés sur les deux planchers latéraux, la tête inclinée pour bien voir devant vous, la main gauche sur le levier d'embrayage, la droite sur le volant de direction, tournez la poignée gauche sur la petite vitesse, et embrayez peu à peu.

Exercez-vous d'abord sur une belle route, large, peu passagère, et apprenez à fond la direction avant de passer à une vitesse supérieure. C'est un jeu quand on le sait ; c'est un petit effroi quand on l'ignore.

Les manœuvres du levier pour le freinage, les changements de vitesse et le débrayage ne doivent bientôt avoir plus aucun secret pour vous. L'expérience désormais doit être votre seule éducatrice.

Mon rôle se borne à vous mettre en selle sur un instrument que vous comprenez dans tous ses organes. Ma récompense est le plaisir que vous en éprouverez.

CHAPITRE VI

La Voiturette Benz

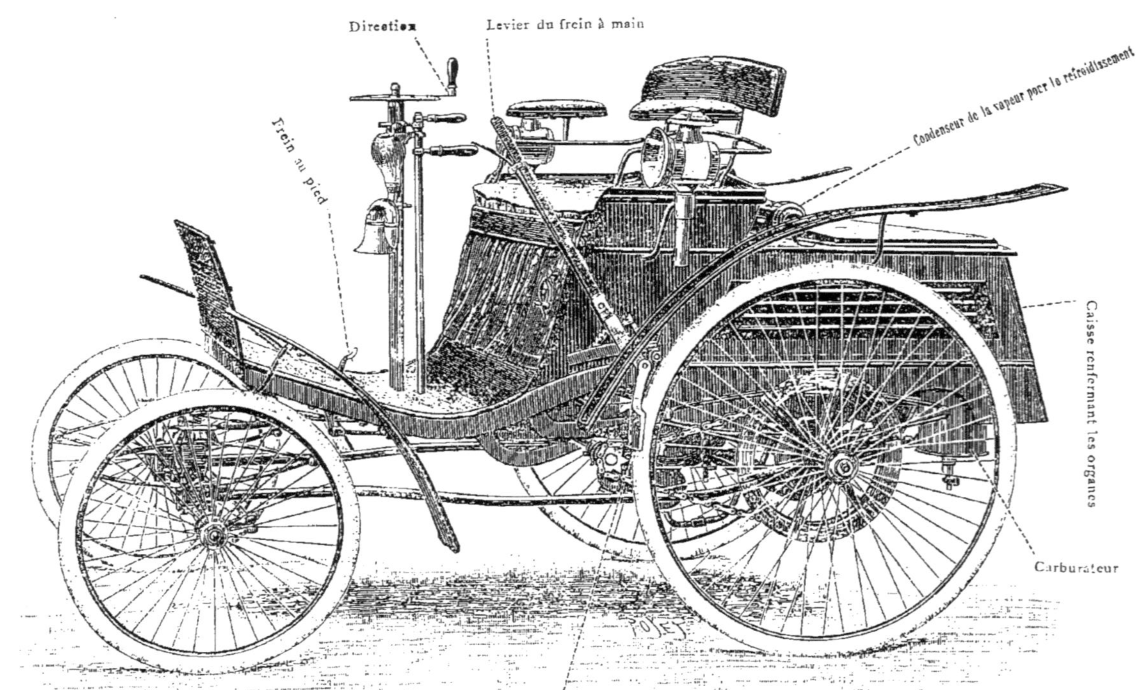

Fig. 154. — VOITURETTE BENZ

CHAPITRE VI

La voiturette Benz

Nous ajouterons à l'étude des types qui précèdent, les plus légers des véhicules automobiles, celle de la voiturette Benz qui, à vrai dire, inaugure plutôt la classe des *voitures* automobiles qu'elle ne clôt celle des *motocycles*. Mais elle peut être considérée comme le trait d'union entre les deux grandes divisions de l'automobile actuelle : elle a presque les qualités de poids moyen de la voiturette ; elle a par contre déjà le confortable de la voiture.

Le moteur Benz, moteur allemand construit par la Société Benz et Cie, à Mannheim, est d'ailleurs le plus ancien des moteurs à pétrole appliqués à la locomotion. C'est le 25 mars 1886 que cette Société en prit le brevet sous le nom de « véhicule à moteur à gaz », et c'est M. Roger qui, en 1888, l'introduisit en France Il a nécessairement subi, depuis cette époque lointaine, bien des perfectionnements qui en font un des moteurs les plus répandus aujourd'hui Sa légèreté relative permet d'établir des véhicules qui, pour deux personnes, ne dépassent pas 300 kilos.

Plusieurs constructeurs ont apporté au type primitif des modifications de détails plus ou moins heureuses ;

mais les caractéristiques de l'ensemble demeurent constantes dans tous les les modèles, et l'étude suivie de la voiture que voici permettra à nos lecteurs de connaître très complètement, un peu d'intelligence aidant, tous les genres de Benz modifiés, améliorés, et quelquefois aggravés, qui pourront leur être présentés.

La gravure 154 représente la voiturette Benz telle qu'elle arrive d'Allemagne.

I. — DISPOSITIONS GÉNÉRALES

Le moteur se trouve à l'arrière. Il est horizontal, à un seul cylindre, à quatre temps et à allumage électrique. Les accumulateurs et la bobine d'allumage sont situés sous le siège, dans une caisse. Une bougie pénètre dans la chambre d'explosion et met le feu aux gaz.

Le refroidissement se fait non plus par ailettes, ainsi que nous l'avons vu dans le de Dion et le Bollée, mais par une circulation d'eau. C'est là un point nouveau pour notre étude. La voiture emporte donc, en outre de sa provision d'essence, un réservoir pour l'eau de refroidissement.

La transmission du mouvement est obtenue par deux courroies qui peuvent, au moyen de fourchettes commandées par les deux leviers horizontaux que l'on voit au-dessous du volant de direction, passer à tour de rôle d'une poulie active à une poulie folle, c'est-à-dire entraîner la voiture ou n'avoir pas d'action sur elle.

Les courroies peuvent se trouver toutes deux en même temps sur leur poulie folle respective. En ce cas, la voiture est arrêtée, ou bien elle roule par sa force acquise ou par la gravité (descente). Mais, dans aucun moment, on le conçoit, les deux courroies ne peuvent se trouver en même temps respectivement sur leur poulie active, les deux poulies actives ayant des diamètres différents qui donnent, l'une la petite vitesse, l'autre la grande.

Les poulies transmettent le mouvement plus ou moins rapide qui leur est imprimé par l'une ou l'autre courroie, à l'arbre intermédiaire sur lequel elles sont montées et qui porte lui-même à chacune de ses extrémité un petit pignon. Une chaîne roule sur ce pignon et l'unit à une roue dentée, de diamètre beaucoup plus grand, qui fait corps avec chacune des roues motrices.

Le mouvement différentiel est donc placé sur l'arbre intermédiaire.

Le système présent ne comporte pas de marche arrière. C'est donc une voiture agréable d'excursions plutôt qu'une voiture de grande ville où la marche arrière est le plus souvent exigée. Il existe au surplus d'autres types de voitures Benz, de modèles plus forts, qui en sont pourvus.

La mise en route du moteur se fait au volant. Cet organe est de dimensions assez grandes pour qu'on puisse l'entraîner aisément à la main. Il est d'ailleurs d'accès très facile.

Le graissage est assuré par un récipient en verre, à débit réglable, analogue à celui que nous avons vu dans la Bollée.

Tout le mécanisme est, faisant un seul tout avec la caisse de la voiture, suspendu sur quatre ressorts à pincettes. L'écartement des roues est assuré par deux longerons en tube d'acier.

Les roues, montées en rayons métalliques, sont le plus souvent garnies de caoutchoucs pleins. Mais il va de soi que les pneumatiques n'y sont pas interdits. De larges garde-boue protègent les voyageurs et la voiture.

Ainsi qu'on le remarquera, le conducieur de la voiture se place à gauche. La direction est formée d'une seule tige centrale et verticale, terminée en haut par une barre horizontale, plate, avec poignée, et en bas par une crémaillère qui fait pivoter d'une quantité égale les deux roues d'avant ensemble. Elle est donc tenue par la main droite du conducteur.

Notons immédiatement que la rotation de la barre de direction doit être faite dans le sens inverse de celui qu'on veut faire prendre à la voiture. Il faut tourner la barre à droite pour que la voiture tourne à gauche et réciproquement. Cet inconvénient n'est qu'apparent. On s'habitue vite à exécuter les manœuvres.

La main gauche reste libre, soit pour la manœuvre du frein dont les patins appuyent de chaque côté sur les roues motrices, soit pour celle des deux leviers qui commandent les fourchettes des courroies et par elles les changements d'allure.

Elle peut encore manœuvrer l'un des petits appareils, groupés au-dessous du siège, dont la gravure montre la saillie extérieure, et qui sont : 1° un bouton à tourner pour établir le courant électrique ou l'interrompre ; 2° un bouton à tirer ou à repousser pour régler, à l'aide d'une crémaillère, la quantité de gaz admis et par suite la vitesse du moteur (effet analogue à celui que produit la manette gauche dans le tricycle de Dion) ; 3° une tige horizontale avec indice extérieur servant à doser exactement le mélange d'air et d'hydrocarbure.

On remarquera que, généralement, de son siège, le conducteur ne peut pas procéder à l'avance de l'allumage. Il n'y a recours que lors de la mise en route ; il cherche alors le point exact où, selon les variations de la carburation, l'allumage semble donner le meilleur rendement. Toutefois, quelques voitures sont pourvues d'un dispositif d'avancement fonctionnant du siège, que les constructeurs n'ont pas jugé utile pour la majorité des cas.

Au pied, le conducteur peut manœuvrer un frein puissant qui s'enroule sur deux tambours montés sur chacune des roues motrices.

L'arrière de la voiture Benz renferme tout le mécanisme. Deux petites portes verticales et garnies de volets, ainsi qu'un plafond qui recouvre le tout, l'enclosent de toutes parts. La partie inférieure est à jour.

Ouvrons la serrure de la porte de droite. Tirons le verrou de la porte de gauche. Levons le plafond, accrochons-le à la tige spéciale qui le maintient en place. Nous voici en face des organes (fig. 155).

Le moteur, composé d'un cylindre unique, se trouve

au centre. Nous le voyons ici en raccourci. A l'arrière paraît son graisseur de piston. A l'avant, les deux petits graisseurs des paliers du vilebrequin terminé à droite par un volant, terminé à gauche par un petit pignon d'acier qui engrène avec un autre, de diamètre double (pour les 4 temps) et dont la denture est faite de fibre comprimée pour atténuer le bruit.

A droite du moteur, montées sur l'arbre principal, nous voyons, après le volant, les deux poulies, de dimensions inégales, qui portent chacune une courroie. Remarquons que ces poulies sont de largeur double de celle des courroies qu'elles portent. Les courroies doivent en effet pouvoir se déplacer, à l'appel d'une fourchette que nous examinerons plus tard, lorsqu'elles passent de la poulie fixe, qui est montée sur l'arbre secondaire (et que nous n'apercevons pas ici), à la poulie folle qui les empêche de continuer à entraîner ce même arbre, et par suite d'actionner la voiture. Chacune des poulies que nous voyons actuellement a donc exactement la largeur à la fois de la poulie fixe et de la poulie folle qui lui sont opposées dans le fond de la caisse.

Tout à fait à droite, formant les parois mêmes de la voiture, un réservoir rectangulaire, très allongé et plat, renferme l'essence qui alimente le carburateur. Les canelures qu'on distingue sur ce réservoir, à l'intérieur de la caisse, celles mêmes qui sont représentées à l'extérieur de la voiture, n'ont d'autre utilité que de contribuer au décor de l'ensemble et d'augmenter un peu la capacité du réservoir. Un robinet extérieur, surmonté d'un tube de verre, permet d'ouvrir ou de fermer l'alimentation du carburateur, permet aussi de laisser le liquide pénétrer dans le tube de verre pour le contrôle du niveau.

A gauche du moteur, un grand cylindre, terminé en bas par un robinet de purge, forme le carburateur.

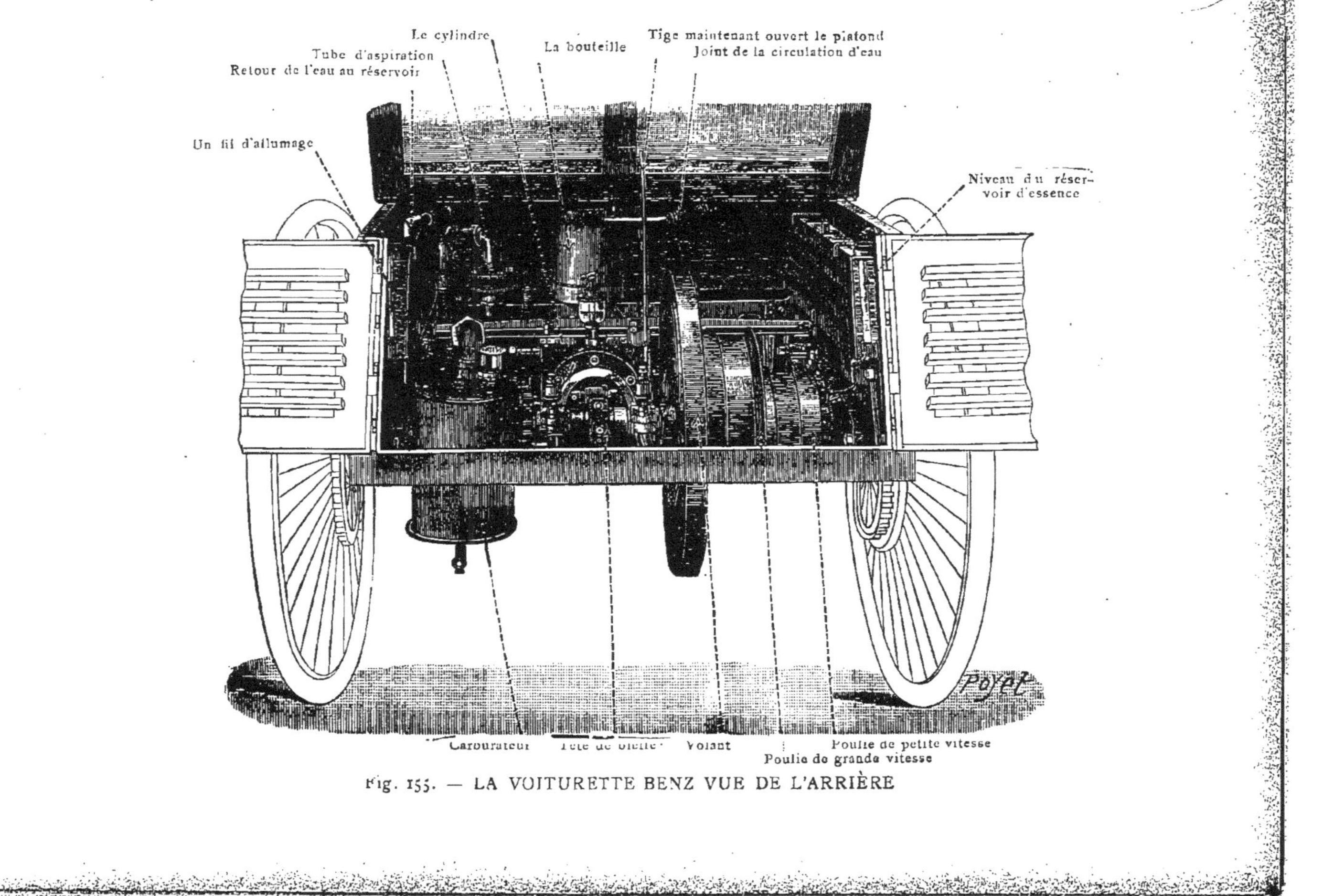

Fig. 155. — LA VOITURETTE BENZ VUE DE L'ARRIÈRE

L'entrée de l'air se fait par un petit chapeau à fentes garnies de toile métallique fine. Nous l'étudierons d'ailleurs en détails plus loin. Le gaz formé s'en va au cylindre par un gros tube dont on aperçoit le premier coude au-dessus du carburateur et qui passe au-dessous du réservoir d'eau formant paroi gauche du véhicule. Ce tube remonte vers le fond en formant un double coude pour arriver à la soupape d'admission. La gravure laisse d'ailleurs voir le ressort de cette soupape, entre la pièce dite « la bouteille » et un renflement que porte le tube d'admission avant son aboutissement au cylindre. Ce renflement est composé d'une succession de toiles métalliques, coupées en rondelles, serrées les unes contre les autres, qui servent à la fois : à arrêter les impuretés qui pourraient se trouver aspirées par le moteur ; à brasser plus intimement le mélange en le chicanant ; enfin à empêcher un retour de flammes, toujours possible, à la chambre d'explosions au carburateur dans le cas d'une mauvaise fermeture de soupape.

Le réservoir d'eau est pourvu d'un robinet et d'un niveau analogues à ceux de son pendant à essence. Observons que sa proximité du carburateur contribue à aider le mélange de l'air atmosphérique et des hydrocarbures. Remarquons également, en passant, le fil conducteur d'électricité qui s'aperçoit au-dessous du réservoir d'eau ; il vient de la bobine (sous le siège du conducteur) et va à la came montée sur le petit arbre de dédoublement du mouvement du moteur, tandis que l'autre fil va à la bougie, figurée ici dans le fond, au-dessous de la soupape d'admission.

II. — LE MOTEUR

Le moteur Benz forme un bloc de maniement facile et qui s'attache à la voiture par quatre fort boulons : deux aux brides, venues de fonte avec le cylindre, et que la figure 156 montre bien; deux à l'extrémité des petits longerons qui supportent le vilebrequin et le

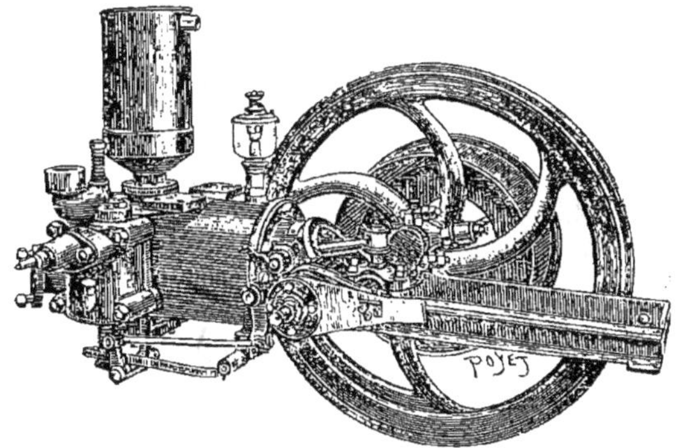

Fig. 156

volant, et que la figure 157 laisse voir. Le moteur est donc posé sur la voiture par ses longerons et suspendu par ses brides. Cette disposition présente l'avantage de le rendre accessible sur tous ses points.

La figure 156 le représente tel qu'on le retire de la voiture. C'est un cylindre horizontal, nous l'avons déjà dit, entouré d'une circulation d'eau de refroidissement qui monte dans la bouteille qui fait corps avec lui au moyen de boulons. Le cylindre est, pour le moteur de trois chevaux qui nous occupe, alésé à 100 millimètres. La course du piston est de 120 et le nombre de tours de 300 à la minute, en marche normale.

L'extrémité gauche du vilebrequin porte un petit

pignon qui dédouble sur une roue dentée en fibre de bois, laquelle, par un dispositif analogue à celui que nous avons étudié dans le tricycle à pétrole, porte, intimement fixée sur elle, une came qui, tous les quatre temps du moteur, ouvre la soupape d'échappement. Le bout de l'arbre sur lequel elle est calée, porte enfin une came d'allumage qui, également, ne laisse passer l'étincelle que tous les quatre temps.

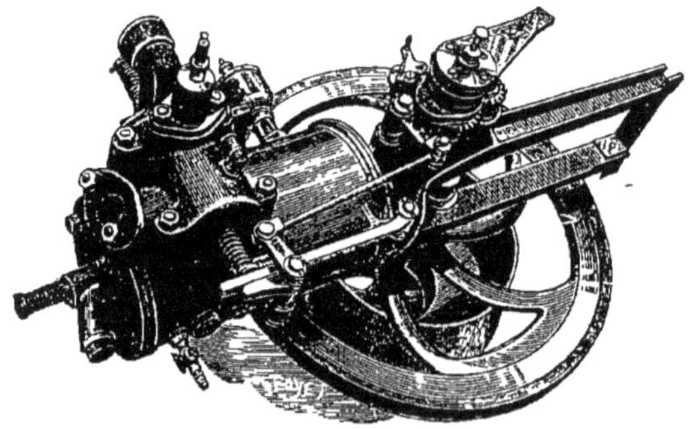

Fig. 157

Si nous pratiquons une coupe du haut en bas dans toute la longueur du moteur (fig. 158), nous trouvons le cylindre C entouré d'une chemise d'eau qui, venue du réservoir, monte dans la bouteille A jusqu'à un niveau déterminé. Une cloison métallique empêche cette eau de remplir la cavité. Le liquide s'échauffe, se transforme en vapeur qui monte au plafond de la bouteille, s'y condense, et redescend en pluie de l'autre côté de la cloison ; il est ramené au réservoir par un conduit spécial. Le robinet X sert à vider l'eau de refroidissement en hiver lorsqu'on craint une gelée dans la remise de la voiture.

Le piston B est lubrifié par le graisseur D. Il peut s'enfoncer dans le cylindre jusqu'à la chambre d'explosions qui est située à la hauteur du point R qui représente la bougie située entre les deux soupapes.

La soupape d'admission est, en L, munie d'un ressort à boudin et quelquefois de deux, placés l'un sur l'autre, ressorts très peu tendus puisqu'ils doivent laisser le clapet s'ouvrir à la simple aspiration du moteur.

La soupape d'échappement est en P, pourvue d'un seul ressort très vigoureux qui doit non seulement fermer hermétiquement le clapet, mais ramener en leur place les pièces qui en commandent l'ouverture.

. En Q se trouve une troisième soupape, automatique comme celle d'admission et qui, lors de l'aspiration, laisse pénétrer dans le cylindre une portion, toujours la même, d'air frais. L'introduction se fait par un tube courbé que représente bien la figure 157. Le rôle exact de cette aspiration d'air dans le mélange déjà formé, au moment où il va exploser, n'a jamais été bien expliqué. On en constate cependant les heureux effets, et l'énergie du moteur en est sensiblement accrue.

***

L'ouverture de la soupape d'échappement est produite par le choc de la bosse principale E sur la molette O qu'elle repousse dans la position indiquée en pointillé. Cette molette étant l'extrémité du levier auquel est liée la bielle de levée de la tige de soupape, ce levier s'articule de gauche à droite et fait se soulever une barre plate sur laquelle repose la tige de soupape. Cette barre prend la position représentée également en pointillé.

La molette O est déplaçable latéralement dans une petite fourche qui la porte. Ce déplacement est indispensable pour la mise en marche du moteur et produit, par un très simple effet, la suppression de la compression au moment où le moteur est lancé.

En effet, la bosse principale, que porte excentrée la roue dentée N, frappe tous les quatre temps la molette O et par suite ouvre tous les quatre temps la soupape d'échappement. Si, exactement en opposition avec cette bosse, nous en installons une seconde, qu'arrivera-t-il? Cette seconde bosse viendra frapper O au second temps, au temps de compression. La soupape

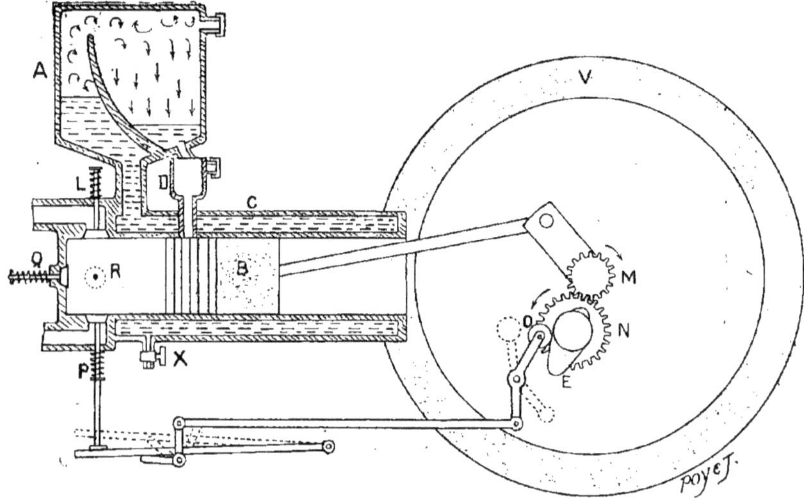

Fig. 158

d'échappement s'ouvrira dès lors au moment même où le piston refoule le gaz admis, et le gaz s'échappera. Aucune compression ne pourra se produire. Nous aurons soin toutefois de faire cette bosse beaucoup plus petite que l'autre afin qu'elle n'ouvre que très peu la soupape et que tout le gaz admis ne s'enfuie pas, cas auquel la mise en marche deviendrait impossible.

Le problème consiste donc à faire que la seconde bosse ne frappe la molette O que lors seulement de la mise en marche et passe à côté d'elle sans la toucher pendant tout son fonctionnement. Voici comment le constructeur y est parvenu :

La molette O est montée sur un petit arbre qui glisse facilement dans une fourchette (fig. 159) : un ressort S le maintient, en temps ordinaire, repoussé vers l'une des branches qui porte elle-même une sorte de petite manette qui forme verrou. Si, à la main, nous repoussons la molette O vers la gauche, l'arbre sur lequel elle est montée chasse le ressort S, et son extrémité de droite tend à disparaître dans la branche qui la porte. Relevons la petite manette qui forme verrou ; voilà l'arbre, et par suite la molette, fixés dans la position que nous avons choisie (fig. 160).

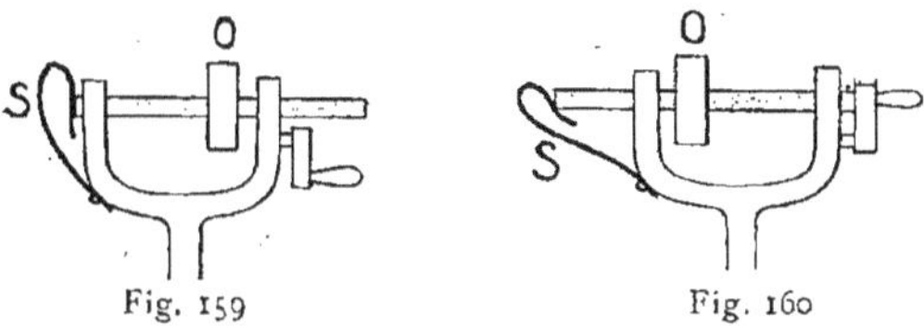

Fig. 159 Fig. 160

La partie doublement bossuée de la roue dentée N présente, de face, la configuration de l'image 161. La grande bosse (très exagérée ici pour la rendre plus expressive) est E, et la petite J. De profil, elle est représentée par la figure 162 ; on voit que les deux bosses ne sont pas dans le même plan, et que, par conséquent, selon le déplacement que nous donnerons à la molette O qu'elles doivent frapper, ce sera tantôt E et tantôt J qui frappera.

Remarquons bien cependant que, si nous déplacions O tellement vers la gauche que la petite bosse seule la pût frapper, nous ne pourrions pas mettre en marche le moteur. En effet, nous ouvririons bien la soupape d'échappement au moment de la compression, nous supprimerions bien la compression, ce que nous cherchons à faire ; mais, au moment de l'échappement, nous laisserions la soupape fermée, et nous empêcherions le moteur, n'ayant pas évacué, de se remplir à nouveau.

Il faut donc, pour que nous supprimions la compression et que nous conservions au moteur sa fonction indispensable d'échappement, que la molette O soit successivement frappée par la petite bosse J et par la grande E.

Cette condition est très facilement obtenue par les dimensions calculées de O par rapport à celles de J et

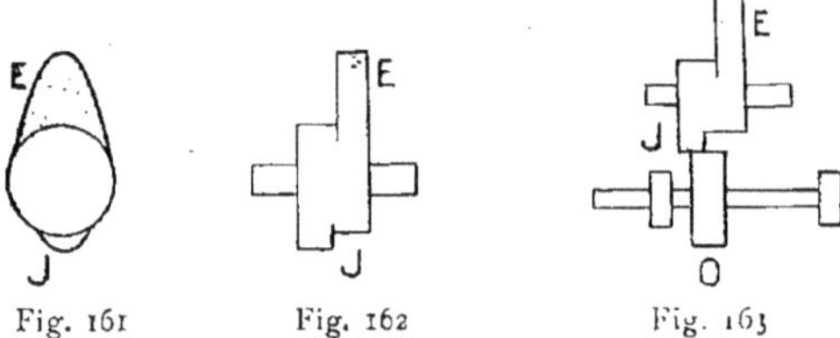

Fig. 161 Fig. 162 Fig. 163

de E. Il a suffi au constructeur de disposer la molette et la came de telle façon (fig. 163) que la molette O engagée sous J restât cependant dans un plan tel que le rebord de E pût la toucher au moment voulu.

La mise en marche étant faite, le conducteur abaisse immédiatement la petite manivelle-verrou qui fixe l'arbre de la molette. Cet arbre, rendu libre, obéit à la pression du ressort S et revient, avec la molette, en la position de la figure 159, en la position où la molette n'est plus heurtée que par la grande bosse et ne produit de déplacement sur les bielles d'ouverture que tous les quatre temps seulement.

III. — LA CARBURATION

Le carburateur le plus employé pour le moteur Benz est un appareil de même nom, que représente tel qu'il est la gravure 164. On le voit, c'est un assez fort cylindre vertical dont on comprendra bien la proportion avec les autres organes en se reportant aux gravures précédentes.

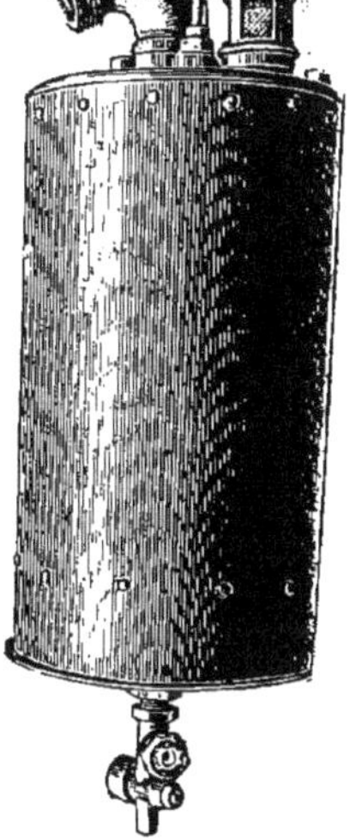
Fig. 164

Ce cylindre porte en son bas, au centre, un robinet qui s'ouvre et se ferme au moyen d'une clé carrée, et au-dessus de ce robinet, un raccord pour le tube qui amène l'essence du réservoir au carburateur.

Quelques centimètres plus haut, voici des rivets de chaudronnerie qui font le tour. Ils nous indiquent que l'intérieur du cylindre est coupé ici par un plancher métallique. En effet, le cylindre est à double fond et, dans la partie inférieure, un petit tube, dérivé de la boîte d'échappement, y vient aboutir pour chauffer l'essence. Les gaz admis dans cette culasse filent ensuite par une série de petits trous que porte le fond du cylindre.

Dans sa partie haute, le carburateur porte trois saillies. L'une, coudée, forme le départ de l'aspiration. Le tube qui se visse sur elle conduit donc le mélange directement au cylindre en le faisant passer par un robinet doseur que nous allons voir.

La seconde saillie, formée par un petit chapeau de cuivre, à jour sur les côtés et garni de toiles métalliques fines, sert à l'air atmosphérique d'entrée dans le carburateur.

Enfin, la troisième est une sorte de têton perforé au centre, à travers lequel passe à frottement doux un petit tube métallique, fort mince, qui n'est autre que la tige d'un flotteur nageant dans l'essence et indiquant par là la hauteur du liquide dans le carburateur.

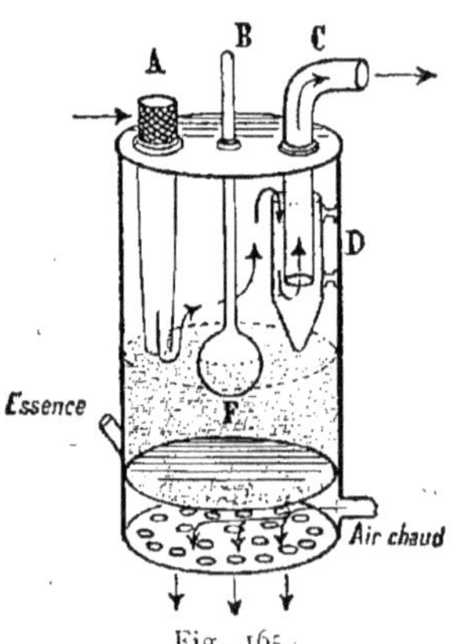

Fig. 165

Pour mettre le carburateur Benz en fonction, il suffit d'ouvrir le robinet qui se trouve sur le tube d'alimentation (entre le réservoir et le carburateur par conséquent) et d'attendre que l'essence, par l'effet seul de la gravité (le réservoir se trouvant à un niveau supérieur à celui du carburateur), descende dans l'appareil. La tige du flotteur fait peu à peu saillie par le têton ; dès qu'elle est sortie de 7 à 8 centimètres, on referme le robinet. Le carburateur est prêt à fonctionner pendant 5 à 6 heures sans recharge nouvelle.

*
* *

Que va-t-il se passer lorsque nous mettrons en marche ? Analysons le carburateur pour le comprendre. La figure 165 représente un schéma de l'ensemble.

L'essence est arrivée par son conduit. Elle a fait monter le flotteur F jusqu'à un niveau déterminé, qui est précisément celui où la tige B dépasse de 8 centimètres le têton et qui est tel que la partie inférieure de la pièce creuse D ne soit pas plongée dans le liquide. Le tube cylindrique de gauche, légèrement aplati vers sa base, et que coiffe le chapeau grillagé A, plonge au contraire dans le liquide. Quant au tube coudé de droite C, il est entré dans D jusqu'à mi-hauteur, avec un demi-centimètre de jeu environ sur les parois. La pièce D est elle-même percée, à l'extrémité de son cône, d'un trou de 1 millimètre.

Dès que le piston aspire, l'air atmosphérique se précipite en A, laisse ses impuretés sur le tamis du chapeau et descend dans l'essence. Il y barbote. Si le tube C s'ouvrait directement au-dessus du liquide, non seulement l'air prendrait ce trop court chemin pour le rejoindre et ne serait pas suffisamment mélangé aux vapeurs d'essence, mais encore une aspiration d'essence serait faite continuellement par le tube, et non une aspiration de gaz. La pièce D sert donc à la fois à chicaner l'air et la vapeur d'essence afin que le mélange soit obtenu plus intime, et à empêcher l'entrée du liquide dans le tube d'aspiration.

Un petit trou est ménagé dans le fond de D tout simplement pour éviter que, lors de chocs trop violents, l'essence, projetée dans cette pièce, n'y demeure. Le liquide que les soubresauts de la route ont pu lancer dans cet entonnoir retombe goutte à goutte dans la masse du liquide.

***

Cependant ce carburateur, si régulier soit-il dans sa marche, présente un inconvénient auquel il a été facilement remédié : sa modification continuelle de niveau. L'essence baisse au fur et à mesure de la consommation, et, après quelques heures, il faut descendre de voiture et renouveler la charge.

Le carburateur Benz est transformé très aisément en un carburateur à niveau constant par le simple procédé que voici :

Le robinet d'alimentation est supprimé, ou du moins

il n'en est pas fait usage pour la charge du carburateur. Il n'a d'utilité désormais que lors de l'arrêt définitif de la voiture, lors du remisage, lorsqu'on peut craindre qu'une fuite d'essence ne se produise au garage et ne mette la voiture en danger d'incendie. Alors on le ferme.

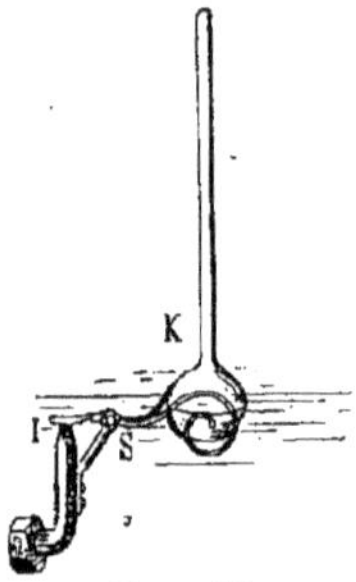

Fig. 166

Le robinet d'alimentation est en quelque sorte à l'intérieur même du carburateur, et c'est le flotteur qui l'ouvre et le ferme selon les besoins de la consommation. En dedans donc du carburateur, sur le tube qui amène l'essence, est vissé (fig. 166) un ajutage coudé, sur le bec duquel peut venir s'appuyer une plaquette I, qui forme petite branche d'un levier articulé en S. La grande branche de ce levier est formée par deux fils de laiton tournés *ad hoc* et qui tiennent captif le flotteur. Le flotteur monte-t-il? La plaquette I ferme l'ajutage. La consommation amène-t-elle une baisse de l'essence, une baisse du flotteur par conséquent? La plaquette est soulevée (fig. 167) et l'essence sourd par l'ajutage jusqu'à ce que, le niveau étant rétabli, la plaquette obstrue à nouveau le passage.

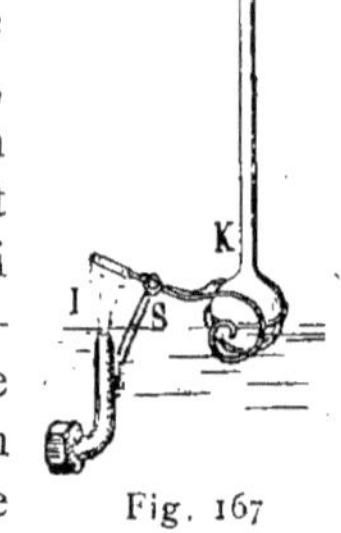

Fig. 167

⁂

Le gaz formé dans le carburateur est donc aspiré par le piston. Il rejoindrait directement la soupape d'admission et le cylindre, si nous n'avions besoin à la fois d'en corriger la teneur, trop riche en hydrocarbure ou en air, et d'en régler le débit. Il faut, en effet, que nous rendions le mélange nettement explosif pour avoir le meilleur rendement possible, et que nous n'en consommions que la quantité exacte qui nous est nécessaire pour notre allure, pour le travail que nous demandons au moteur. Il nous faut donc deux robinets : l'un pour le dosage, l'autre pour le débit.

Une forte pièce, que représente schématiquement la figure 168, joue ce double rôle. Le mélange, arrivant du carburateur au mot *gaz*, pénètre dans un robinet à double ouverture O qui, sans communication possible vers la gauche, mais toujours ouvert sur la droite, fait

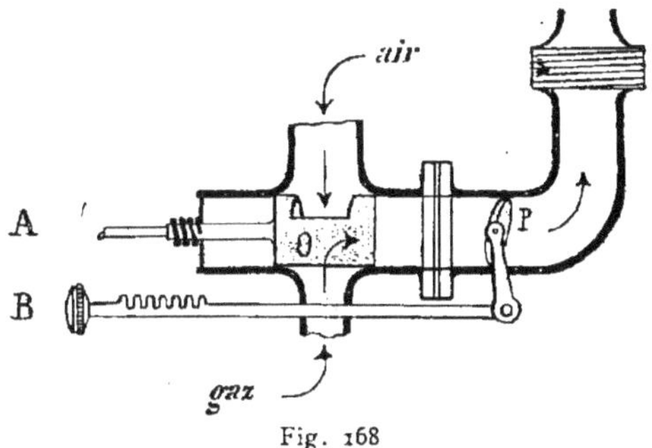

Fig. 168

constamment passer dans le tube qui va au cylindre le gaz qui arrive à lui. Une double échancrure permet, lorsque nous ferons pivoter sur lui-même ce robinet, que nous fassions passer dans le tube d'aspiration un mélange plus ou moins riche d'air ou de gaz, ou même à volonté du gaz seulement. Le fond du robinet porte une tige A, maintenue en place par un ressort à boudin, et qui se termine à l'aiguille d'un cadran, à portée de la main gauche du conducteur, au-dessous de la banquette (voir figures 154 et 169). Cette aiguille peut se déplacer autour d'un secteur qui porte à une des extrémités le mot *gaz* et à l'autre le mot *air*. Le conducteur peut donc régler la carburation très aisément, et de son siège même. (Analogue à la manette droite du tricycle.)

Le mélange, ainsi bien fermé à notre gré, aspiré dans le tube qui va au cylindre, peut être arrêté dans son cours, totalement ou partiellement, par une petite vanne P que meut un levier B placé également sous la main gauche du conducteur. Il suffit de tirer la crémaillère plus ou moins pour déplacer plus ou moins cette pièce ronde, qui obstrue complètement le tube lorsqu'elle est verticale, et l'encombre au minimum lorsqu'elle est horizontale.

Cette manœuvre du bouton à crémaillère B est très importante, parce qu'elle permet d'augmenter ou de diminuer la vitesse du véhicule. (Analogue à la manette de gauche du tricycle.)

Le gaz, ainsi dosé, ainsi admis en la quantité nécessaire, traverse ensuite *la crépine*, la succession de rondelles en treillis métallique dont j'ai déjà indiqué le triple rôle de brasseur du mélange, de purificateur, et de préservateur contre les retours de flamme.

IV. — L'ALLUMAGE

L'allumage du mélange dans le moteur Benz est quelquefois obtenu par un brûleur chauffant au rouge un tube de platine, sans particularité spéciale.

Le plus généralement, il est obtenu par une étincelle d'induction, par un procédé qui est tout à fait comparable à celui que nous avons étudié dans le tricycle de Dion, mais qui en diffère par plusieurs points intéressants.

Fig. 169

L'allumage par étincelle que nous allons étudier n'est pas particulier au moteur Benz. Il s'applique à la presque totalité des voitures à pétrole qui n'ont pas l'allumage par incandescence. ous étudierons donc bien en détail son dispositif pour n'avoir plus à y revenir lorsque nous rencontrerons, dans le volume suivant, un type de voiture qui en sera muni.

Je demanderai à mes lecteurs ici plus d'attention peut-être que jamais, car c'est là une question assez ardue.

*
* *

L'allumage par étincelles de bobine d'induction se compose, on le sait, de : 1° une batterie de piles ou d'accumulateurs, source d'énergie; — 2° une bobine complète avec une bougie; — 3° un dispositif mécanique, mû par le moteur lui-même, qui ne laisse passer le courant qu'au moment voulu (à la fin du 2ᵉ temps), pour que le gaz ne s'enflamme que lorsqu'il est comprimé; — 4° un jeu de fils qui réunit ces divers organes entre eux.

Dans la voiture Benz, la source d'énergie le plus employée est une batterie d'accumulateurs placée dans le coffre au-dessous du voyageur de droite. La personne de gauche (celle qui conduit) est assise au-dessus de la bobine. Elle a sous la main, en avant du coussin, un tableau (fig. 169) sur lequel se trouve, entre autres organes, un petit bouton plat (au-dessus du mot *Air*) qui lui sert à interrompre à volonté le courant ou à le rétablir.

La pièce d'établissement et de rupture mécaniques du courant pour les besoins de l'allumage est fixée sur l'arbre secondaire du moteur, l'axe de dédoublement du mouvement. Quant à la bougie, elle est placée horizontalement entre les deux soupapes. Elle est quelconque.

Examinons chacune de ces pièces. Les accumulateurs n'offrent aucune particularité. La préférence pour les accumulateurs tient à ce qu'ils débitent davantage que les piles. Ne demandant en somme qu'à se décharger, ils n'offrent presque pas de résistance à la fuite du courant vers la bobine et leur emploi est presque général dans les voitures, quoique leurs nombreux inconvénients soient, à mon sens, une atténuation considérable à leurs brillantes mais éphémères performances.

Le coupe-circuit à main, placé sous le siège, est représenté schématiquement par une partie de la figure 172. Le bouton plat *m* est la tête d'une simple vis qui peut s'enfoncer plus ou moins dans la paroi du coffre et repousser le ressort *n* du contact *o*, supprimer par conséquent le circuit, ou laisser la pièce *n* revenir en contact avec *o*, et rétablir par suite le courant. Ces arrêts ou rétablissements dans la circulation électrique ne sont pas ici d'un emploi fréquent dans une journée de marche, contrairement à ce que nous avons vu dans le tricycle à pétrole où la poignée coupe-circuit a un rôle constant à jouer. Ici en effet nous n'avons pas d'utilité d'arrêter le moteur en cours normal de route puisque, par le passage des courroies sur les poulies folles, nous produisons très facilement débrayage et arrêtons ainsi la voiture. Ces arrêts ou rétablissements ne sont pratiqués que lors du remisage, pour éviter des pertes de courant.

La bobine est celle que construisent MM. Bassée et Michel, les spécialistes connus des instruments électriques pour automobiles. Elle est représentée dans son type le plus habituel par la figure 170.

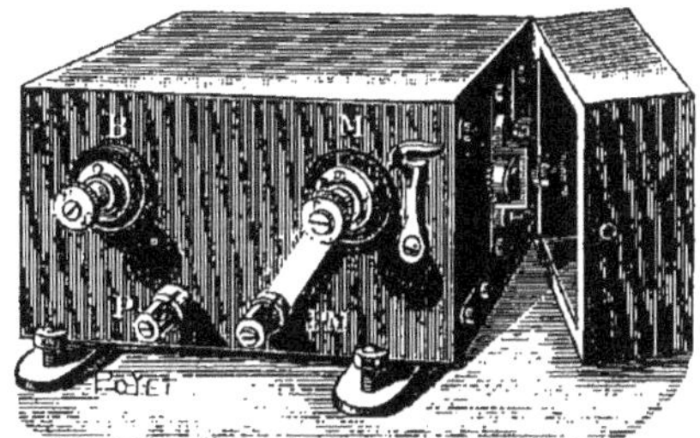

Fig. 170

La dépense régulière avec un appareil perfectionné de ce genre est environ de 1,5 ampère alors que les bobines ordinaires dépensent environ 3 ampères.

La bobine est logée par ses constructeurs dans une boîte d'acajou verni dont le couvercle, représenté ici ouvert pour montrer le trembleur, est muni d'un fort crochet. Le trembleur, pourvu d'un puissant contact en platine iridié, est solidement maintenu sur une plaque d'ébonite; un pont en laiton porte la vis de réglage de ce trembleur, vis qui elle-même est garnie fortement de platine iridié en son contact. Un écrou de blocage à six pans empêche tout desserrage de la vis de réglage du trembleur et l'empêche de se déplacer de la position où le constructeur a jugé bon de la placer pour donner au trembleur tout le jeu qui lui est utile. Le pied de la boîte porte deux solides pattes par lesquelles, au moyen de quatre boulons, on la fixe dans le coffre de la voiture, et dans la position qu'on veut. Il est indifférent qu'elle soit horizontale ou verticale. — Le couvercle demeure régulièrement fermé.

Extérieurement, la boîte porte quatre bornes qui sont accompagnées respectivement des lettres : B qui signifie *bougie*, M *masse*, P *pile* (ou accumulateurs) et P M *pile-masse*. Généralement les bornes M et P M sont réunies, comme le représente la figure, par une bande de cuivre. Nous verrons l'explication de ces lettres et de cette bande.

⁂

On sait de quels éléments se compose sommairement une bobine ; nous l'avons étudiée dans le chapitre Ier. Celle-ci ne diffère pas de ses semblables, du moins quant au principe. Si nous en établissions un schéma (fig. 171), nous verrions qu'autour d'un faisceau de tiges de fer doux, un fil de cuivre est enroulé qui reçoit le courant inducteur, fil qui commence d'un bout à la borne de gauche P, arrive au pied du trembleur et, lorsque le ressort du trembleur est en contact avec la pointe de la vis de réglage, fait passer le courant jusqu'à la borne P de droite (P M sur la boîte). Nous comprenons immédiatement pourquoi ces bornes sont désignées P P. Elles doivent en effet servir l'une pour l'aller du courant de la Pile dans la bobine, l'autre pour le retour. Ce courant est constamment coupé, d'une part par les vibrations du trembleur pour la production des étincelles au bout des deux pointes du circuit induit (bougie) ; d'autre part, nous le verrons, par l'in-

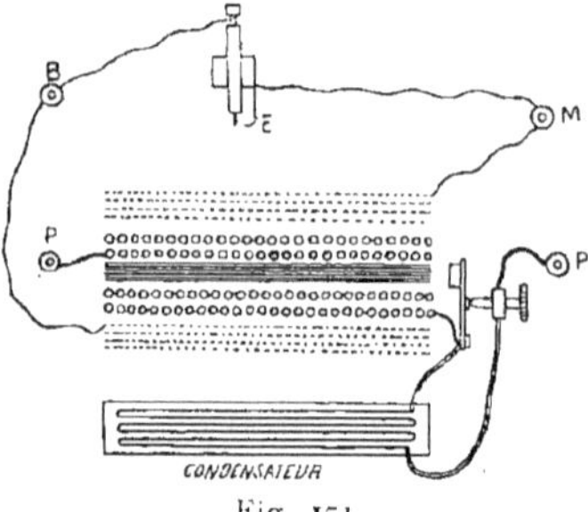

Fig. 171

terrupteur mécanique pour la limitation de la production de ces étincelles au temps voulu seulement.

Donc les deux bornes du bas du transformateur sont celles du courant inducteur. Remarquons qu'une dérivation de ce courant principal conduit l'électricité à un organe important de l'appareil, nommé le condensateur. Ce sont de simples feuilles de papier d'étain, séparées les unes des autres par plusieurs feuilles de papier paraffiné, le tout noyé dans un bloc de paraffine qui y a été coulé après leur installation. Ce condensateur a pour effet de supprimer, par un phénomène dont l'explication serait tout à fait superflue ici, un courant dû à l'aimantation et qui gênerait le courant induit.

Ces détails n'ont évidemment pas d'importance pratique pour un conducteur de voiture à pétrole, qui certes jamais n'aura à toucher le moindre fil du transformateur, mais ils complètent au moins l'explication.

Autour du fil d'induction est enroulé, plus fin et beaucoup plus long, le fil du courant induit qui se termine par un bout à la borne B et par l'autre à la borne M. Les deux bornes du haut de la boîte sont donc celles du courant induit.

Supposons maintenant que la bande de cuivre qui réunit M à P M soit retirée. Relions les deux pôles d'une pile avec P et P M ; relions une bougie avec B et M. L'étincelle jaillit sans interruption en E.

Mais c'est précisément ce « sans interruption » qui va nous empêcher de conserver pour notre moteur ce dispositif bien simple. Sans interruption (du moins appréciable pour nos sens), sans interruption ; et il faut qu'elle ne jaillisse que tous les quatre temps ! Interrompons-la donc pendant trois temps et demandons au moteur de faire lui-même cette petite distribution.

⁂

Ce que nous allons interrompre, c'est le courant inducteur, Au lieu que le courant, après avoir passé par le trembleur de la bobine, repasse par la borne P M pour retourner à la pile (ou aux accumulateurs), nous allons le prolonger jusqu'à ce qu'il prenne contact avec la masse du moteur... (P M, voyez-vous maintenant, signifie que le courant de la Pile va à la Masse) — en ayant bien soin (fig. 172) que la touche *t*, notre interrupteur, soit isolée de cette masse. A cet effet, la touche *t* sera montée sur une substance isolante, telle que la fibre de bois comprimée et recevra le fil de retour du courant à la Pile.

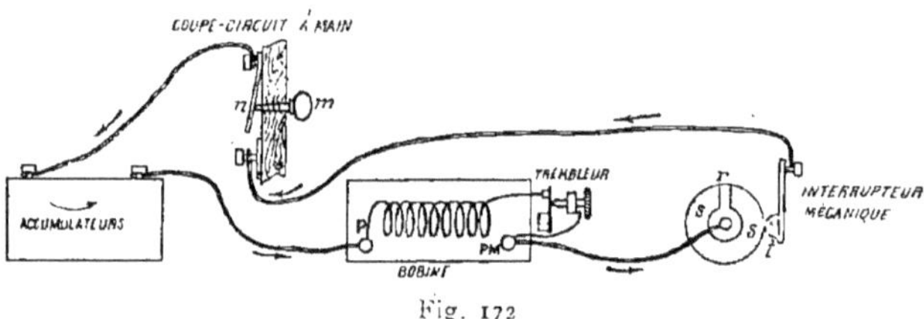

Fig. 172

Cette touche appuyera bien sur la pièce ronde *ss* au centre de laquelle nous sommes venus accrocher notre fil d'aller; mais comme cette pièce ronde sera aussi de substance isolante, le courant ne passera pas du centre de *ss* à la touche *t*. Il ne passera que lorsque la petite partie étroite *r* (de la pièce métallique *ssr*) qui fait très légèrement saillie hors de la fibre, viendra en tournant au contact de *t*. A ce moment le circuit inducteur sera fermé, puis rompu brusquement, et l'étincelle jaillira dans le circuit induit.

Et comme la pièce *s s r* est montée sur l'arbre secondaire du moteur, arbre qui ne fait qu'un seul tour lorsque l'arbre actionné directement par le vilebrequin en fait deux, l'étincelle ne jaillira bien que toutes les quatre courses complètes du piston, tous les quatre temps comme nous le désirions.

*
* *

Le courant induit, dont les bornes sont situées dans la partie haute du transformateur, comprend nécessairement dans son circuit la bougie. La seule rupture que subisse ce courant est précisément aux points de cette bougie, là ou jaillit l'étincelle.

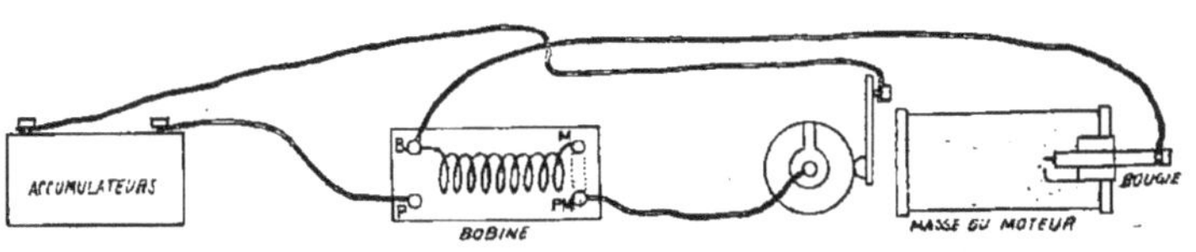

Fig. 173

Mais ces fils de l'induit, à leur départ de la bobine, où vont-ils? L'un, à la tête de la bougie; l'autre, à la masse (l'extérieur de la bougie vissée dans la fonte du moteur).

A la masse, n'avons-nous pas déjà un fil en contact? le fil du courant inducteur qui vient de P M. Or, la masse du moteur, ce sont tous ses organes ; c'est également la partie métallique de la bougie au milieu de laquelle se trouve la porcelaine. Organes, bougie (partie extérieure), sont donc conducteurs d'une même électricité. Dès lors, pourquoi nous servir du second fil du courant induit qui, allant à la masse, ferait double emploi avec le fil P M qui y va lui-même? Menons un fil de B à *bougie*, c'est entendu, et c'est là l'un de nos fils d'induit ; mais le second, celui qui devrait partir de

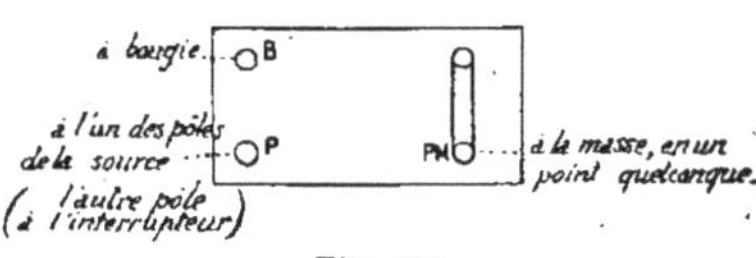

Fig. 174

M pour aller à la masse, remplaçons-le par une bande de cuivre M'PM, qui fera prendre au courant induit le même chemin, par le même fil, que le courant inducteur.

Donc, lorsque vous aurez à monter les fils d'un allumage électrique pour moteur à pétrole dans une voiture automobile, vous vous conformerez au simple petit tableau de la figure 174 qui donne les indications indispensables. Il va sans dire qu'il est bien préférable de ne pas se fier aveuglément à ce tableau, de l'ignorer même et de placer les fils simplement par suite de votre raisonnement.

Fig. 175

Dans le cas assez rare où il n'y aurait pas de contact à la masse, où le courant induit serait localisé à la bougie seulement, il faudrait supprimer la bande de cuivre et faire partir tout bonnement les fils de l'induit des points B et M sans liaison aucune avec P M.

L'interrupteur mécanique du moteur Benz est monté sur l'arbre secondaire du moteur (fig. 175), celui, nous le savons, qui porte la roue dentée double de celle qui est montée sur l'arbre principal. Il se compose d'une grande palette de fibre de bois comprimée (substance isolante) qui porte au bout d'un ressort métallique une touche, de métal également ; une borne de cuivre traverse cette palette et joint le ressort, si bien que le courant amené à la borne passe librement jusqu'à la touche, mais sans se répandre dans la masse du moteur dont il se trouve complètement isolé.

Cette palette est simplement serrée un peu fort sur l'arbre, assez pour que les trépidations ne la déplacent pas ; assez peu cependant pour que la main du conducteur puisse l'avancer ou la reculer de façon à faire varier à volonté le temps de l'allumage.

Cette touche repose sur un disque de fibre de bois également. Ce disque est monté directement sur l'arbre secondaire (autrement dit la masse) dans lequel nous

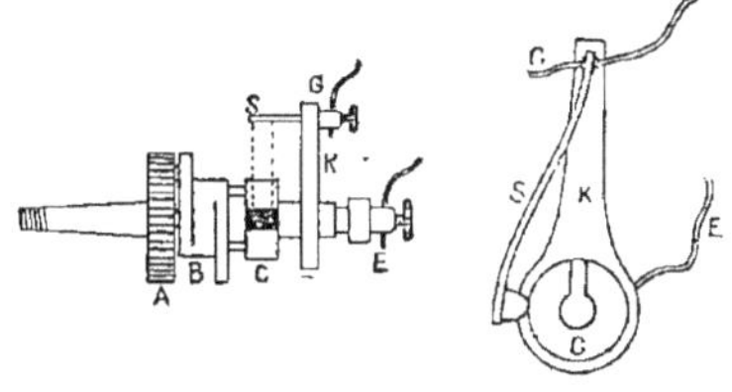

Fig. 176 Fig. 177

A Roue dentée de dédoublement.
B Came commandant l'ouverture de la soupape d'échappement.
C Disque de fibre.
S Touche.
G Une partie du courant.
K Palette.
E Contact à la masse.

faisons passer l'autre partie du courant. Sa partie centrale est de métal et, sur une petite portion seulement, elle vient affleurer la circonférence du disque ; le courant de la masse passe donc dans cette extrême partie (indiquée blanche, sous la touche). Le circuit du courant inducteur ne peut par conséquent être fermé que lorsque la touche viendra en contact de cette partie métallique du disque de fibre ; il sera ouvert, c'est-à-dire que le courant ne passera pas, tout le temps que la touche frottera au contraire sur la fibre.

Or, si la palette et sa touche ne font aucun mouvement, le disque de fibre au contraire est constamment en rotation. Il ne fait en effet qu'un bloc (fig. 176 et

177) avec la roue dentée de dédoublement et la came double qui ouvre la soupape d'échappement, comme nous l'avons vu. Il tourne donc exactement autant de fois à la minute que la roue dentée elle-même, c'est-à-dire moitié moins de fois que le petit pignon, que l'arbre principal.

L'avance à l'allumage, fait du siège même, n'est pas généralement pratiqué sur le moteur Benz. Il est cependant très facile de l'installer. Il suffit de relier, en ligne droite, le siège avec le haut de la palette au moyen d'une tige métallique. L'extrémité se termine par un bouton qui figure en bas du petit tableau que représente la figure 169, et que le conducteur peut avancer ou reculer à sa guise.

V. — LE REFROIDISSEMENT

Le réservoir d'eau, formant la paroi gauche du véhicule, peut renfermer une quinzaine de litres. Il est représenté dans le schéma n° 178 par la lettre A.

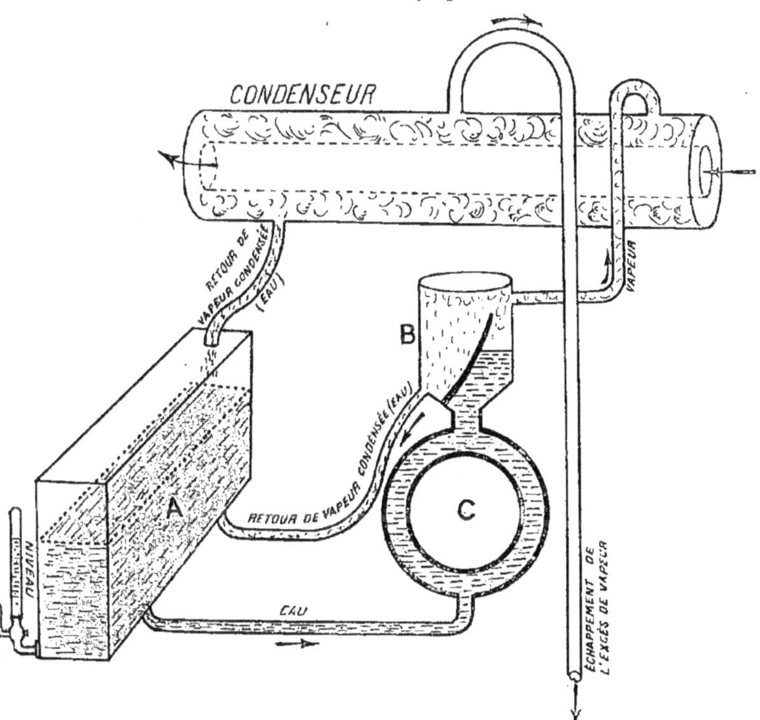

Fig. 178

Aucune pompe, nous l'avons déjà dit, aucun organe mécanique n'est, dans ce type de moteur, utilisé pour la circulation de l'eau autour du cylindre C. Comment la circulation s'établit-elle néanmoins?

Supposons le réservoir et la tuyauterie complètement vidés. Lorsque nous emplissons le réservoir, l'eau descend dans la tuyauterie, se répand autour du cylindre et des soupapes, monte dans la bouteille B et y équilibre son niveau avec le niveau du réservoir.

Mettons le moteur en marche. L'eau qui entoure les parois du cylindre et des soupapes s'échauffe.

Il survient aussitôt des déplacements de couches de liquide en raison des différences de température qui se produisent dans l'eau de refroidissement, le liquide en contact immédiat avec la paroi s'échauffant évidemment plus rapidement que le liquide qui forme le centre de cette masse d'eau.

Mais, pratiquement, toute l'eau s'échauffe seulement, et, avant d'avoir atteint la température d'ébullition, ne circule pas encore.

La voici bientôt qui bout. Des portions de liquide, si je puis m'exprimer ainsi, se transforment en vapeur qui monte dans la bouteille. Les parois de cet organe, placé dans le courant d'air que provoque la marche de la voiture, sont relativement froides. La vapeur s'y condense, reprend sa forme liquide et, par un tube de retour spécial, revient au réservoir.

Comment y revient-elle? Par suite du déplacement de liquide qui vient nécessairement de se produire. En effet, lorsque des portions d'eau se sont transformées en vapeur, d'autres portions d'eau plus froides, venues du réservoir, sont accourues les remplacer autour du cylindre et dans la bouteille. Une place s'est faite dans le réservoir, place que les portions, tout à l'heure en vapeur, maintenant en eau, se sont empressées de prendre.

Un commencement de circulation s'est donc ainsi établi, qui va grandissant au fur et à mesure de la marche du moteur.

Cependant bientôt, malgré sa condensation dans la

bouteille, l'eau totale qui se trouve dans la circulation n'arrive plus autour du moteur qu'à une température bien voisine de celle qu'il lui faut pour se changer en vapeur.

Dès qu'elle atteint les parois chaudes, la voici transformée. De forts dégagements de vapeur se produisent auxquels certainement la bouteille ne résisterait pas, si une issue ne leur était donnée par un tube placé dans le haut de l'organe et qui les conduit à une vaste chambre aux parois froides, le condenseur, situé en plein air, derrière le siège (fig. 154).

Ce long étui est composé de deux cylindres, de sections sensiblement différentes, de façon à ce qu'une large chambre circulaire soit ménagée entre eux. Un courant d'air naturel (indiqué par les flèches) se produit, en un sens ou en un autre, dans le tube central, et contribue au refroidissement de l'appareil.

La vapeur arrive donc dans le condenseur, s'y répand, et aussitôt, au contact des parois froides, reprend l'état liquide. Redevenue eau, elle redescend au réservoir par la conduite de gauche.

Cependant la température de l'eau, malgré le passage aux deux condenseurs, s'élève constamment. Elle arrive maintenant au cylindre si près de son point de tranformation en vapeur que les calories qu'elle lui enlève l'y amènent très rapidement. La vapeur se dégage maintenant avec une telle intensité que ni la bouteille ni le condenseur ne peuvent les ramener à l'état liquide, et qu'une explosion même serait à craindre si la vapeur ne pouvait se détendre dans l'atmosphère.

Une conduite, amorcée dans la partie supérieure du condenseur, permet l'échappement de l'excès de vapeur. Elle passe sous la voiture et s'ouvre directement au-dessus du sol.

Tout danger est écarté. Mais un autre inconvénient

se révèle bientôt. En effet, laisser échapper la vapeur dans l'air, n'est-ce pas en propres termes verser peu à peu notre eau sur la route? Les quinze litres que nous avions emportés seront, à ce jeu, vite épuisés.

Le mal empire rapidement. L'eau chauffe de plus en plus, et d'autant plus vite qu'elle devient de plus en plus rare, puisque nous en perdons constamment quelque peu. Bientôt le moteur donne des signes de malaise. Il nous faut, au bout d'une cinquantaine de kilomètres, trouver de l'eau fraîche et refaire le plein.

A ce propos, et puisque le moteur Benz est le premier chez qui nous rencontrions le refroidissement par eau, je signalerai à mes lecteurs une grave imprudence qui tente souvent les débutants : lors d'un arrêt, vider rapidement toute l'eau chaude au moyen des robinets de purge et la remplacer par de l'eau froide. Le moteur ne s'en portera que mieux, pensent-ils.

Le moteur peut tout bonnement en claquer. Le mot, si trivial paraisse-t-il, est cependant très exact : car, au contact de l'eau froide, les parois du cylindre, presque portées au rouge, peuvent se fendre net — et le moteur est hors d'usage.

Il faut donc, lorsqu'on verse de l'eau dans une circulation échauffée, se contenter de remplacer la quantité manquante. A la rigueur, laissez partir encore un litre ou deux d'eau chaude, mais n'abusez pas de cette permission.

En résumé, on le voit, l'étape que l'on peut parcourir sans s'occuper de la circulation d'eau est suffisante pour un touriste. Les voitures de course sont obligées de se charger d'un condenseur plus puissant, plus lourd aussi, un *radiateur*, généralement formé d'une succession de tubes repliés sur eux-mêmes et garnis d'ailettes, qu'on place sous la voiture dans un courant d'air, et qui leur permettent de franchir de beaucoup plus longues étapes sans arrêt.

VI. — LA TRANSMISSION

Nous savons maintenant comment fonctionne le moteur Benz, comment il s'alimente, comment s'y produisent les explosions, comment y est fait le refroidissement. Il nous reste à voir comment il donne le plus ordinairement le mouvement aux roues motrices.

La transmission du travail du moteur se fait aux organes de propulsion par des courroies, le plus généralement au nombre de deux, et croisées. C'est dire que les deux brins de la courroie ne sont pas parallèles, comme dans la transmission de la Bollée par exemple, mais prennent la forme d'un 8 allongé. Il en résulte que les portions de courroie qui embrassent les poulies au moment de leur passage sur elles, sont sensiblement plus grandes que dans le dispositif simple, que l'adhérence est par conséquent meilleure tout en exigeant une tension moindre.

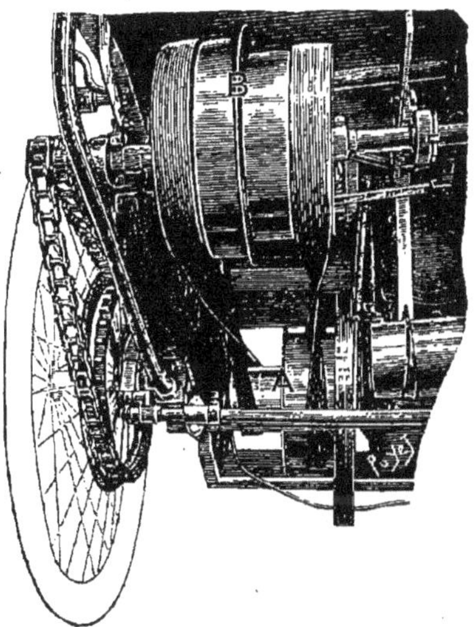

Fig. 179

Il faut cependant remarquer que le croisement des courroies se recommande surtout dans les transmissions où le manque de place empêche le constructeur de donner à ces organes la largeur qu'il leur faudrait pour que le rendement fût le même avec brins parallèles.

L'usure des brins croisés est certainement plus rapide, puisqu'en sus des frottements des poulies, chaque courroie doit supporter les frottements continuels de ses deux propres brins l'un sur l'autre.

Bref, les deux courroies de transmission de la voiture Benz sont croisées. Si nous regardions sous la voiture, nous verrions ce que représente la figure 179, c'est-à-dire (regardant de l'avant vers l'arrière) tout à fait dans le fond, une très large poulie A à deux étages qui, sur chacun de ses étages porte une courroie. En avant, une autre poulie, de la même largeur totale que la précédente, mais dont les étages sont inverses : le petit étage de A correspond au grand de B, et réciproquement.

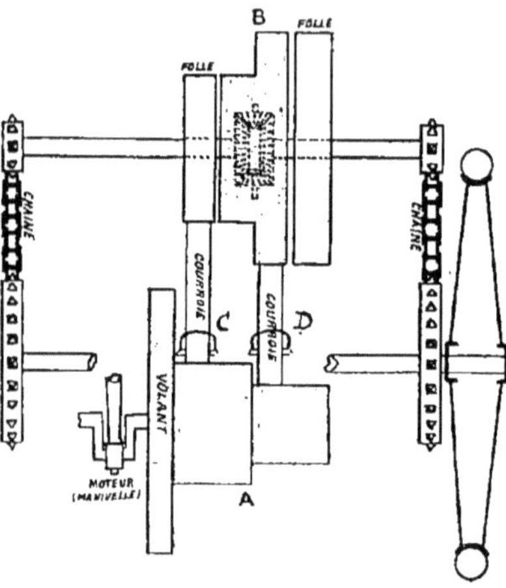

Fig. 180

La poulie A est montée sur l'axe même du moteur. Elle tourne donc exactement autant de fois à la minute que le volant. La poulie B est montée sur l'axe secondaire qui, à chacune de ses extrémités, porte un pignon de petit diamètre, aux dents très aiguës afin de pénétrer sans manque dans les trous de la chaîne et de l'empêcher de sauter hors d'elles lorsqu'elle est trop détendue. Ce petit pignon est dans le même plan qu'une grande roue dentée faisant corps avec la roue motrice et qui reçoit de lui le mouvement.

La figure schématique numéro 180 va nous donner

quelques explications complémentaires sur ce mécanisme simple. Nous voyons le mécanisme en plan, c'est-à-dire vu par en haut. La manivelle actionne un bloc A qui est formé de deux pièces : un volant et une poulie à deux étages. L'arriére ne se compose d'aucun autre élément. L'essieu d'arrière est ici figuré coupé, afin de ne pas embrouiller le croquis. Il passe sous le mécanisme et ne le concerne en rien. Il reçoit sur des patins les deux ressorts simples au-dessus desquels est montée la voiture avec son mécanisme.

Le mécanisme est donc ici, remarquons-le en passant, suspendu, contrairement à ce que nous avons vu dans le tricycle de Dion et dans la Bollée. Il a nécessairement de ce fait une « épargne » toute spéciale, la trépidation et les secousses étant des ennemies terribles de tout organe métallique.

En face de A, un autre bloc, de moitié plus étroit, B. Dans l'intérieur de cette poulie est aménagé un différentiel par pignons d'angle, sans protection spéciale. Il est de dimensions assez fortes pour ne s'incommoder pas trop de la poussière ; il est donc bien conçu pour un service de route.

Ici, les deux roues motrices sont montées hors de l'arbre secondaire, folles sur un bout d'essieu qui, en réalité, ne leur sert que de support et n'est pas du tout un arbre tertiaire, par exemple. Les roues sont en dépendance absolue de l'arbre secondaire et sont accouplées par un *différentiel*, afin de pouvoir exécuter leurs mouvements *différents*, quoique sous l'impulsion d'une même force.

De chaque côté de B se trouve une poulie folle, qui ne peut évidemment pas se déplacer latéralement sur l'arbre, mais qui peut tourner sans lui communiquer pratiquement de mouvement et sans, pratiquement, en recevoir de lui. La poulie folle de gauche est exactement du diamètre du petit étage de B, et celle de droite du diamètre du grand. La largeur de chacune de ces poulies est égale à la largeur de la courroie qu'elle doit recevoir, si bien que A est large comme quatre courroies; B, comme deux; et chacune des folles, comme une.

Les courroies, n'étant jamais distendues en route, du moins à la volonté du conducteur; ne servant pas à faire l'embrayage ou le débrayage, ou du moins ne jouant ce rôle que très faiblement (par un patinage sur les poulies au moment du démarrage); les courroies demeurent tendues au point où on les a mises en préparant la voiture, et n'ont pas besoin, comme celles de la Bollée, de saillies circulaires qui les maintiennent sur les poulies. Les poulies sont donc unies comme la généralité des poulies d'usine.

Les courroies sont réunies, fermées, jointes en leurs bouts par une petite plaque d'acier très doux munie de quatre pointes acérées. Il suffit, si on veut retendre une courroie qui a pris un allongement trop considérable, de relever ces quatre pointes enfoncées deux par deux dans chaque bout de brin, de retirer la plaquette, de couper un peu du cuir et de refermer bout à bout la courroie au moyen de la plaquette en rabattant les quatre pointes d'un coup de marteau.

*
* *

Comment s'effectue le déplacement des courroies sur les poulies?

Au-dessus de l'ensemble des poulies de l'arbre secondaire, sensiblement au-dessus et un peu en arrière de B par conséquent, le bâti de la voiture porte un châssis (fig. 181), en fer, de forme quadrangulaire. Sur sa partie inférieure peuvent voyager deux étriers C et D, dans lesquels passent les courroies et que commandent les tiges L et L'. Nous verrons tout à l'heure comment sont mues ces tiges.

Supposons actuellement que les deux étriers soient dans la position que représente la figure, qu'ils soient réunis vers le centre du châssis. Les courroies sont toutes les deux par conséquent sur B, et sont réunies également vers le centre de A. Cette position, que j'indique en théorie pour me faire comprendre, est irréalisable en pratique pour un rendement quelconque. En effet, la combinaison du petit étage de A et du grand étage de B nous donne la petite vitesse ; l'autre, qui est inverse, nous donne la grande vitesse. Comment pourrions-nous à la fois actionner les roues motrices vite et lentement ? Si, maladroitement, se produisait cette double combinaison, le moteur « calerait », c'est-à-dire s'arrêterait net.

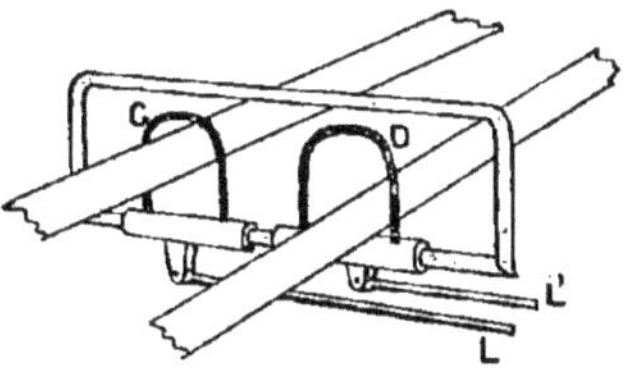

Fig. 181

Mais, laissant dans la position centrale où il se trouve, l'étrier C, tirons vers la droite l'étrier D. La courroie qui passe en C frictionne sur A et sur B qui sont poulies fixes toutes deux, et entraîne la voiture. La courroie qui passe en D, au contraire, a été entraînée de la poulie fixe B à la poulie folle qui lui est voisine. Elle continue bien à frictionner sur A et par conséquent à tourner, mais elle tourne à blanc et ne produit aucun effet moteur sur l'arbre secondaire et par suite sur les roues puisqu'elle passe sur une poulie folle.

Inversement nous pourrions écarter C et ramener D vers le centre. Nous passerions à une autre vitesse.

Donc, en résumé, pour que la voiture prenne la petite vitesse, il faut que la courroie de grande vitesse passe sur la poulie folle en même temps que sa compagne passe sur la poulie fixe. Et réciproquement. D'ailleurs les deux étriers se poussent l'un l'autre dans la plupart des manœuvres et la confusion est mécaniquement impossible.

Pour opérer le débrayage, pour stopper, il suffit d'amener les deux étriers aux positions extrêmes, l'une à droite, l'autre à gauche. Les deux courroies sont dès lors passées sur une poulie folle, et la voiture, n'étant plus actionnée, s'arrête. L'embrayage se fait par la courroie de petite vitesse. Il est graduel et fort doux à cause du patinage du cuir sur la poulie.

*
* *

La commande des étriers et des tiges qui les conduisent se fait au moyen de deux manettes que la figure 154 indique bien ; lorsque ces deux manettes sont ramenées vers le conducteur, il y a débrayage. Pour embrayer, il suffit de pousser devant soi la manette d'en haut. Pour changer de vitesse, ramener cette vitesse à soi et pousser l'autre en avant. Pour arrêter, ramener les deux.

Fig. 182

Les organes de commande sur l'avant de la voiture Benz forment, on l'a vu, un faisceau de quatre tubes. Deux de ces tubes servent uniquement de support et de consolidation aux deux autres utiles qui sont : l'un, de côté, celui des changements de vitesse formé de deux arbres verticaux frottant l'un dans l'autre pour mouvoir des leviers différents aboutissant en L et L' ; l'autre, celui de la direction.

La tige de direction est terminée en haut par une grande et forte aiguille horizontale. Une des pointes porte verticalement une poignée. C'est elle que tient le conducteur. L'aiguille tourne, sous l'impulsion du conducteur, autour d'un disque, horizontal lui-même, et fixe, à demeure sur les deux tubes verticaux de consolidation. Ce disque sert à la fois à rendre plus sensibles

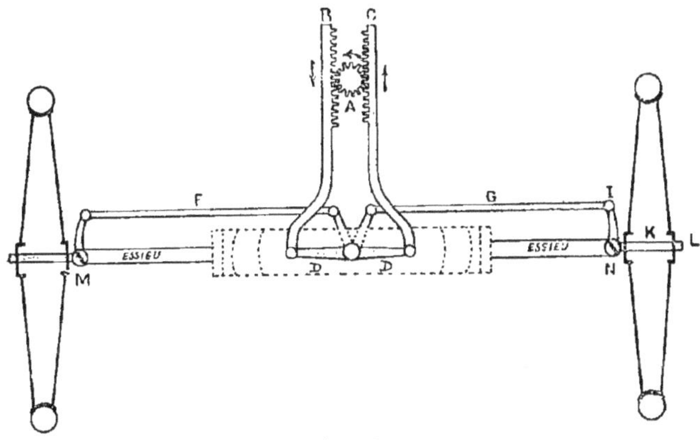

Fig. 183

à l'œil les orientations que le conducteur donne à son gouvernail (la main allant vers la droite lorsque la voiture tourne vers la gauche, comme dans les directions dites « à barres » d'ailleurs), et à reposer la main dont le conducteur ne se sert pas pour la direction.

La tige de direction est terminée en bas par un petit pignon A (fig. 182 et 183), qui engrène continuellement avec deux crémaillères parallèles B et C qui aboutissent, au-dessus d'un ressort à pincettes (indiqué en pointillé), à une traverse DD.

Cette traverse fait corps avec le ressort et, par lui, avec deux biellettes en forme de V qui se trouvent au-dessous de lui.

L'essieu est brisé à ses extrémités, articulé en M et N de telle façon que l'axe de roulement de la roue K par exemple, puisse, lorsque la traverse G attirera en dedans le petit bras IN, former avec l'essieu un angle de moins en moins obtus au fur et à mesure qu'on tournera plus court.

C'est là un dispositif de direction des plus simples.

VII. — L'UTILISATION

La voiturette Benz peut passer, on le voit, pour un des véhicules automobiles des moins compliqués. Je suis persuadé que les lecteurs qui m'ont suivi attentivement pourraient, avec un peu de réflexion, mettre immédiatement en marche un moteur Benz. Nous allons examiner rapidement les quelques manœuvres qui sont indispensables pour le départ. Nous supposerons la voiture entièrement vide de tout liquide, telle qu'un acheteur pourrait la recevoir du chemin de fer.

∴

Si vous employez des accumulateurs pour l'allumage du mélange, préparez-les selon la formule qui doit toujours les accompagner et que nous n'avons pas le loisir d'examiner ici, et chargez-les; préparatifs qui demandent une bonne journée et qui doivent donc être terminés au moment où nous nous mettons en route.

Bref, assurez-vous, avant toutes choses, que votre source d'électricité est prête à fonctionner, que les fils sont en état, que la bougie est irréprochable. Puis emplissez les réservoirs.

∴

L'*essence* sera versée au moyen d'un entonnoir dans le réservoir de droite. Elle sera *spéciale* autant que possible, mais à 710° elle peut encore être employée. Le point capital est qu'elle soit véritablement *essence* minérale et non pas *pétrole*.

Ne faites pas le plein du réservoir, car la chaleur que va dégager le moteur la fera se dilater, et il lui faut sa place pour se loger. Le niveau qui se trouve au bas du réservoir indique le point de remplissage qu'il ne faut pas franchir.

Si votre voiture est pourvue d'un carburateur sans niveau constant (ancien modèle), il faut vous préoccuper d'emplir cet organe de la quantité d'essence qui lui est indispensable. Ouvrez donc le robinet d'alimentation (sous le tube de niveau du réservoir) et attendez que le liquide fasse sortir, de 8 centimètres environ au-dessus du carburateur, le flotteur qui y est emprisonné. La hauteur voulue étant atteinte, fermez le robinet. Vous avez là une charge suffisante pour une quarantaine de kilomètres.

Si votre voiture est pourvue d'un carburateur à niveau constant, ouvrez purement et simplement le robinet d'alimentation et ne vous occupez plus du carburateur. Dès que la hauteur nécessaire sera atteinte par le liquide, le clapet obturateur se placera automatiquement sur l'arrivée d'essence, et le niveau ne dépassera pas la normale.

L'*eau* sera versée, au moyen d'un entonnoir aussi, dans le réservoir de gauche qu'il ne faudra pas davantage remplir. Lorsque le niveau sera aux deux tiers environ, vous retirerez l'entonnoir.

Assurez-vous bien que les bouchons métalliques que vous venez de retirer pour emplir les réservoirs sont replacés et serrés à fond.

⁂

Maintenant, il faut graisser. Nous avons vu, en étudiant la Bollée, comment et avec quelle substance cette opération doit être faite. Le graisseur du moteur (celui qui se trouve sur le cylindre même) est analogue pour ces deux moteurs. Vous aurez soin de vérifier, en regardant par le viseur, que le débit d'huile est de deux à trois gouttes à la minute.

Ce graisseur de piston doit être surveillé très régulièrement. Un débit exagéré produirait des dépôts noirâtres dans le cylindre et empêcherait bientôt l'allumage de se produire. Un débit trop faible donnerait du « dur » au piston, et le moteur perdrait ainsi beaucoup de sa puissance. De même, lors d'un arrêt volontaire, vous devez fermer le débit du graisseur pour éviter toute perte de liquide.

Cette première opération terminée, remplissons de graisse consistante les trois graisseurs que nous avons vus, l'un à la tête de bielle, l'autre aux deux paliers du vilebrequin. Remplissons également les deux graisseurs que portent les deux poulies folles sur l'arbre secondaire.

Enfin, prenons la burette d'huile et, comme pour une bicyclette, graissons les roulements. Nous avons vu que l'arbre du différentiel (arbre secondaire) est monté sur trois paliers à billes. Ouvrons le cache-poussière et glissons à l'intérieur une bonne gorgée de liquide. Ou mieux, si nous en avons le temps, chauffons un peu de vaseline, que nous introduirons ainsi complètement liquide dans les roulements et qui, s'y refroidissant, formera une pâte molle qui emplira le coussinet.

Pour terminer, donnons un peu d'huile aussi au palier qui termine à droite l'arbre moteur, aux engrenages de dédoublement; un peu de graisse aux chaînes. Essuyons nos mains, le graissage est fini.

⁂

Pour mettre en marche, commençons par nous placer près du siège de la voiture, à gauche. Enfonçons complètement la crémaillère d'admission, et amenons l'aiguille de mélange sur le mot GAZ environ.

Puis, rendons-nous derrière la voiture et retirons la

compression en déplaçant latéralement la roulette qui commande le mouvement de la soupape d'échappement. Cette manœuvre équivaut, nous l'avons vu, à faire ouvrir la soupape d'échappement au deuxième temps et au quatrième, c'est-à-dire à rendre la compression impossible, tout en permettant l'évacuation des gaz.

Amenons la came d'allumage à son minimum, afin que nous ne risquions pas d'explosions en sens contraire, et, saisissant le volant à deux mains, tournons-le en l'attirant vers nous.

Généralement, après quelques tours, le moteur part. Il ne nous reste plus dès lors qu'à rétablir la compression en rabattant le verrou qui maintient la roulette, qu'à examiner si le débit d'huile se fait normalement, et qu'à monter en voiture après avoir attiré presque totalement la crémaillère pour donner au moteur son maximum de vitesse.

Mais le moteur ne part pas toujours aussi rapidement. Il se peut que le mélange soit mauvais, c'est-à-dire que, en passant par le robinet de dosage, le gaz qui vient du carburateur et va à la soupape d'admission, reçoive trop d'air ou n'en reçoive pas assez. Il faut tâtonner. Repoussez à droite ou à gauche l'aiguille du mélange, d'un petit centimètre. Immédiatement vous constatez si vous l'avez poussée dans le bon ou dans le mauvais sens, selon que le moteur part soudain ou s'entête à ne pas marcher.

De même, le moteur peut partir et continuer à tourner sans toutefois que le mélange soit parfaitement à point. Un bruit particulier accompagne cette mauvaise marche, que l'on corrige vite en maniant l'aiguille du mélange.

Si, malgré tous les tâtonnements sur l'aiguille, le moteur persistait à ne pas partir, il faudrait examiner avec soin la partie allumage, voir si deux fils ne se touchent pas, si tous les contacts sont assurés. Essayer ensuite de mettre en marche. En désespoir de cause, vérifier les joints un peu partout, dans l'ensemble de l'admission notamment, et refaire avec du carton d'amiante ceux qui paraîtraient douteux.

* * *

La conduite de la voiture Benz peut être confiée à une femme. Elle ne présente donc pas de difficultés spéciales. Il suffit d'un peu d'adresse et d'un peu de sang-froid.

Nous l'avons vu, le conducteur s'assied à gauche. Il place la main droite sur la poignée de direction de telle façon que cette poignée soit engagée *à fond* entre le pouce et l'index, qu'elle soit appuyée contre la paume de la main, et que la tranche de la main se repose sur le disque nickelé. La direction est ainsi très solide, à l'abri de tous les chocs de la route, et y gagne une grande sécurité. (Ne pas serrer le disque avec les doigts restés libres.)

Le pied droit est placé à proximité du frein. La main gauche pourra, lorsqu'elle ne manœuvrera pas les leviers de changements de vitesse, se reposer sur le levier du frein sur les roues. L'assurance du conducteur sera ainsi complète.

Pour démarrer, ne laissons pas le moteur à son minimum de vitesse. Enfonçons d'un cran ou deux la crémaillère et, si notre voiture est pourvue de la tringle nécessaire, avançons très légèrement l'allumage. Voici le moteur parti à belle allure.

Embrayons, c'est-à-dire faisons la manœuvre nécessaire pour que la courroie de la petite vitesse, qui se trouve en ce moment sur sa poulie folle, passe sur la poulie fixe, tandis que la courroie de la grande vitesse demeurera sur sa poulie folle. Embrayons, c'est-à-dire poussons en avant le petit levier d'en haut qui se trouve sous le disque de direction. Aussitôt le démarrage se produit, progressivement, car la courroie patine quelque temps avant de prendre la vitesse exacte que cherche à lui donner la poulie qui la commande.

Voulons-nous un peu moins de vitesse, ou un peu plus? La crémaillère que nous sentons sous notre main gauche nous permet de nous faire obéir instantanément du moteur. Plus ou moins de gaz le fait tourner plus ou moins vite.

Pour passer de la petite vitesse à la grande, ramenons le levier d'en haut et repoussons celui d'en dessous, manœuvre qu'il faut exécuter rapidement afin que la voiture ne subisse aucun arrêt; mais sans précipitation aucune, afin que les étriers qui commandent les courroies ne se heurtent pas et ne tirent pas brusquement sur elles.

Si nous avions à effectuer la manœuvre inverse, nous devrions avoir bien soin, avant de toucher aux leviers, de ralentir la voiture (par le ralentissement du moteur) jusqu'à ce qu'elle n'ait que l'allure d'un homme au pas. A ce moment, passons de la grande à la petite vitesse, et, s'il y a lieu, rendons au moteur son allure normale. Le passage brusque, d'une allure de 20 kilomètres à l'heure par exemple à celle de 5, provoquerait une friction considérable des courroies et donnerait au moteur un à-coup qui pourrait lui être funeste.

VIII. — LES PANNES

Le moteur et les organes de transmission, nous les connaissons bien maintenant. Le tout fonctionne à ravir. La route ne nous semble jamais trop longue.

Mais cependant voici que quelques petites avaries commencent à naître. Toute matière s'use, et c'est précisément par les organes qui travaillent le plus que nous allons le constater tout d'abord.

En premier lieu, après quelques kilomètres de nos *sorties de début*, les courroies se détendent. Le moteur tourne, les courroies sont placées sur les poulies fixes; et cependant la voiture n'avance plus! Les courroies patinent. Les courroies neuves s'allongent ainsi toujours lors des premières sorties.

Pour retendre une des courroies de la Benz, il faut la faire tomber par l'un des bouts (côté moteur pour la petite vitesse, côté différentiel pour la grande), après avoir eu soin d'amener à portée de la main l'attache de fer qui réunit les deux brins. On détache l'un des bouts des griffes qui le retiennent; avec un canif tranchant, on coupe bien droit la partie marquée par les griffes; on présente exactement sous elles le nouveau bout de la courroie et on les y enfonce par quelques coups de marteau en s'appuyant sur un morceau de bois, sur une planche en bout par exemple, afin de ne pas émousser les pointes. Il faut s'assurer que les pointes traversent bien la courroie.

⁂

Les chaînes aussi, par l'usage et l'usure, s'allongent.

Pour les régler, il faut enlever d'abord les deux boulons qui tiennent le coussinet à billes du milieu de l'arbre différentiel. Même opération à l'une des extrémités. A l'aide d'une des brosses ou chasse-clous qui font partie des outils de la voiture, repousser d'un demi-trou le chariot portant le coussinet, remettre les boulons et les écrous, bien serrés, éloigner exactement de la même quantité le chariot de l'autre bout, boulonner et serrer. Celui du milieu a suivi le mouvement, il ne reste plus qu'à lui remettre ses deux boulons et écrous.

Les soupapes ont souvent besoin de quelques soins. Elles s'encrassent et s'oxydent. Elles ne posent plus bien sur leur siège et fuient; le moteur n'a plus sa puissance normale et consomme beaucoup plus d'essence. On s'en apercoit rapidement aux montées. Il faut, au plus tôt, les nettoyer et les roder. C'est l'affaire de deux heures.

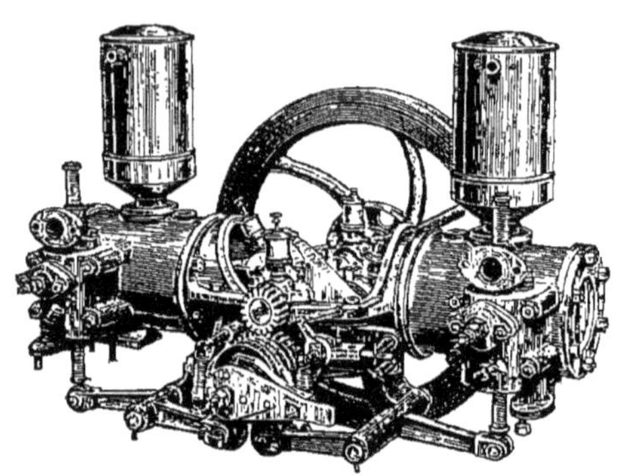

Fig 184

On commence par faire glisser en arrière le gros caoutchouc qui relie les deux tubes du tuyau d'aspiration du gaz. On dévisse les deux écrous du joint au-dessus de la boîte de distribution; puis, à l'aide d'un morceau de bois et d'un marteau, on frappe doucement par-dessous pour *décoller* la pièce, et on l'enlève.

On démonte la soupape en enlevant l'écrou de tête et le ressort, puis on la rode avec un peu de terre pourrie ou même tout simplement avec un peu de pierre à polir les couteaux réduite en poudre fine. Pour n'omettre aucun détail, voici comment on procède : on passe la circonférence de la soupape dans du pétrole, puis dans la poudre; on remet la pièce sur son siège et on la tourne bien dans tous les sens en la soulevant de temps en temps. Quand le plus gros travail est fait, on substitue l'huile au pétrole. La soupape est rodée quand les deux bords (soupape et siège) sont parfaitement polis et que le contact est parfait.

La soupape de dessous se retire par en haut (après avoir ôté son ressort) au moyen d'un petit crochet terminé en pas de vis (qui se trouve dans les outils de la voiture) qu'on plonge dans le trou du joint, et qui trouve sans peine le centre de la soupape taraudé pour le recevoir. On peut aussi tout simplement pousser la soupape par-dessous. On rode de même, mais ici on ne voit pas

Fig. 185

la cuvette de la soupape, à moins de démonter la boîte de distribution, ce qui est un peu plus long. Dans ce cas, on viderait préalablement l'eau de la voiture.

⁂

Ces notes sur le moteur Benz ne seraient pas complètes si nous ne donnions à nos lecteurs un aperçu des moteurs doubles que cette grande maison allemande a mis, avec succès, sur le marché depuis quelques mois.

Le moteur Benz, dit *tandem*, est composé de deux Benz ordinaires placés en face l'un de l'autre (fig. 184).

Le vilebrequin est à deux coudes opposés. Les manivelles sont calées à 180°. Les cylindres travaillent donc en des temps opposés, c'est-à-dire que l'un aspire et comprime, tandis que l'autre travaille et expulse, etc. Ce type de moteur est généralement de la force de 5 chevaux.

Le moteur Benz, dit *jumeau*, est composé de deux Benz ordinaires placés l'un à côté de l'autre (fig. 185). Le vilebrequin est analogue à celui du moteur-tandem. La marche des deux cylindres se fait également en des temps opposés, Ce type de moteur se fait surtout dans la force de 10 chevaux.

Aucun détail spécial n'est apporté à ces moteurs doubles qui puisse en différencier le fonctionnement de celui des moteurs uniques. La simplicité — qui est évidemment l'une des meilleures caractéristiques du Benz — demeure ici dans toute son intégrité. Et c'est là un beau compliment.

IX. — LA VOITURETTE GEORGES RICHARD

Une des plus heureuses applications du moteur Benz a été faite dans la voiturette Georges Richard, par suite de divers perfectionnements tant dans le moteur que dans la transmission. Voici les principaux :

***

1° Allumage. — Il n'est point de bon moteur sans un allumage *infaillible*. L'est-il dans le moteur Benz tel qu'il vient d'Allemagne ?

On se souvient du dispositif de l'allumeur dans ce moteur : une touche, bonne conductrice d'électricité, frictionne constamment sur la tranche d'un disque qui tourne au-dessous d'elle. Ce disque est fait de fibre de bois, matière non conductrice du courant, sauf en un point où la fibre est remplacée, du centre à la circonférence, par du cuivre, matière conductrice.

La maison Georges Richard a justement compris qu'avant de mettre en contact deux parties métalliques, il était sage de les nettoyer mécaniquement, de faire un petit balayage automatique préalable, et d'assurer le passage du courant par un procédé plus certain que le glissement d'une substance sur une autre.

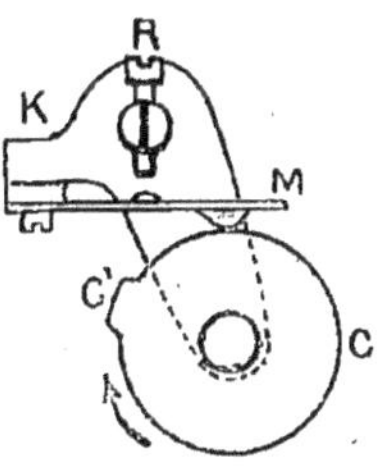

Fig. 186

Sur une pièce de support K (fig. 186) sont montées : d'une part, une lame faisant ressort, portant vers son extrémité une touche M, portant également vers son centre une goutte de platine iridié ; d'autre part, une borne R que traverse une vis de cuivre terminée par une pointe de platine iridié que l'on peut, au moyen d'une vis d'arrêt, régler à l'écartement voulu de la lame qui est au-dessous d'elle.

Fig 187
LA VOITURETTE GEORGES RICHARD

Lorsque la came C viendra repousser à l'aide de sa bosse C' la masse M de la lame, la goutte de platine et la pointe de la vis platinée R viendront en contact. Elles seront pressées l'une contre l'autre et même, à cause de la torsion que subira l'extrémité de la lame, imperceptiblement déplacées l'une sur l'autre. Il en résultera qu'une goutte d'eau sera écrasée, qu'une poussière

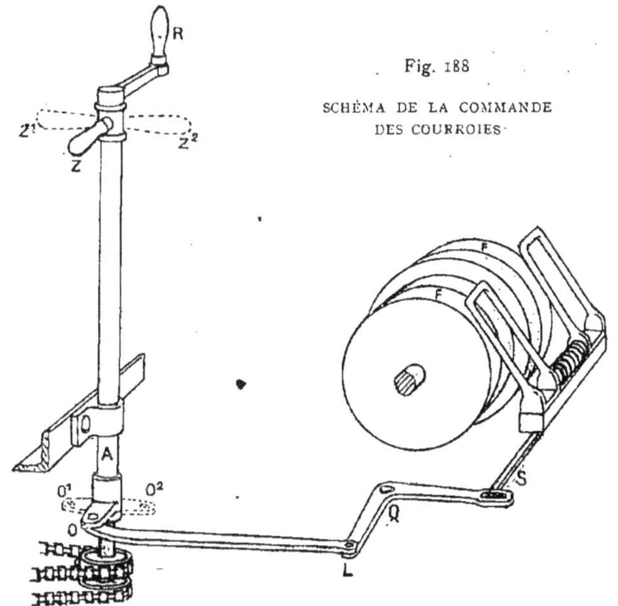

Fig. 188

SCHÉMA DE LA COMMANDE DES COURROIES

sera écartée, que les deux pièces en contact seront toujours polies sans usure appréciable, et que le courant, si faible soit-il, passera infailliblement.

***

II° Transmission. — La commande des courroies a été améliorée par le dispositif le plus simple.

Une seule manette Z (et non plus deux comme dans la voiturette Benz), placée au-dessous du volant de direction R (fig. 188) suffit à cette commande. Cette manette peut être placée en Z' pour la petite vitesse, en Z² pour la grande, en Z pour le débrayage.

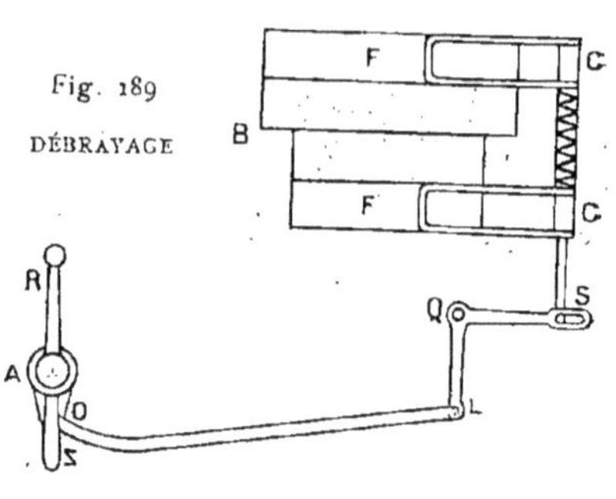

Fig. 189
DÉBRAYAGE

On le voit, la tige sur laquelle est monté le volant de direction traverse le tube sur lequel est montée la manette. Cette tige est terminée en bas par les pignons qui portent la chaîne de la direction.

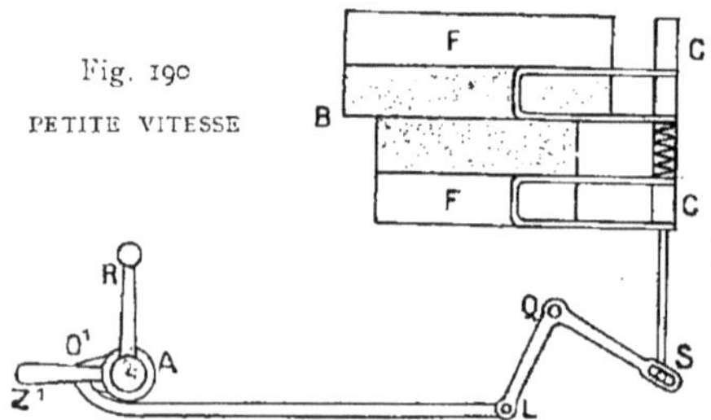

Fig. 190
PETITE VITESSE

Au bas du tube qui porte en haut la manette, est montée en A une pièce horizontale O qui peut prendre trois positions correspondantes aux positions de la manette : AO¹ pour la petite vitesse, AO² pour la grande, AO pour le débrayage.

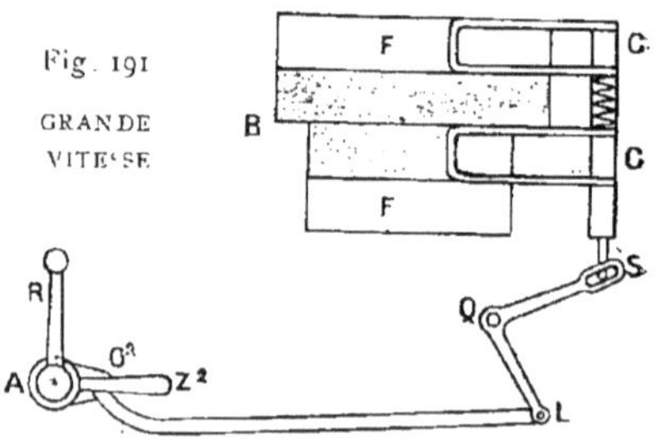

Fig. 191
GRANDE VITESSE

Les déplacements de cette pièce O sont communiqués par l'articulation

LQS au chariot spécial qui porte les fourchettes des courroies et les fait passer alternativement sur leur poulie folle ou leur poulie active ou bien toutes les deux sur leur poulie folle. Ces divers mouvements sont clairement expliqués par les trois figures 189, 190 et 191.

Cette simplification dans la transmission a été accrue par un dispositif ingénieux de débrayage et de freinage simultanés (fig. 192 et 193).

La pièce O qui, nous venons de le voir, commande les déplacements des courroies, est reliée à l'arbre G H par l'intermédiaire du levier D qui commande le mouvement de sonnette I V (I point fixe d'articulation ; V se déplaçant dans une coulisse). Cet arbre G H porte d'une part le levier G terminé par la pédale P, et d'autre part le levier H qui commande la tringle de frein F.

Supposons que nous soyons embrayés (fig. 192), soit en petite vitesse A O¹, soit en grande A O²; la position du point V ne change pas. Quand ce point V viendra à reculer sous l'effort du coup de pédale, il aura donc autant d'effet sur la position A O¹ que sur la position A O².

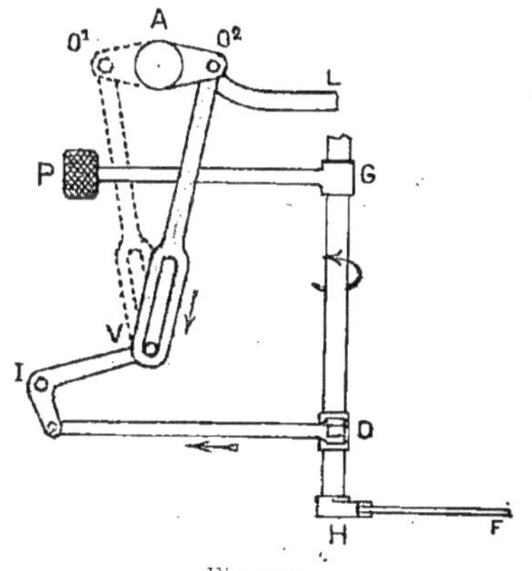

Fig. 192

En effet, dès que nous pesons sur P, le levier D s'abaisse, pousse en avant le mouvement de sonnette qui déplace V et avec lui (fig. 193) la pièce de commande des courroies. La position A O est prise instantanément (celle du débrayage), en même temps que nécessairement la manette est ramenée automatiquement en Z.

De plus, l'arbre G H ayant ainsi tourné sous l'effort du pied, le levier H qui commande le frein s'est avancé. C'est dire qu'il tire énergiquement sur la tringle qui serre les cuirs sur leurs tambours, et qu'un freinage vigoureux se produit.

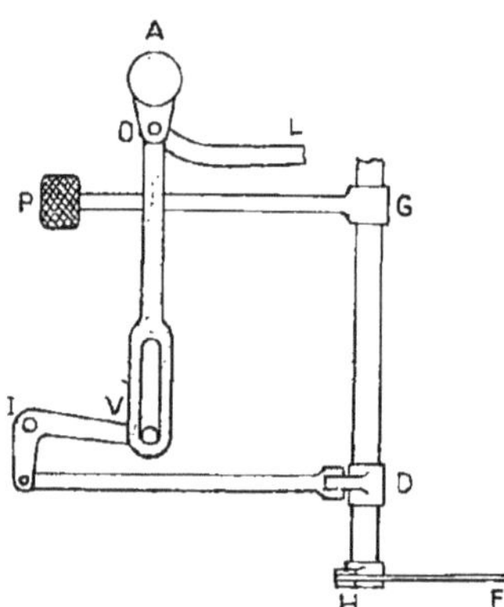

Fig. 193

Une même pesée de pied produit donc à la fois débrayage et freinage.

***

III° Troisième vitesse et marche arrière. — Un curieux dispositif permet, dans le système Georges Richard, d'utiliser les deux poulies folles pour produire à l'aide de l'une une marche lente en avant (rampes rapides), à l'aide de l'autre une marche lente en arrière.

A cet effet, chacune de ces poulies renferme un différentiel qui, en temps normal, tourne avec elle fou sur l'arbre différentiel de la voiture; et qui, en temps anormal (rampe très dure ou marche arrière) est, dans l'une ou dans l'autre de ces poulies à volonté, arrêté par le pied du conducteur pour permettre à l'une ou à l'autre poulie de mouvoir exceptionnellement la voiture dans l'un ou dans l'autre sens, ainsi que nous allons le voir.

Supposons (fig. 194) que la poulie folle de la grande vitesse (à gauche), renferme un harnais d'engrenages A B B C dans lequel la roue A est calée sur l'arbre E du différentiel de la voiture, arbre dont les extrémités portent de chaque côté un pignon Q commandant une chaîne N.

La voiture est arrêtée. La courroie M se trouve sur la poulie folle. Cette poulie tourne en entraînant les pignons B B qui sont montés sur elle sans leurs axes et qui tournent eux-mêmes autour de A comme des satellites, sans l'entraîner.

Ces pignons B B sont formés de deux demi-pignons ainsi que le montre la figure, demi-pignons inégaux (la

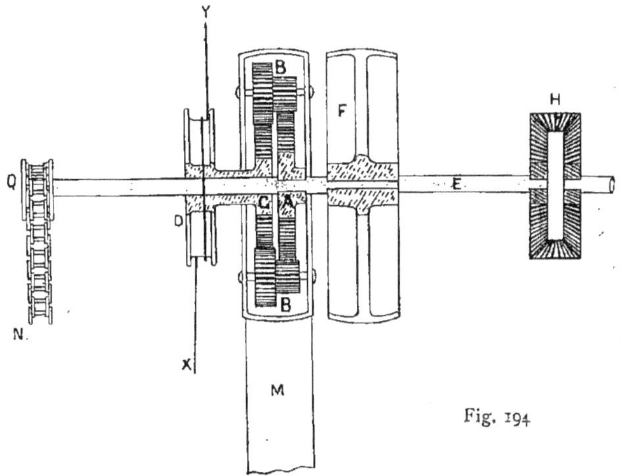

Fig. 194

partie en contact avec A étant plus petite que la partie en contact avec C). Par conséquent, lorsqu'ils font un tour complet autour de A, ils font tourner le pignon C (qui fait corps avec le tambour D) d'un mouvement proportionnel à la différence des diamètres de A et de C.

Donc la voiture, avons-nous dit, est supposée immobile. Donc la roue dentée A est immobile également. Quant au harnais d'engrenages, il tourne avec la poulie folle C autour de l'axe E, entraînant lentement la roue dentée C et le tambour D.

Si, au moyen d'un petit câble en acier mû au pied, fixe en X et tiré en Y, nous arrêtons tout à coup ce tambour et par suite la roue dentée C, l'entraînement de la poulie par la courroie n'en continue pas moins, et le mouvement relatif de C à A persiste. Mais comme C est devenu immobile, c'est A qui, à son tour, se met à tourner. Si A est plus petit que C, la voiture avance plus lentement; si A est au contraire plus grand que C, la voiture recule. Les deux poulies folles renferment donc, l'une des engrenages où A est plus petit que C, et l'autre des engrenages où il est plus grand.

Cet original dispositif permet aux voitures Georges Richard de gravir des pentes redoutables et d'avoir une souplesse de direction remarquable. Je recommanderai aux propriétaires de voitures qui en sont munies de ne pas oublier que ces engrenages tournent constamment à des vitesses grandes, et que par conséquent l'entretien en doit être soigneusement fait.

***

La troisième vitesse ! La marche arrière! Voilà des organes qui amènent notre présent volume, consacré aux motocycles et aux voiturettes seulement, aux confins du royaume des Voitures proprement dites ! Arrêtons-nous. Nous aurons d'ailleurs l'occasion de retrouver le nom de Georges Richard bientôt, dans un prochain volume, lorsque nous étudierons les nouveaux moteurs verticaux de 7 et 10 chevaux que cet ingénieur vient de construire.

Nous le trouverons d'ailleurs en excellente compagnie, celle de tous ces constructeurs qui ont su prouver que notre pays, si jalousé par le monde entier, si sottement décrié par nous-mêmes parfois, est demeuré la terre fertile des inventions et des progrès.

CHAPITRE VII

Renseignements divers

CHAPITRE VII

A. — Les Associations

I. — L'AUTOMOBILE-CLUB DE FRANCE. — LES « AUTOMOBILE-CLUB » ÉTRANGERS

IL existe depuis 1895 en France une Société qui a pris pour mission de centraliser tous les efforts faits un peu partout, dans tous les mondes et par toutes les intelligences, pour activer cette révolution pacifique de l'automobilisme, de les encourager, de les récompenser, de leur donner un guide et une direction.

L'*Automobile-Club de France* compte aujourd'hui 2,000 membres recrutés dans les plus hauts rangs de notre société.

C'est au comte de Dion qu'on doit cette Société puissante, ce club à la veille d'être le plus prospère et le plus important du monde. A la suite de la course célèbre de Paris-Bordeaux-Paris, de 1895, un grand projet hanta son esprit : réunir dans une maison bien à eux, où ils puissent se connaître mieux et faire un travail moral plus fructueux, tant d'hommes de haute intelligence séduits par ce qu'ils venaient de voir et de comprendre; fonder un cercle de défense et d'encouragement.

Les plus grands noms de notre pays se groupèrent à son appel pour fonder cette *Société d'Encouragement*. Aujourd'hui, les présidents d'honneur sont MM. Marcel Deprez, membre de l'Institut, et Georges Berger, député de la Seine; les membres d'honneur, S. A. S. le Prince Alexandre d'Oldenbourg, M. Michel-Lévy, ingénieur en chef des Mines, et M. le Comte Fr. Van der Straeten Pouthoz, président de l'Automobile-Club de Belgique.

Le président actif est M. le baron de Zuylen de Nyevelt, avec, pour vice-présidents, MM. Albert de Dion et Henri Ménier.

Le prix de la cotisation annuelle est de 200 francs.

Le siège de la Société est en l'hôtel Plessis-Bellière, 6, place de la Concorde, à Paris.

Les présentations au Cercle se font par l'office de trois parrains.

Les membres du Comité de l'Automobile-Club de France sont :

MM.

Archdeacon (Ernest) — Artigue (Bertrand) — Aucoc (Jean) — Avigdor (Arthur) — Ballif (Abel) — Barbet (Louis) — Bennett (Gordon) — Berger (Georges) — Berlier (Jean) — Bixio (Jules) — Brissac (duc François de) — Broca (Georges) — Canet (Gustave) — Chasseloup-Laubat (comte G. de) — Chasseloup-Laubat (marquis L. de) — Clément (Gustave) — Collin (Georges) — Cuvinot — Delahaye (Emile) — Delaunay-Belleville (L.) — Deligny d'Alosno (comte Eugène) — Deport (Albert) — Deprez (Marcel) — Descubes (Charles) — Deutsch (Henri) — Dion (comte Albert de) — Dufayel (Georges) — Edeline (Léon) — Empain (Edouard) — Falconnet (Henri) — Forestier (G.) — Francq (Léon) — Gamard (Léopold) — Giffard (Pierre) — Gouy d'Arsy (marquis de) — Heilmann — Houry (Charles) — Jeantaud (Charles) — Knyff (chevalier René de) — La Baume Pluvinel (comte de) — La Valette (comte de) — Lebaudy (Robert) — Lebey (Edouard) — Lehideux-Vernimmen (André) — Lemoine (Louis) — Loménie (Charles de) — Lucenski (de) — Marc (Lucien) — Marinoni (Hippolyte) — Mékarski (Louis) — Menier (Gaston) — Menier (Henri) — Meyan (Paul) — Meyer (Arthur) — Michelin (André) — Monmerqué (Arthur) — Mors (Louis) — Nansouty (Max de) — Panhard (René) — Périgon (Eugène) — Peugeot (Armand) — Pierron (Georges) — Pozzy (Sosthène) — Prévost (Georges) — Quénay (Edouard) — Quentin-Beauchard (Maurice) — Ravenez — Récopé (Edmond) — Rives (Gustave) — Rogniat (baron) — Roincé (de) — Salomons (Sir David) — Serpollet (Léon) — Singer (Paris) — Thénard (baron) — Thévin (Fernand) — Turkheim (baron

Société Anonyme des Anciens Établissements

PANHARD & LEVASSOR

19, Avenue d'Ivry, 19 — PARIS

VOITURES AUTOMOBILES

A 2, 4, 6, 8 places et au-dessus, actionnées par des

Moteurs à Pétrole de 4, 6, 8, 10, 12 et 16 chevaux

*Phaétons — Charrettes anglaises — Wagonnettes — Breaks — Omnibus de famille
Voitures de voyage — Ducs — Coupés — Landaus — Landaulets — Cabs — Victorias
Vis-à-vis — Voitures de voyageurs de commerce — Fourgons de livraison, etc.*

Petite voiture légère à 2 places

Omnibus et grands Breaks à 20 places pour transports publics

CAMIONS pour GROS TRANSPORT (jusqu'à 5.000 kilos)

Automobiles très rapides pour chemins de fer. — Tramways. — Tracteurs pour voie Decauville et autres

BATEAUX A PÉTROLE

Envoi franco de l'Album contre 2 fr. 50, en mandat ou en timbres

Adrien de) — Varennes (René) — Vernes (Amédée) — Vuillemot (Raoul) — Xau (Fernand) — Zuylen de Nyevelt (baron de). — Secrétaire du Cercle : C. de Morlhon.

*
* *

L'Automobile-Club de France, fondé à Paris, fit éclore en province plusieurs associations semblables, dont voici les principales :

— *L'Automobile-Club Bordelais*, 42, allées d'Orléans, à Bordeaux, fondé en 1897. Cotisation 40 francs par an.

— *L'Automobile-Club de Nice*, fondé en 1897. Cotisation 30 francs par an.

— *Le Bicycle et Automobile-Club de Lyon*, 12, rue du Bât-d'Argent, à Lyon.

— *La Société des Chauffeurs du Midi*, 25, rue Roquelaine, à Toulouse, fondée en 1897. Cotisation 25 francs par an.

A l'Étranger, nous pouvons compter :

— à Berlin : *Mitteleuropaischer Motorwagen-Verein*, 1, Universitatstrasse. Fondé en 1897. Cotisation 20 marks. — *Deutsche Sport Verein*, 8, Schadowstrasse;

— à Vienne : *Oesterreichischer Automobil Club*, 19, Johannesgasse. Fondé en 1898. Cotisation 30 florins.

— à Bruxelles : *L'Automobile-Club de Belgique*, 14, place Royale. Fondé en 1895. Cotisation 20 francs;

— à Liège : *L'Automobile-Club Liégeois*, 2, rue Hamal. Fondé en 1898. Cotisation 60 francs;

— à Londres : *Self Propelled Traffic Association*, 30, Moorgate Street, E. C. — *Automobile Club of Great Britain*, 4, Whitehall Court;

— à Milan : *Club Automobilisti Italiani*, 6, Via Giulini;

— à Chicago : *American Motor League*, 335, Dearborn Streat. Fondé en 1895. Cotisation 1 dollar.

Toutes ces associations sont les fruits lointains de l'agitation qu'a donnée à la France l'automobilisme naissant. Il faut ajouter que ces clubs étrangers sont en général peu prospères. L'industrie automobile est d'ailleurs en ces pays toujours rudimentaire et ne saurait encore créer un courant de sympathie national tel qu'il existe aujourd'hui chez nous.

∴

II. — Le Touring-Club de France. — Les « Touring-Club » étrangers

Le Touring-Club de France n'est pas une association exclusivement consacrée à la défense ou à la propagation de l'automobilisme. Son cadre est plus vaste encore puisqu'il s'occupe de tout ce qui est *tourisme*, que le tourisme soit pratiqué à pied, à bicyclette, en automobile, etc. — C'est dire cependant que tout bon chauffeur doit faire partie de cette gigantesque association dont la bienfaisante action est manifeste, et à qui toute personne qui voyage est redevable, souvent sans le savoir, de bien des améliorations de sa condition.

Fondé en 1890 par un groupe de touristes bien inspirés, le T. C. F. ne devint réellement prospère que le jour où son président actuel, M. Abel Ballif, prit en mains la direction. En cinq années, le nombre des membres est monté à 70,000. C'est là un chiffre qui me dispensera de longs commentaires sur le succès de cette association. Son bulletin mensuel, la *Revue du Touring-Club de France*, est un des organes les plus lus et les plus puissants de notre presse.

Le siège social est situé 5, rue Coq-Héron, à Paris. Le prix de la cotisation est de 5 francs par an. Les présentations se font par deux parrains.

Le T. C. F. a l'honneur de compter comme Haut Protecteur, M. Félix Faure, président de la République; comme présidents d'honneur, MM. le général Henrion-Berthier, maire de Neuilly, et le Dr Just-Championnière, membre de l'Académie de Médecine.

Ses membres d'honneur sont en France :

MM.

Barthou, député des Basses-Pyrénées. — Georges Berger, député de la Seine. — Berthelot, sénateur, ancien ministre, secrétaire perpétuel de l'Académie des sciences. — Léon Bourgeois, député de la

Marne. — Casimir-Perier, ancien président de la République. — Delcassé, député de l'Ariège. — Jules Develle, député de la Meuse. — Marcel Deprez, membre de l'Institut. — Edmond Dollfus. — Dupuy-Dutemps, député. — Hanotaux, membre de l'Académie française. — Baron de Lareinty, sénateur de la Loire-Inférieure. — Lépine. — Lourties, sénateur des Landes. — Dr Michou, député de l'Aube. — Turrel, député de l'Aude. — Emile Zola.

A l'Etranger :

S. M. Léopold II, roi des Belges. — S. M. Dom Carlos Ier, roi de Portugal. — S. M. Alexandre Ier, roi de Serbie. — S. A. R. le prince Nicolas de Grèce. — S. A. I. le grand-duc Boris Wladimirovitch, palais Wladimir, à Saint-Pétersbourg. — S. A. I. le prince Georges Romanowsky, duc de Leuchtenberg. — S. A. I. le grand duc Serge Michaïlowitch. — S. A. S. le prince Alexandre d'Oldenbourg. — S. A. S. le prince de Monaco. — M. A. Lachenal, ancien président de la Confédération Suisse. — S. E. Lord Dufferin, ancien vice-roi des Indes, ancien ambassadeur d'Angleterre.

Le bureau du Conseil d'administration est composé de :

Président. — M. A. Ballif, sous-chef de bureau à la Préfecture de la Seine, en retraite.

Vice-présidents. — MM. Max Vincent, docteur en droit, avocat a la Cour d'appel, membre du Conseil municipal ; Georges Pierron, licencié en droit, propriétaire.

Secrétaire-archiviste. — M. L. Duchesne, propriétaire.

Trésorier. — M. le comte E. de Reinach, attaché à la Caisse des Dépôts et Consignations.

CONSEILLERS :

MM.

A. Berthelot, agrégé d'histoire et de géographie, chargé de cours à l'Ecole des Hautes-Etudes, membre du Conseil municipal. — J. Berthelot, négociant. — Dr M. Briand, ✻, ✿, médecin en chef de l'hospice de Villejuif. — G. Davin de Champclos, commis principal à la Préfecture de la Seine.

Je recommanderai à tous les chauffeurs de ne jamais se mettre en route sans l'*Annuaire de l'Automobile du T.C.F.* Ils y trouveront l'indication de tous les Hôtels recommandés, ceux où ils sont certains de trouver bon gîte pour eux-mêmes et remise sûre pour leur automobile ; ils y puiseront de plus bien des renseignements de première nécessité.

C'est ainsi que, dans ce petit volume, les délégués, propriétaires de voitures automobiles sont distingués dans l'annuaire par les lettres (V. A) imprimées à la suite de leur nom. Ce renseignement peut être très utile aux chauffeurs qui seraient, en voyage, forcés de faire une menue réparation, d'emprunter une pièce de rechange, etc.

Dans un grand nombre de localités, il indique des *mécaniciens voituristes*, capables de réparer, nettoyer ou graisser les automobiles, mécaniciens qui ont tous fait un apprentissage sérieux.

Enfin, dans plus de 800 villes, choisies avec soin parmi les points routiers les plus importants, il indique des dépôts d'essence pour moteurs et d'oléo-naphte.

Les noms de ces dépositaires figurent avec le signe distinctif (Ess.ol.).

Les hôteliers et les mécaniciens possédant des remises pour voitures sont également signalés par un signe distinctif ().

***

La carte du T.C.F. donne droit à bien d'autres avantages pour les chauffeurs. C'est ainsi que, par suite de l'accord conclu entre les Touring-Club de France, de Belgique, d'Italie, de Suisse et de Luxembourg, les membres de ces quatre dernières Associations voyageant en France ont droit, sur présentation de leur carte de l'année, aux bons offices des délégués, aux prix faits dans les hôtels et à l'application de la remise consentie par les mécaniciens sur le tarif; réciproquement, les membres du Touring-Club de France voyageant en Belgique, en Italie, en Suisse et en Luxembourg jouiront dans ces pays des mêmes avantages.

Le siège du *Touring-Club de Belgique* est, 11, rue des Vanniers, à Bruxelles; celui du *Touring-Club d'Italie*, 2, *viâ* Giulini, Milan: celui du *Touring-Club Suisse*, 4, boulevard du Théâtre, à Genève: enfin celui du *Touring-Club Luxembourgeois*, 5, avenue de l'Arsenal, Luxembourg.

Par décision de M. le Directeur Général des Postes et des Télégraphes, en date du 26 juillet 1895, les cartes de « membre du Touring-Club de France » revêtues de la signature dûment légalisée du titulaire, sont admises pour la livraison aux guichets des bureaux de poste, des lettres ou objets chargés et recommandés, ainsi que pour le paiement des mandats-poste de toute nature.

.....Autrefois, dans notre prime jeunesse, nous lisions sur tous les murs : « Ne voyagez pas sans les Guides Conty! » Je n'ai aucune raison pour dénigrer ces fameux guides. Je crois cependant qu'on pourrait remplacer ce cri par cet autre plus moderne : « Ne voyagez pas sans la carte du T.C.F. ! »

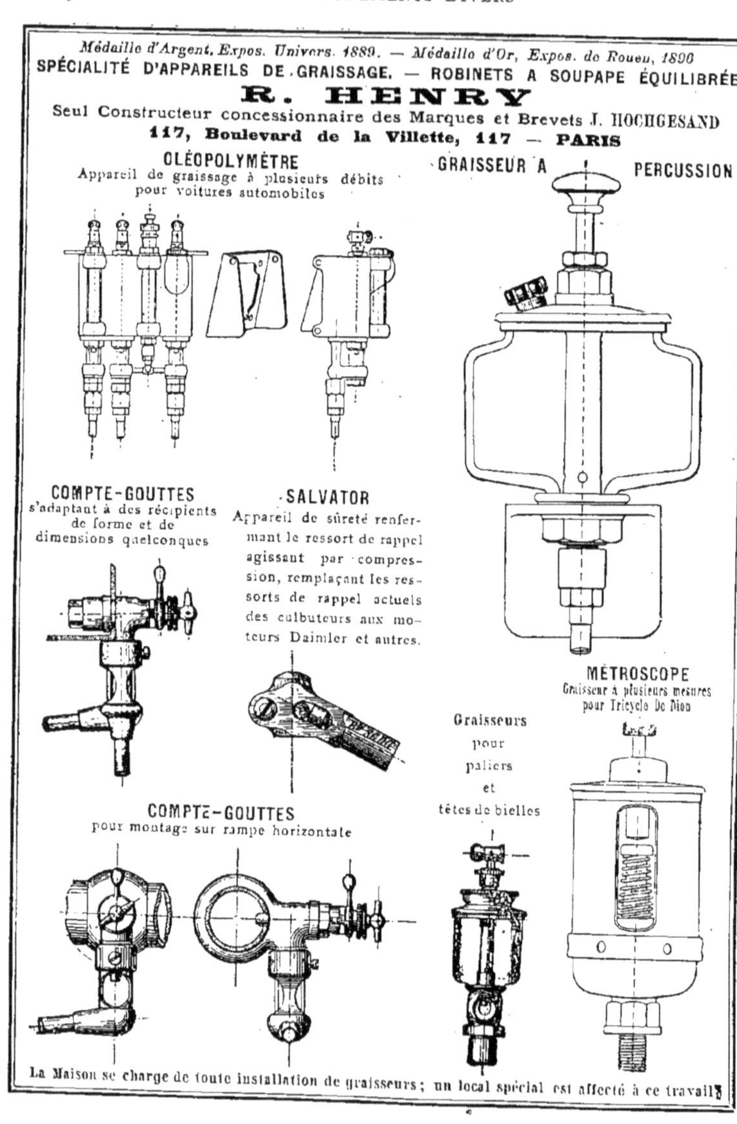

Médaille d'Argent, Expos. Univers. 1889. — Médaille d'Or, Expos. de Rouen, 1896
SPÉCIALITÉ D'APPAREILS DE GRAISSAGE. — ROBINETS A SOUPAPE ÉQUILIBRÉE
R. HENRY
Seul Constructeur concessionnaire des Marques et Brevets J. HOCHGESAND
117, Boulevard de la Villette, 117 — PARIS
OLÉOPOLYMÈTRE
Appareil de graissage à plusieurs débits pour voitures automobiles
GRAISSEUR A PERCUSSION
COMPTE-GOUTTES
s'adaptant à des récipients de forme et de dimensions quelconques
SALVATOR
Appareil de sûreté renfermant le ressort de rappel agissant par compression, remplaçant les ressorts de rappel actuels des culbuteurs aux moteurs Daimler et autres.
MÉTROSCOPE
Graisseur à plusieurs mesures pour Tricycle De Dion
Graisseurs pour paliers et têtes de bielles
COMPTE-GOUTTES
pour montage sur rampe horizontale
La Maison se charge de toute installation de graisseurs ; un local spécial est affecté à ce travail.

II. — La Chambre syndicale.

Le 20 mai 1898, a été créée à Paris une « Chambre Syndicale de l'Automobile et des Industries qui s'y rattachent ».

Ce syndicat a pour but :

1° De développer et consolider, entre tous ses membres, les sentiments de solidarité et de bonne confraternité ;

2° De créer un centre d'action puissant, propre à favoriser la construction et la vente des véhicules automobiles, moteurs, etc. ;

3° D'être, auprès des pouvoirs publics et administrations (Douanes, Octrois, Compagnies de chemins de fer, Chambres de commerce, Syndicats, Expositions, etc.), le défenseur et le protecteur des intérêts de ses membres en tous pays ;

4° De régler à l'amiable les questions qui peuvent lui être soumises, soit par les tribunaux, soit par des particuliers ;

5° De désigner aux tribunaux, civils et de commerce, des arbitres compétents pour les questions techniques et commerciales.

Le nombre des membres du Syndicat est illimité.

Nulle demande ne pourra être prise en considération si elle n'est appuyée par deux parrains, membres du Syndicat.

Les demandes d'admission doivent être adressées au Président.

Pour faire partie du Syndicat, il faut :

1° Être fabricant français de véhicules automobiles, moteurs, pièces détachées, accessoires, bandages de roues, articles et objets concernant l'automobile ; éditeur d'ouvrages ou publications traitant de cette industrie ; concessionnaire d'une marque française en exploitation ; inventeur français et exploiter cette invention ; être représentant attitré ou fondé de pouvoirs de fabricant établi en France ;

2° Ne pas être en état de faillite ;

3° Jouir de ses droits civils ;

4° Être agréé par le Comité.

Le siège de la Chambre Syndicale est 6, place de la Concorde. Le prix de la cotisation annuelle est de 60 francs.

B. — La Presse spéciale

Les journaux français qui traitent des questions concernant l'automobilisme sont déjà fort nombreux.

Les quotidiens politiques consacrent en général à ces faits nouveaux, de temps en temps, quelques lignes le plus souvent inexactes et incompétentes. J'en excepterai tout de suite le *Figaro*, le *Petit Journal*, le *Matin*, le *Journal*, l'*Écho de Paris*, le *Petit Parisien*, etc., dont la rubrique automobile est fort bien tenue.

Les quotidiens spéciaux sont :

1° *Le Vélo*, 2, rue Meyerbeer, Paris. — Téléph. 109-94. — Directeur-rédacteur en chef : Pierre Giffard. — Directeur-administrateur : Paul Rousseau. — Abonnements : France, 20 fr.; Étranger, 30 fr. — Le numéro, 5 centimes.

2° *Le Journal des Sports* (Paris-Vélo), 4, faubourg Montmartre, Paris. — Téléph. 101-71. — Directeur : A. de Lucenski. — Rédacteur en chef : Louis Minart. — Abonnements : Paris, 18 fr.; France, 20 fr.; Étranger, 30 fr. — Le numéro, 5 centimes.

Les hebdomadaires spéciaux sont :

— *La Locomotion Automobile* (fondée en 1894), 4, rue Chauveau-Lagarde, Paris. — Administrateur-fondateur : Raoul Vuillemot. — Rédacteur en chef : Desjacques. — Abonnements : France, 10 fr.; Etranger, 12 fr. 50.

— *La France Automobile* (fondée en 1895), 10, faubourg Montmartre, Paris. — Téléph. 125-50. — Directeur-fondateur : Paul Meyan. — Rédacteur en chef : L. Baudry de Saunier. — Abonnements : France, 16 fr.; Étranger, 20 fr.

— *Les Petites Annales Illustrées du Cycle et de l'Automobile* (fondées en 1897); 23, avenue des Champs-Elysées, Paris. — Téléph. : 512-59. — Administrateur : R. Mouillac. — Abonnements : France, 5 fr.; Etranger, 7 fr.

— *L'Auto-Cycle Illustré*, 4, boulevard Poissonnière, Paris. — Directeur : A. Bevylle; Rédacteur en chef : H. Didelot. — Abonnements : France, 8 fr.; Etranger, 11 fr.

— *Cycle et Automobile Industriels*, 9, rue Buffault, Paris. — Téléph. : 102-99. — Directeur : F. Lainé. — Abonnements : France, 12 fr.; Etranger, 15 fr.

— *Tous les Sports,* 229, rue St-Honoré, Paris. — Téléph. : 233-03. — Directeur : Raoul Fabbens. — Abonnements : France, 10 fr.; Etranger, 15 fr.

— *La Vie au Grand Air,* 106, boulevard St-Germain, Paris. — Rédacteur en chef : Pierre Lafitte. — Abonnements : Paris, 8 fr.; France, 9 fr.; Etranger, 12 fr.

Les bi-mensuels sont :

— *Le Chauffeur*, 26, place Dauphine, Paris. — Directeur-Rédacteur en chef : Louis Lockert. — Abonnements : France, 20 fr.; Etranger, 25 fr.

— *Le Motocycle,* 19, avenue de Villiers, Paris.

— *La Revue des Transports Parisiens,* 14, rue des Poitevins, Paris.

Les mensuels sont :

— *L'Industrie Vélocipédique et Automobile,* 75, rue Vieille-du-Temple, Paris. - Directeur : F. Gébert. -Abonnements : France, 6 fr.; Etranger, 8 fr.

— *Le Moniteur Automobile,* 12, rue Le Peletier, Paris.

°°°

A l'Etranger, nous pouvons compter :

ALLEMAGNE. — *Das Journal für Wagenbaukunst,* 31, Kanonier Strasse, Berlin. — *Der Motorwagen,* 1, Universitatstrasse, Berlin.

AUTRICHE. — *Club organ das Oesterr Automobil Club*, 8, Niebebungengasse, Vienne.

BELGIQUE. — *L'Automobile Illustré,* 7, rue de Florence, Bruxelles. *L'Autocar de Belgique,* 1, rue St-Lazare, Bruxelles. — *Le Cycliste Belge Illustré,* 17, rue du Pélican, Bruxelles.

ANGLETERRE. — *The Autocar,* 19, Herford Strasse, Coventry. — *The Auto-Motor and Horseless Vehicle Journal,* 62, St-Martins Lane W. C., Londres.

RUSSIE. — *Samokat,* 5, boul. Kounogvardeisky, St-Pétersbourg.

ETATS-UNIS. — *The Motocycle,* 1440, Monadnock Blok, Chicago. — *The Horseless Age,* 216, William Street, New-York. — *The Hub,* 247, Brodway, New-York.

***

Enfin je conseillerai à toute personne qui veut suivre de près les questions automobiles, d'acheter l'*Annuaire général de l'Automobile,* de MM. Thévin et Houry, le petit Bottin de ce monde spécial.

C. — La police et l'impôt

Les automobiles ne pouvaient échapper ni à des règlements de police, ni à des taxations! Voici les règlements qui limitent la liberté de « chauffer ».

***

I. — LE RÈGLEMENT DE POLICE

Le règlement qui a encore vigueur actuellement date de... 1893, d'une époque où les ingénieurs des mines ne prévoyaient guère de possibilités de locomotion que par la vapeur, — par la vapeur qui ne meut pas sur route un véhicule sur cinq mille! On verra quelles bizarreries il contient. Hâtons-nous d'ajouter qu'un Règlement plus moderne et mieux adapté aux faits qu'il entend régir, doit paraître sous peu de jours.

L'ordonnance du 14 août 1893 est ainsi conçue :

ARTICLE PREMIER. — Aucun véhicule à moteur mécanique autre que ceux qui servent à l'exploitation des voies ferrées concédées, ne peut être mis ou maintenu en usage sans une autorisation délivrée par Nous, sur la demande du propriétaire. Cette autorisation peut, à toute époque, être révoquée par Nous, le propriétaire entendu, sur la proposition des ingénieurs (1).

ART. 2. — La demande en autorisation prévue à l'article précédent sera établie en double expédition dont une sur papier timbré. *(Voir plus loin.)*

La demande sera accompagnée des dessins complets du véhicule, du système moteur et des appareils d'arrêt.

ART. 3. — Cette demande sera communiquée à l'Ingénieur en chef des Mines chargé du service de surveillance des appareils à vapeur du département de la Seine.

Ce chef de service visitera ou fera visiter le véhicule.

Il procédera ou fera procéder à une ou plusieurs expériences pour apprécier le fonctionnement du moteur et vérifier directement l'efficacité des appareils d'arrêt.

(1) Les tricycles et leurs dérivés directs ne sont plus soumis à cette formalité, par tolérance spéciale.

SOCIÉTÉ ANONYME

DES

Voiturettes Automobiles

163, Avenue Victor-Hugo, 163

PARIS

VOITURETTES AUTOMOBILES LÉON BOLLÉE

à 1, 2 et 3 Places ou pour Livraisons

MOTEURS

A GAZ ET A PÉTROLE

FIXES

Adresse télégraphique : VOITUBOL-PARIS

TÉLÉPHONE 697-58

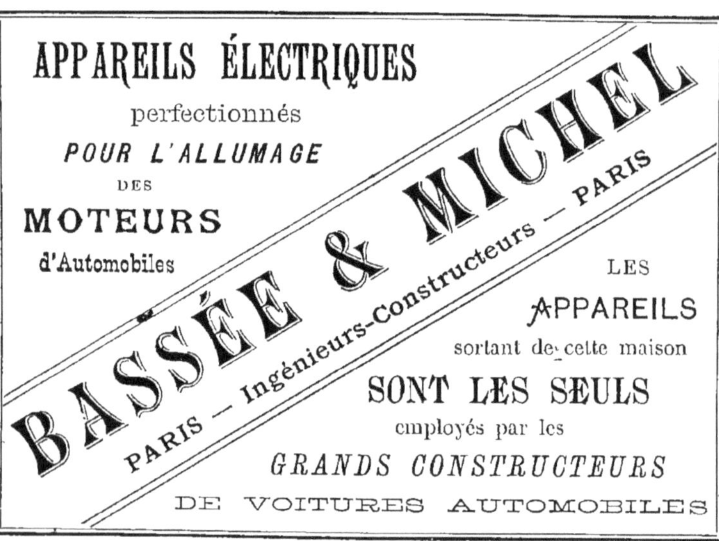

ART. 4. — L'autorisation sera délivrée sur un livret spécial contenant le texte de la présente ordonnance.

ART. 5. — L'autorisation déterminera les conditions particulières auxquelles le permissionnaire sera soumis, sans préjudice de l'obligation de se conformer aux règlements d'administration publique, aux prescriptions de la présente ordonnance et à tous les autres règlements intervenus ou à intervenir.

Cette autorisation fixera notamment le maximum de charge par essieu.

ART. 6. — L'autorisation fixera aussi le maximum de la vitesse dans Paris et hors Paris, eu égard notamment à l'efficacité des moyens d'arrêt.

Ce maximum ne devra pas excéder 12 kilomètres à l'heure, dans Paris et dans les lieux habités; il pourra être porté à 20 kilomètres, en rase campagne, mais ce dernier maximum ne pourra être admis que sur les routes en plaine, larges, à courbes peu prononcées et peu fréquentées. Ces maxima ne pourront jamais être dépassés; le conducteur du véhicule devra même, à toute époque, réduire les vitesses de marche au-dessous des dits maxima lorsque les circonstances le demanderont.

ART. 7. — En cas de changement de propriétaire, d'inexécution des épreuves ou vérifications prescrites par les règlements, ou de changements relatifs aux énonciations de l'autorisation, cette dernière est caduque de plein droit et le véhicule ne peut être maintenu en service sans nouvelle autorisation.

Dispositions relatives aux appareils

ART. 8. — Les réservoirs, tuyaux et pièces quelconques destinés à renfermer des produits explosibles ou inflammables seront construits et entretenus de manière à offrir, à toute époque, une étanchéité absolue.

Il ne pourra être fait usage d'aucun appareil dans lequel une fuite suffirait à créer un danger imminent d'explosion.

ART. 9. — Les appareils doivent être construits et conduits de façon à ne laisser échapper aucun produit pouvant causer un incendie ou une explosion.

ART. 10. — La largeur des véhicules, entre les parties les plus saillantes, ne devra pas dépasser 2 m. 50.

Les bandages des roues devront être à surface lisse sans aucune saillie.

ART. 11. — Le fonctionnement des appareils doit être de nature à ne pas effrayer les chevaux, soit par les vapeurs ou fumées émises, soit par les bruits produits, soit par toute autre cause.

ART. 12. — Si le moteur agit par l'intermédiaire d'un embrayage, des dispositions efficaces doivent être prises pour rendre impossible un emballement de moteur supposé débrayé.

ART. 13. — Les appareils de sûreté et autres qui ont besoin d'être consultés pendant la marche par le conducteur du véhicule devront être bien en vue de ce conducteur et éclairés lorsqu'il y aura lieu.

Rien ne masquera la vue du conducteur vers l'avant, et les divers appareils seront disposés de manière qu'il puisse les manœuvrer sans cesser de surveiller sa route.

ART. 14. — Le véhicule sera muni d'un dispositif permettant de tourner dans les courbes de petit rayon.

ART. 15. — Le véhicule sera pourvu de deux systèmes de freins distincts ou de deux systèmes de commande de ces freins indépendants l'un de l'autre.

Par l'action d'un seul de ces systèmes, on doit pouvoir, en toutes circonstances, immobiliser le véhicule, même lorsque le moteur donne son maximum de force. L'un au moins des systèmes de commande produira un serrage des freins aussi instantané que possible.

ART. 16. — Les divers organes du moteur, les appareils de sûreté, les freins et leur système de commande, les essieux, etc., seront constamment entretenus en bon état. A cet effet, le permissionnaire devra faire procéder à des revisions périodiques et aux vérifications nécessaires pour faire effectuer, en temps utile, toute réparation conformément aux règles de l'art.

Les revisions périodiques et les réparations notables seront inscrites, en détail, sur le livret spécifié à l'article 4.

ART. 17. — Tout véhicule à moteur mécanique portera sur une plaque métallique, en caractères apparents et lisibles, le nom et le domicile de son propriétaire et le numéro distinctif énoncé en la demande d'autorisation. Cette plaque sera placée au côté gauche du véhicule; elle ne devra jamais être masquée.

Dispositions relatives à la conduite et à la circulation des véhicules.

ART. 18. — Nul ne pourra conduire un des véhicules à moteur mécanique spécifiés par la présente ordonnance s'il n'est porteur d'un certificat de capacité délivré par Nous à cet effet et afférent au genre de moteur du véhicule.

Il ne sera délivré de certificat qu'aux candidats âgés de 21 ans au moins.

Le postulant devra fournir, à l'appui de sa demande, son extrait de naissance et deux exemplaires de sa photographie (chaque exemplaire devra avoir deux centimètres de largeur sur trois centimètres de hauteur), ainsi qu'un certificat authentique de résidence.

L'un des exemplaires de la photographie sera annexé au certificat.

Tout candidat devra faire la preuve, devant l'Ingénieur en chef des Mines chargé du service des appareils à vapeur, ou son délégué :

1° Qu'il possède l'expérience nécessaire pour l'emploi prompt et sûr des appareils de mise en marche et d'arrêt et pour la direction du véhicule ;

2° Qu'il est à même de reconnaître si les divers appareils sont en bon état de service et de prendre toutes les précautions utiles pour prévenir les explosions et autres accidents ;

3° Qu'il saurait au besoin réparer une légère avarie de route.

Les certificats ainsi délivrés sont révocables, le titulaire entendu, et après avis de l'Ingénieur en chef des Mines.

APPAREILS DE PRÉCISION POUR LA PHOTOGRAPHIE

L. GAUMONT & CIE

Ingénieurs-Constructeurs

57, Rue Saint-Roch, 57 — PARIS

SPIDO 9×12

Avec MAGASIN H R interchangeable

OBJECTIFS ZEUSKRAUSS FRÈRES

II ou VIIe

Mise au point sur graduation ou sur glace dépolie

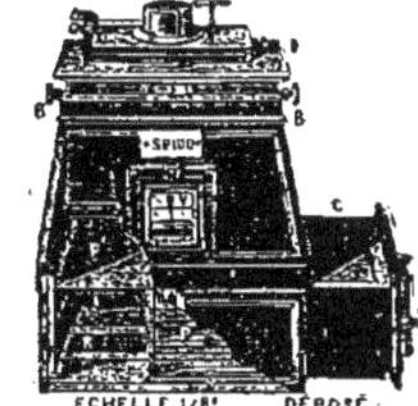

SPIDO MÉTALLIQUE

Spécial pour les Colonies et les pays chauds

PHOTO-JUMELLES

J. CARPENTIER

Modèle à mise au point variable

PRODUITS CHIMIQUES SPÉCIAUX

PANCHRO B, le Meilleur Développateur

SENSIBILISATEUR ELGÉ

pour sensibiliser soi-même tous papiers, cartes, etc.

TRAVAUX PHOTOGRAPHIQUES D'AMATEURS

Développements, Agrandissements, Projections

PROJECTIONS ANIMÉES

Envoi franco des Notices et Prix Courants sur demande

Pour les véhicules mus par la vapeur, ces certificats tiennent lieu de ceux imposés par l'article 12 de l'ordonnance du 3 janvier 1888, relative au fonctionnement des appareils à vapeur sur la voie publique.

ART. 19. — Le conducteur d'un véhicule à moteur mécanique devra toujours être porteur du livret spécial, en tête duquel l'autorisation est délivrée et de son certificat personnel; il devra exhiber ces pièces à toute réquisition des agents chargés de la surveillance desdits appareils ainsi qu'à celle des agents de l'autorité.

ART. 20. — Lorsque le véhicule sera en circulation ou en stationnement sur la voie publique, le conducteur ne devra jamais le quitter à moins qu'il n'ait pris toutes les précautions utiles pour rendre impossibles une explosion de l'appareil moteur, une mise en route intempestive, ou toute autre circonstance dangereuse telle que bruits excessifs, etc., et qu'il n'ait assuré la garde de l'appareil sous sa responsabilité.

ART. 21. — Les véhicules à moteur mécanique devront être desservis par un nombre d'agents suffisant pour la manœuvre des divers appareils et notamment des freins.

ART. 22. — En marche, le conducteur doit porter son attention sur l'état de la voie, sur l'approche des voitures ou des personnes et ralentir ou arrêter en cas d'obstacles, suivant les circonstances. Il doit obéir aux signaux d'alarme qui lui sont faits.

Il ne doit excéder, en aucun cas, les maxima de vitesse prévus par l'autorisation. Il doit, en outre, réduire la vitesse au-dessous de ces maxima autant que les circonstances l'exigent, en tenant compte des facultés d'arrêt dont il dispose, de l'état des appareils et de la voie, des glissements possibles lors de l'arrêt et des circonstances atmosphériques.

Il doit vérifier fréquemment, par l'usage, le bon état de fonctionnement de l'un et de l'autre des deux systèmes de commande des freins.

ART. 23. — Le mouvement doit être ralenti ou même arrêté toutes les fois que l'approche du véhicule, en effrayant les chevaux ou autres animaux, pourrait être une cause de désordre ou occasionner des accidents.

En tous cas, la vitesse devra être ramenée à celle d'un homme au pas, dans les marchés, dans les rues étroites où deux voitures ne peuvent passer de front, au passage des grilles d'octroi ou des barrières, au détour ou à l'intersection des rues, à la descente des ponts et sur tous les points de la voie publique où il existera soit une pente rapide, soit un obstacle à la circulation.

Le conducteur du véhicule ne doit reprendre une plus grande vitesse qu'après avoir acquis la certitude qu'il peut le faire sans inconvénient.

ART. 24. — L'approche du véhicule devra être signalée, toutes les fois que besoin sera, au moyen d'une corne, d'une trompe ou de tout autre instrument du même genre, à l'exclusion des appareils qui feraient un bruit analogue à celui des sifflets à vapeur.

Indépendamment de ce moyen d'avertissement qui doit être à la portée du conducteur, le véhicule sera muni, si sa marche est naturellement silencieuse, d'une clochette ou de grelots suffisamment sonores pour annoncer son approche. Cette clochette ou ces grelots ne porteront aucun dispositif d'arrêt.

Art. 25. — Le conducteur devra prendre la partie de la chaussée qui se trouvera à sa droite, quand bien même le milieu de la rue serait libre.

S'il est obligé de dévier à gauche, par la rencontre d'un obstacle, il devra reprendre sa droite immédiatement après l'avoir dépassé.

Art. 26. — Il est défendu de faire circuler ou stationner les véhicules sur les trottoirs, sur les contre-allées des boulevards et généralement sur toutes les parties des voies ou promenades exclusivement réservées aux piétons ou aux cavaliers. Toutefois, les véhicules peuvent franchir ces trottoirs et ces contre-allées prudemment et à la vitesse du pas de l'homme en suivant les passages pavés qui donnent accès aux propriétés riveraines, mais sans stationner sur ces passages.

Art. 27. — Il est interdit aux conducteurs de véhicules de couper les convois funèbres, les groupes scolaires et les détachements de troupes ou convois militaires, de traverser les Halles centrales avant dix heures du matin, de lutter de vitesse entre eux ou avec d'autres cochers ou conducteurs.

Art. 28. — Il est interdit de laisser stationner les véhicules sur la voie publique à moins d'absolue nécessité. Dans ce cas, le stationnement ne pourra avoir lieu qu'à la condition de ne pas gêner la circulation.

Aucun véhicule ne devra stationner vis-à-vis d'un autre véhicule, ou d'une autre voiture déjà arrêtée du côté opposé.

Art. 29. — Il est défendu de faire remorquer par un véhicule à moteur mécanique une ou plusieurs voitures (1).

Art. 30. — Les véhicules ne pourront circuler pendant la nuit ou en temps de brouillards sans être pourvus de falots ou de lanternes allumés. En temps ordinaire, l'allumage aura lieu dès la chute du jour.

Ces falots ou lanternes donneront un feu blanc et seront toujours maintenus en bon état. Il en sera disposé deux extérieurement et à l'avant des véhicules, à une distance telle l'un de l'autre qu'ils comprennent entre eux la largeur totale du véhicule.

Ils auront une puissance d'éclairage et des dispositions telles que si le véhicule circulait sur une voie non éclairée, le conducteur puisse distinguer nettement la voie et les objets en avant de lui dans un champ assez étendu pour pouvoir s'arrêter en temps utile.

Art. 31. — En cas d'accident de personnes, d'accident matériel notable ou d'explosion quelconque, le propriétaire du véhicule ou, à son défaut, le conducteur, devra immédiatement prévenir le Commissaire de police et nous en informer.

L'appareil avarié et ses fragments ou pièces ne seront déplacés qu'en cas de force majeure ou de concert avec le Commissaire de police et

(1) Par tolérance spéciale, les tricycles sont autorisés à remorquer des voiturettes.

ne seront pas dénaturés avant la clôture des enquêtes qui pourront être ordonnées.

Dispositions générales

ART. 32. — Pour ce qui n'est pas spécialement réglé par la présente ordonnance, les véhicules à moteur mécanique seront soumis, en tout ce qui leur est applicable :

1° Aux dispositions des lois et règlements sur la police du roulage, notamment à celles des titres I et III du décret du 10 août 1852 ;

2° Si le moteur est un moteur à vapeur, aux dispositions des lois et règlements sur les appareils à vapeur, notamment à celles du décret du 30 avril 1880, et de l'ordonnance du Préfet de Police du 3 janvier 1888 ; toutefois, les prescriptions des articles 14 et 15 de cette ordonnance ne seront pas appliquées aux dits véhicules.

ART. 33. — Les contraventions à la présente ordonnance seront constatées par des procès-verbaux ou rapports qui nous seront adressés pour être transmis au Procureur de la République, sans préjudice des mesures administratives auxquelles les constatations faites pourront donner lieu.

ART. 34. — L'Ingénieur en chef des Mines chargé du service de surveillance des appareils à vapeur du département de la Seine, les ingénieurs et agents placés sous ses ordres sont chargés, sous notre direction, et avec le concours des autorités locales, de la surveillance relative à l'exécution des mesures prescrites par la présente ordonnance et spécialement de celles qui font l'objet des titres I et II.

L'Ingénieur en chef du service de la voirie municipale de Paris (voie publique), les ingénieurs placés sous ses ordres, les ingénieurs en chef des Ponts et Chaussées des départements de la Seine et de Seine-et-Oise, ainsi que les agents sous leurs ordres, concourront à cette surveillance, spécialement en ce qui concerne les dispositions des titres I et III.

Le chef de la police municipale, les Commissaires de police de la ville de Paris et des communes du ressort de la Préfecture de Police, les Officiers de paix ainsi que tous les autres agents de l'Administration sont invités à prêter leur concours aux ingénieurs et agents ci-dessus désignés et à assurer la surveillance relative à l'exécution des mesures qui font l'objet du titre III.

ART. 35. — La présente ordonnance sera imprimée et affichée.

Ampliation en sera adressée aux Chefs de service désignés en l'article 34, au Colonel commandant la Légion de la Garde républicaine et au Colonel commandant la Légion de Gendarmerie de la Seine qui sont chargés, chacun en ce qui le concerne, de tenir la main à son exécution par tous les moyens dont ils disposent.

***

Pour obtenir de la Préfecture de Police l'autorisation de faire fonctionner sur la voie publique une voiture automobile, il est nécessaire de remplir en double, sur papier libre et sur papier timbré, un modèle de demande dont on trouve des exemplaires à la Préfecture de Police, bureau de la Fourrière, 1er étage au-dessus de l'entresol, côté du quai.

A cette pétition devront être joints :

1° Un Certificat de résidence délivré par le Commissaire de Police;

2° Acte de naissance ou Livret de mariage donnant l'état civil;

3° Deux Photographies non collées.

Les démarches nécessaires à l'obtention de cette permission demandent environ une quinzaine de jours; les pièces des pétitionnaires devant aller chez l'Ingénieur des Mines devant lequel l'examen doit être passé, chez l'Ingénieur en chef de la Voirie municipale, chez les Ingénieurs en chef de la Voirie municipale, chez les Ingénieurs en chef des Ponts et Chaussées des départements de la Seine et de Seine-et-Oise, et enfin chez le Préfet de Police qui donne en dernier ressort l'autorisation.

Pour la province, aucun règlement n'est en vigueur. La circulation des automobiles dépend du bon ou du mauvais vouloir des préfets et même des maires. En général, reconnaissons-le, la tolérance est grande. On n'exige des chauffeurs que de la prudence dans les agglomérations.

Un Règlement Général, semblable à celui qui concerne la vélocipédie, doit d'ailleurs, ainsi que nous l'avons dit, venir à bref délai unifier tous les arrêts qui ont pu être pris.

***

II. — L'IMPOT

Depuis le mois de mai 1898, les automobiles sont ainsi imposées :

A Paris, voitures à 2 places, 60 francs.

— voitures à plus de 2 places, 100 francs.

Dans les communes, autres que Paris, ayant plus de 40,000 âmes de population, 40 et 75 francs.

Dans les communes de 20,001 à 40,000 âmes, 30 et 60 francs.

Dans les communes de 10,001 à 20,000 âmes, 25 et 50 francs.

Dans les communes de 5,001 à 10,000 âmes, 20 et 40 francs.

Dans les communes de 5,000 âmes et au-dessous, 10 et 20 francs.

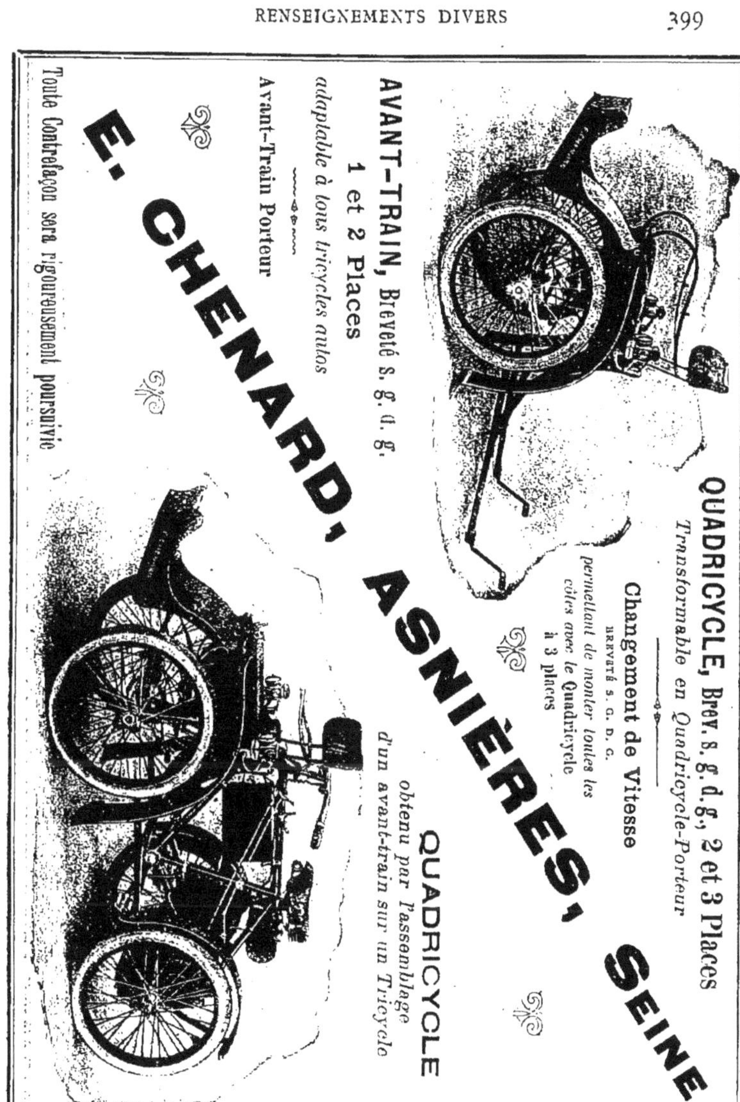
QUADRICYCLE, Brev. s. g. d. g., 2 et 3 Places
Transformable en Quadricycle-Porteur
Changement de Vitesse
BREVETÉ S. G. D. G.
permettant de monter toutes les côtes avec le Quadricycle à 3 places
QUADRICYCLE
obtenu par l'assemblage d'un avant-train sur un Tricycle
E. CHENARD, ASNIÈRES, SEINE
AVANT-TRAIN, Breveté s. g. d. g.
1 et 2 Places
adaptable à tous tricycles autos
Avant-Train Porteur
Toute Contrefaçon sera rigoureusement poursuivie

D. — Les chemins de fer et les douanes

I. — LES CHEMINS DE FER

Faire voyager une automobile en chemin de fer, je crois que c'est l'humilier. Je sais mieux que c'est s'adjuger une singulière corvée et élever singulièrement le prix de revient du kilomètre.

Voici en effet le tarif qui est appliqué par les principales Compagnies :

Tarif spécial par wagon chargé d'au moins 5,000 kilogrammes : *0 fr. 08 centimes* par tonne et par kilomètre, non compris les frais de gare fixés à *0 fr. 40 centimes* par tonne.

Le chargement et le déchargement doivent être opérés par les soins et aux frais, risques et périls de l'expéditeur et du destinataire, sous la surveillance de la Compagnie.

Les tricycles sont parfois considérés comme bagages et enregistrés comme tels. Mais la mauvaise volonté d'un employé peut en décider autrement. On attend une circulaire ministérielle qui supprimera ce régime du bon plaisir...

***

II. — LES DOUANES

La loi du 11 janvier 1892 fixe les droits dont sont passibles les automobiles ou leurs pièces détachées à leur entrée en France :

Lorsqu'il s'agit d'un voyageur qui désire passer la frontière avec son motocycle, sa voiturette ou sa voiture, les droits sont ainsi perçus :

FRANCE. — Avant de sortir, faire la déclaration, le plombage et la consignation des droits, droits qui sont à la rentrée restitués par n'importe quel bureau de frontière (la carte du T. C. F. est très utile pour toutes ces démarches). Les voitures automobiles acquittent séparément le droit de la carrosserie proprement dite sur la voiture et celui des machines sur le moteur; lorsque la distinction entre la voiture et le moteur n'est pas praticable, le droit de carrosserie est exigible sur l'ensemble du véhicule.

TARIFS. — *Carrosserie :* A partir de 125 kilos et au-dessus : 500 fr. les 100 kilos nets; véhicule pesant moins de 125 kilos : 120 francs; *moteurs à pétrole :* 250 kilos et plus : 12 francs les 100 kilos nets; moins de 250 kilos : 20 francs. Les vélocipèdes automobiles paient le droit des vélocipèdes ordinaires, moteur compris.

Allemagne. — La pièce, 150 marks.

Belgique. — *Ad valorem* 12 o/o.

Danemark. — *Ad valorem* 10 o/o.

Espagne. — 70 pesetas les 100 kilos.

Etats-Unis. — *Ad valorem* 35 o/o.

Grèce. — *Ad valorem* 20 o/o.

Italie. — Vélocipèdes automobiles à deux ou trois roues : la pièce, 42 lires ; vélocipèdes et voitures à quatre roues : 110 lires ; voitures ayant plus de cinq ressorts : 330 lires.

Russie. — Vélocipèdes automobiles, voitures électriques et à pétrole : la pièce, 12 roubles ; voitures à vapeur à deux places : 90 roubles ; à quatre places : 132 roubles.

Suède. — *Ad valorem* 15 o/o.

Suisse. — 20 francs par 100 kilos.

Turquie. — *Ad valorem* 8 o/o.

En général, les droits consignés à la sortie par le voyageur lui sont restitués à sa rentrée, par quelque bureau que ce soit, sur le vu de son passavant descriptif. Cependant ces règles sont très peu précises. Je conseillerai aux chauffeurs voyageant à l'étranger de se munir au préalable de tous les renseignements les plus minutieux.

***

Voici comment la loi définit les objets imposés :

Voitures automobiles

Rentrent dans la classe carrosserie, les breaks et voitures de dressage, ainsi que les voitures de promenade actionnées par un moteur à pétrole, à essence, à gaz, etc. (voitures automobiles). Le moteur est admis séparément au droit des moteurs thermiques.

Si le départ entre le moteur et la voiture est impraticable, l'ensemble doit être taxé comme voitures de carrosserie proprement dite. On construit des voitures automobiles de tout système (phaétons, vis-à-vis, omnibus, victorias, etc.).

Les voitures de carrosserie proprement dite acquittent 60 francs (tarif général) et 50 francs (tarif minimum) par 100 kilogrammes, lorsque leur poids total est de 125 kilogrammes ou plus, et 150 francs (tarif général) et 125 francs (tarif minimum) lorsqu'elles pèsent moins de 125 kilogrammes. Cette différence de tarification est basée sur ce fait qu'une voiture légère a, proportionnellement, beaucoup plus de valeur qu'une voiture lourde. Les voitures légères les plus usitées sont les araignées, les paniers, les charrettes anglaises, etc.

Les voitures dites omnibus, qu'elles soient destinées au transport des voyageurs en commun ou à des particuliers (omnibus de famille), sont taxées au droit des voitures à voyageurs pesant 125 kilogrammes

et plus. Il en serait de même des véhicules destinés au transport de marchandises légères à domicile (forme omnibus), d'une construction soignée, analogues aux voitures qui sont employées, pour cet usage, par certains grands magasins.

On donne quelquefois le nom de tramways à des sortes d'omnibus employés au transport des voyageurs en commum sur les routes ordinaires. Ces véhicules suivent le même régime que les omnibus proprement dits (omnibus à voyageurs, omnibus funéraires, etc.).

Pour l'application des droits, il n'y a pas à distinguer entre les voitures capitonnées, munies de parties nickelées, dorées ou argentées, ou dont les roues sont garnies de bandages ou de pneumatiques en caoutchouc, et les voitures qui ne comportent aucune de ces garnitures.

Les coussins et les lanternes sont compris dans le poids imposable des voitures auxquelles ils sont destinés, lorsqu'ils sont importés avec ces véhicules. En cas d'importation isolée, ils sont taxés respectivement comme articles confectionnés en tissus, ou comme ouvrages en métaux selon l'espèce.

Moteurs à vapeur, à gaz et à pétrole

La loi du 11 janvier 1892 assimile aux machines à vapeur fixes et de navigation, les Pompes fixes à vapeur et les Moteurs thermiques à gaz, à pétrole, à air chaud et à air comprimé.

Il n'y a pas à distinguer selon que les machines à vapeur sont horizontales, verticales, à un ou plusieurs cylindres, à balancier ou à glissières, à échappement libre ou à condensation, etc.

Les machines à vapeur, à gaz, à pétrole, etc., sont imposées à des droits différents, selon que leur poids net réel atteint ou n'atteint pas 250 kilogrammes. Ces appareils, présentés sans leur volant, ne sont pas considérés comme incomplets. Lorsqu'il est importé isolément, le volant est taxé comme organe de transmission, s'il est tourné, limé ou ajusté ou; comme fonte mécanique, s'il est à l'état brut.

Il est bien entendu que dans le cas où les appareils dont il s'agit sont munis de leur volant, celui-ci doit suivre le même régime que la machine principale et être compris dans le poids total pour la détermination de la catégorie imposable.

Pièces et parties de voitures

Le régime applicable aux parties de voitures de carrosserie proprement dite, diffère, selon qu'il s'agit de pièces isolées, telles que brancards, panneaux, essieux, ressorts, menottes, bandages, freins, etc., ou d'assemblages de pièces (roues ferrées ou non, centres de roues, caisses, sièges, etc.).

Les assemblages de pièces qui constituent des parties essentielles de voitures (caisse avec ou sans siège, avec ou sans portières, trains de roues sans la caisse, etc.) sont passibles des mêmes taxes que les voitures elles-mêmes. Il est, par suite, nécessaire de connaître à quelle catégorie de voitures (125 kilogrammes et plus, ou moins de 125 kilogrammes) ces objets peuvent être assimilés.

D'après un avis du Comité consultatif des Arts et Manufactures du 12 avril 1882, on doit admettre que les parties de voitures présentées isolément entrent dans le poids total pour les proportions indiquées ci-après :

La caisse et le siège, garnis, 50 0/0 du poids total ;
La caisse seule, non garnie, 40 0/0 du poids total ;
L'ensemble des roues, 28 0/0 du poids total.

Le droit maximum n'est, par conséquent, applicable que lorsque les parties de voitures n'atteignent pas les poids ci-après :

62 kil. 50 pour la caisse et le siège garnis ;
50 kilogrammes pour la caisse seule non garnie ;
35 kilogrammes pour l'ensemble des roues.

Les roues isolées doivent être soumises dans tous les cas au droit des voitures pesant 125 kilogrammes et plus. Il n'y a pas à distinguer d'ailleurs selon que les roues sont ou non munies d'un bandage ou d'un pneumatique en caoutchouc.

Les pièces détachées de voitures d'enfants, telles que caisses garnies, paniers en vannerie et bois revêtus de garnitures en tissu, toile cirée, etc., roues, ressorts, compas de capote, capote, etc., suivent le régime de la bimbeloterie.

Pétroles et essences

Aux termes de la loi du 30 juin 1893, les huiles de pétrole, de schiste et autres huiles minérales propres à l'éclairage sont taxées comme suit :

Tarif général

Brutes....................	18 francs les 100 kil. net.
Raffinées ou essences.....	25 — —

Tarif maximum

Brutes : 9 francs les 100 kil. net (par dérogation à l'article 24 de la loi du 16 mai 1863), ou 7 fr. 20 l'hectolitre (conversion par la densité de 800), à l'option des importateurs, dûment inscrite dans les déclarations. Raffinées ou essences : 10 francs l'hectolitre (ce droit représente 12 fr. 50 les 100 kil. nets pour les huiles d'une densité de 800). Le droit au volume est obligatoire pour les huiles raffinées ou essences.

Voici les densités moyennes des huiles minérales importées (à la température de 15 degrés centigrades) :

HUILES BRUTES

Pétrole d'Amérique..........	800°
Distillées de Russie..........	830° à 832°

(L'huile brute de Russie arrive en France à l'état de distillat, c'est-à-dire à l'état d'huile dégoudronnée renfermant 90 0/0 d'huile lampante, et 10 0/0 de mazout ou résidu).

Huiles de Boghead...........	850° à 865°
Schiste indigène.............	890° à 900°

HUILES RAFFINÉES

Essence de pétrole d'Amérique.......	700° à 710°
Huile de pétrole raffinée américaine..	780° à 800°
Huile de pétrole russe....	825°

N° 11 RUE DES PETITS-HOTELS PARIS
POUR VOS CATALOGUES AFFICHES, CLICHÉS, ETC.
ADRESSEZ-VOUS A L'IMPRIMERIE
KOSSUTH & Cie
LA SEULE MAISON QUI SE SOIT FAIT UNE SPÉCIALITÉ DE TOUT CE QUI CONCERNE LA
RÉCLAME
(TÉLÉPHONE)
CATALOGUE FRANCO SUR DEMANDE

La même loi soumet à une surtaxe de 5 francs par 100 kil. les huiles minérales brutes ou raffinées, ou essences européennes importées d'ailleurs que du pays de production et les mêmes huiles, d'origine extra-européenne, importées par la voie d'un pays d'Europe, que l'importation ait lieu sous les conditions du tarif général ou du tarif minimum. Lorsque le droit principal est liquidé à l'hectolitre, la surtaxe doit être perçue sur le poids net ou réel.

On considère comme huile brute toute huile renfermant au moins 30 o/o et 90 o/o au plus de produits lampants (huile lampante et essence) et qui n'est pas susceptible de brûler dans les lampes d'un usage courant. L'huile minérale ne contenant pas 30 o/o de produits lampants est réputée hulle lourde,

Toute huile contenant 91 o/o et plus de produits lampants ou brûlant dans une lampe courante est passible du droit des huiles raffinées ou essences.

Sont interdites, l'importation et la vente des huiles minérales raffinées autres que les essences, dont le degré d'inflammabilité est inférieur aux limites fixées par le décret du 19 mai 1873 et l'arrêté ministériel du 5 septembre 1873 pour les huiles de la deuxième catégorie (le point d'inflammation de ces huiles ne doit pas être inférieur à 35 degrés) (avec tolérance de 2 degrés au-dessous).

Les huiles minérales, originaires de Russie et des États-Unis d'Amérique, sont admises au bénéfice du tarif minimum, sous réserve du paiement de la surtaxe de 5 francs, en cas d'importation par un pays d'Europe, autre que la Russie d'Europe, pour les huiles russes ; et, en cas d'importation par un pays européen, quelconque, pour les huiles américaines.

On considère comme pays de production, pour les huiles minérales lourdes, raffinées et essences, le pays d'origine de l'huile brute dont elles proviennent, et non le pays où elles ont été obtenues industriellement, c'est-à-dire le pays où l'huile brute a été distillée ou épurée. Il en résulte que les huiles minérales raffinées, essences et huiles lourdes obtenues dans un pays d'Europe quelconque par la distillation d'huile brute américaine ou russe, sont admissibles au tarif minimum, plus la surtaxe.

Le poids net des huiles minérales doit s'établir par le pesage des fûts au brut, déduction faite de la tare légale ou réelle. Le volume doit être constaté au moyen du jaugeage par la velte ou du dépotage des fûts.

Le bénéfice de l'admission temporaire est accordé aux huiles brutes de pétrole, de schiste et autres huiles minérales brutes.

HUILES MINÉRALES LOURDES ET GRAISSES

La loi du 30 juin 1893 impose les huiles lourdes et résidus de pétrole, de schiste et d'autres huiles minérales à 12 francs les 100 kilgrammes nets, en tarif général, et à 9 francs les 100 kilogrammes nets, en tarif minimum.

On considère comme huiles lourdes, non seulement les résidus de la distillation des huiles minérales (huiles lourdes, à graissage épurées ou non, goudrons, etc.), mais encore les huiles minérales brutes dont la teneur en produits lampants est inférieure à 30 o/o.

Les huiles lourdes et résidus sont passibles de la surtaxe de 5 francs dans les mêmes conditions d'importation que les huiles brutes ou raffinées.

Sont traitées comme huiles lourdes :

L'huile lourde rectifiée, désignée commercialement sous le nom de neutraline ;

L'huile minérale lourde dite colzine;

Les briquettes de pétrole (mélanges de débris de bois ou de houille avec de l'huile lourde de pétrole);

Les briquettes de graissage formées d'un corps gras saponifié et d'huile minérale lourde ;

Les pâtes à polir les métaux à base de tripoli, d'huile animale et d'huile minérale lourde ;

Les mélanges d'huiles lourdes et d'huiles végétales ;

La graisse d'extraction provenant du dégraissage des chiffons et renfermant de l'huile minérale ;

Les graisses à tarauder formées d'oléine et d'huile minérale lourde ;

Les vaselines industrielles.

Dynamos

D'après la loi du 11 janvier 1892, les machines dynamo-électriques pesant moins de 10 kilogrammes pièce doivent être considérés comme des instruments scientifiques admissibles au régime des instruments de physique. A partir de 10 kilogrammes, elles sont réputées machines industrielles et deviennent passibles des droits.

Le tarif général les répartit en trois catégories d'après leur poids, savoir : machines pesant de 10 à 50 kilogrammes inclusivement, plus de 50 et moins de 1,000 kilogrammes et 1,000 kilogrammes ou plus.

On assimile aux machines dynamo-électriques :

Les transformateurs électriques.

Les électro moteurs.

Les transformateurs et les électro moteurs d'un poids inférieur à 10 kilogrammes doivent être admis comme instruments de physique.

Les dynamos montés sur chariot acquittent le droit des machines dynamos sur l'ensemble, à moins que le chariot ne puisse être facilement séparé. Dans ce cas, on l'imposerait au droit des voitures de commerce, etc.

Accumulateurs électriques

Les accumulateurs électriques sont spécialement taxés. Mais les plaques de plomb revêtues ou non de litharge ou de minium pour accumulateurs électriques sont admissibles au droit des ouvrages en plomb lorsqu'elles sont importées isolément. Les plaques de l'espèce entourées d'une enveloppe en celluloïd doivent acquitter le droit de la tabletterie de celluloïd sur cette enveloppe.

On applique le droit des accumulateurs aux accumulateurs à l'état complet, qu'ils soient montés ou non.

TABLE DES MATIÈRES

CHAPITRE QUATRIÈME. — A. LA PROGÉNITURE DU DE DION

CHAPITRE CINQUIÈME. — LA VOITURETTE LÉON BOLLÉE

CHAPITRE SIXIÈME. — LA VOITURETTE BENZ

CHAPITRE SEPTIÈME. — RENSEIGNEMENTS DIVERS

***

POUR CLOTURER...

Me voici, mon cher lecteur, un peu fier de mon œuvre; car si vous avez bien voulu me suivre pas à pas, j'imagine que toute l'apparente difficulté des engins de locomotion à pétrole vient de s'évanouir entre nos mains. C'est une difficile tâche que de faire épeler de grands enfants et de les instruire, mais c'est un régal délicat que, par tous ces efforts, de les initier à une joie nouvelle. Et l'automobile est une joie.

Sans doute je n'ai pu traiter ici des cent améliorations de détail que, de jour en jour, le progrès fait dans nos véhicules. Ce volume déjà replet eût pris les proportions d'un missel sans y gagner d'intérêt. Demain tel ressort que j'ai décrit horizontal sera placé vertical ; telle soupape sera déménagée. Mais quel homme intelligent ne saura, ayant un fond solide dans le cours que je viens de lui faire, s'expliquer vite à lui-même les modifications successives que l'avenir apportera à tout ce qui lui a été décrit ici ? Quel est l'homme, non obtus, qui, après avoir compris en deux jours de cette lecture les principes fondamentaux d'un tricycle et d'une voiturette, ne se débrouillera pas tout seul, un peu de réflexion aidant, de la voiture la plus compliquée qu'on lui présentera ?

Ce premier volume est donc complet, en ce qu'il prend un ignorant et rend un chauffeur, comme certaines machines transforment le chiffon en la pâte blanche du papier.

***

Chauffeur ? Le serez-vous bientôt ?... Si votre porte-monnaie vous y autorise, n'hésitez pas. Plusieurs types de véhicules sont aujourd'hui loyalement prêts pour un service régulier. Il en est de *neufs ; il en est d'occasion, qui valent des neufs. Il en est de tous les prix ; on peut faire ses débuts pour un billet de mille francs !*

Mais, quand vous serez devenu chauffeur, laissez-moi vous prier de ne pas cesser de vous considérer homme, un simple homme comme auparavant ! Ne prenez pas, selon le ridicule actuel, les allures de matamores pour qui tout ce qui se meut sur route autrement que par pétarades n'est que puces et moucherons ! Ne vous croyez pas un demi-dieu parce que vous êtes vêtu d'une peau de bête.

Je ne saurais trop me faire prédicateur de prudence et de politesse. Nous sommes, avec nos instruments nouveaux, les initiateurs d'une colossale révolution, dont les bienfaits s'étendront jusqu'aux pires inventions des hommes, jusqu'à la politique elle-même ! Ne la limitons pas, par notre faire maladroit, à n'être qu'un jeu cruel de quelques-uns, qui consiste à singer des locomotives échappées.

Les courses sur route ont leurs nécessités, parce qu'elles ont leurs indéniables enseignements, et j'en suis autant que quiconque partisan ; mais il les faut réglementées et venues à leurs heures.

Hors de là, le chauffeur, à moins d'être plus brutal que les explosions qui l'emmènent, devrait se faire gentilhomme parfait, comprendre ce que sa présence a encore d'insolite dans une ville ou dans un village, et s'efforcer par son urbanité de créer des partisans à sa cause.

... Plus loin, la large route venue en plaine, déserte, embrayez à l'allure d'un express si l'ivresse de la vitesse vous y pousse ! Ma foi, je n'aurai pas le courage de vous en blâmer ! C'est si bon !

L'AUTEUR.

Paris. — Imp. L. Pochy, rue Croix-des-Petits-Champs.

www.ingramcontent.com/pod-product-compliance
Lightning Source LLC
Chambersburg PA
CBHW052103230326
41599CB00054B/3709